U0659738

学前教育经典译丛

学前教育专业学生指导用书

儿童观察

（第3版）

[英] 约安娜·帕莱奥罗格（Ioanna Palaiologou）/著
北京师范大学学前教育研究所 /组织翻译
李晓巍　郭媛芳　周思妤　付玉蕊　胡晓晴　刘璐群 /译

Child Observation

A Guide for Students of Early Childhood

(Third Edition)

北京师范大学出版集团
BEIJING NORMAL UNIVERSITY PUBLISHING GROUP
北京师范大学出版社

图书在版编目（CIP）数据

儿童观察：第 3 版／（英）约安娜·帕莱奥罗格（Ioanna Palaiologou）著；李晓巍等译.
—北京：北京师范大学出版社，2019.9
（学前教育经典译丛）
学前教育专业学生指导用书
ISBN 978-7-303-24925-1

Ⅰ．①儿…　Ⅱ．①约…②李…　Ⅲ．①学前教育－教学研究　Ⅳ．①G612

中国版本图书馆 CIP 数据核字（2019）第 172307 号

营 销 中 心 电 话	010-57654738　57654736
北师大出版社职业教育与教师教育分社	http://zhijiao.bnup.com

出版发行：北京师范大学出版社　www.bnup.com
　　　　　北京市西城区新街口外大街 12-3 号
　　　　　邮政编码：100088
印　　刷：北京玺诚印务有限公司
经　　销：全国新华书店
开　　本：889 mm×1194 mm　1/16
印　　张：14.25
字　　数：300 千字
版　　次：2019 年 9 月第 1 版
印　　次：2019 年 9 月第 1 次印刷
定　　价：49.00 元

策划编辑：罗佩珍		责任编辑：罗佩珍　刘晟蓝	
美术编辑：焦　丽		装帧设计：焦　丽	
责任校对：段立超		责任印制：陈　涛	

译者序

儿童观察是幼儿园教师专业发展的核心能力。纵观西方发达国家，多个指导性文件和教育行政部门的纲领明确将儿童观察作为幼儿园教师入职的必修课，注重提高幼儿园教师观察儿童、解读儿童的能力，并通过观察儿童提升教育教学质量。在我国，虽然《幼儿园工作规程》早已提出了观察的重要性，但并没有引起足够重视。直至《幼儿园教师专业标准（试行）》和《3-6岁儿童学习与发展指南》（以下简称《指南》）等文件提出明确要求：幼儿园教师应掌握观察、谈话、记录等了解儿童的基本方法，并能有效运用观察、谈话、家园联系、作品分析等方法，全面、客观地了解和评价儿童。由此，学前教育的理论和实践者才真正开始重视对儿童观察的研究和实践。

《儿童观察（第3版）》基于英国学前教育政策阐述学前教育中观察的作用，详细介绍多种观察技术、观察结果的分析与存档，以及观察的伦理意蕴，并从儿童发展、教育研究和课程等多个视角解读观察在不同情境下的运用，是一本非常实用的工具书和学生指导用书。与国内同类书籍相比，本书具有以下特点：

第一，结合政策阐述儿童观察的作用。本书结合英国各地区不同的政策背景，强调观察的重要作用，注重在政策的指导下进行观察，并评估其对观察实践的影响。儿童观察离不开相关政策的指导。我国幼儿园教师在《指南》的指导下对儿童进行观察与分析，进而为儿童提供适宜的教育，这与英国的儿童观察有共同之处。通过对本书的学习，希望学习者不但能了解不同类型的观察技术，还能学会基于《指南》灵活运用观察技术，进而提升专业水平，从宏观的政策视角深刻理解儿童观察的重要意义，解决我国幼儿园教师在观察实践中出现的"不想观察"的问题。

第二，强调观察方法在不同情境下的运用。现有关于观察的书籍大多重视对不同观察方法的介绍，本书不仅涵盖了这些内容，还注重观察方法在不同情境（如儿童发展观察、教育研究观察、课程观察）下的运用：儿童发展观察是观察和记录儿童各领域的发展变化，并将观察和记录融入到教育环境创设、教育活动以及儿童与儿童、儿童与成年人之间的互动中的一种观察方法；教育研究观察是将观察作为一种研究方法，通过观察收集较高信度和效度的数据，回答研究问题，并比较研究取向的观察和实践取向的观察的差异的观察方法；课程观察是制订严格、系统的观察计划并实施，用来评估儿童的发展和教育方案的观察方法。以上三种都是日常保教工作中经常使用观察方法的情境，本书会以专章进行讲解阐述，便于学习者掌握并在实际工作中广泛应用，解决我国幼儿园教师在观察实践中出现的"不会观察"的问题。

第三，强调观察伦理。本书专章讨论观察的伦理问题，观察不仅要获得相关人员的知情同意，也要求观察过程中相关人员的共同参与。观察过程应该以重视伦理问题为前提，尊重儿童的意愿，以符合伦理的方式对观察记录进行分析、存档和分享，解决我国幼儿园教师在观察实践中出现的"不顾观察伦理"的问题。这部分内容也是国内相关观察书籍所缺少的，值得学前教育的研究者和实践者共同学习探讨。

第四，文风简洁，实用性强。本书多用表格的形式呈现不同学前教育课程、理论体系以及观察方法的比较，将其主要内容分类对比，便于学习者比较各方观点，分析异同，对儿童观察有更全面、综合的理解。本书每个知识点都配有相应案例，理论联系实际，便于学习者理解和掌握。每章均设有学习目标、总结和扩展阅读，使学习者能够在学习前了解学习目标及主要内容，在学习后进行总结和反思，并借助扩展阅读资料进行深入学习，促进学习者专业能力的提升。

本书可以作为高校学前教育专业学生的学习用书，也可以作为幼儿园教师的培训和教研活动指导用书。希望这本书成为现在和未来的幼儿园教师的观察工具书和指导手册，促进幼儿园教师的专业发展。

本书各章翻译的分工情况如下：序言和第一章：周思妤；第二、三章：郭媛芳；第四、五章：付玉蕊、李晓巍；第六、七章：李晓巍、刘璐群；第八章和总结：李晓巍、胡晓晴；由李晓巍负责统稿和校对。由于译者水平有限，虽然在翻译过程中尽量忠实原著，但在内容的理解及表达上难免出现疏漏，在此真诚希望专家、同行及广大读者提出宝贵意见，以便我们进一步修改完善。

最后，感谢北京师范大学出版社的罗佩珍老师为本书的翻译和出版所做的大量工作，也感谢所有在我们翻译此书过程中给予帮助的朋友们！

译者

2019 年 2 月 21 日

关于作者

约安娜·帕莱奥罗格（Ioanna Palaiologou）博士是一名儿童心理学家，曾在英国的大学中做了20年学者。她是英国心理学会（BPS）的特许心理学家，专注于儿童发展和学习的理论研究，并于2015年被任命为英国心理学会副研究员。目前，约安娜·帕莱奥罗格博士是儿童服务部门的负责人，坎特伯雷教育服务中心主任，同时也是伦敦大学教育学院的一名副教授。

在完成博士学位的同时，约安娜在大学中以研究员和讲师的双重身份从事教育和早期儿童研究工作。2004年，她进入赫尔大学，在接下来的9年时间里，她担任了文学学士学位（荣誉）教育研究项目主任、儿童早期研究负责人，建立并领导了早期儿童研究硕士生项目以及教育学院学术研究协调员支持项目。她从2014年1月开始担任坎特伯雷基督教堂大学的副博士生导师。

题　献

　　献给我的孩子们：德蒙（Demons）、哈拉伦博斯（Haralambos）、乔治（George）以及哈利（Harry），感谢他们多年来一直给我带来幸福。

致　谢

在本书第三次再版之际，我要感谢所有的孩子、父母、教育从业者和早期教育机构，是他们的热情让我得以获得书中的案例。

还要特别感谢我的侄子（德蒙、哈拉伦博斯、乔治及哈利）和他们的父母允许我使用他们的照片作为案例。

还要感谢我的同事和好友，他们提供的观察实践丰富了本书的案例。他们是：

奈瑞·尼克尔森（Nyree Nicholson）

阿德隆克·福罗伦绍（Aderonke Folorunsho）

安吉·哈钦森（Angie Hutchinson）

最后，感谢所有本书的读者为我提供了有价值的、批判性的反馈意见，让我得以将书中内容进一步改进。希望你认为第三版的内容与之前两版一样有参考作用。

出版方已经尽力与书中涉及的版权所有者联系并获得他们对使用版权材料的许可。出版方和作者非常乐意接受任何能够帮助我们在后续版本中修正错误和遗漏的信息。

目 录

序言：

政策背景与观察

本章目标

通过阅读本章内容，你将：

· 思考学前教育政策背景的变化；

· 概览影响深远的学前教育课程体系；

· 初步了解英国学前教育课程体系；

· 思考与 0 ～ 5 岁儿童相关的政策条款；

· 探究观察在学前教育中扮演的角色。

政策背景与学前教育

21世纪以来，众多政策制定者、研究人员以及国内外联合组织已将学前儿童保育与教育视为独立的研究领域。即使学科发展历史错综复杂，西方国家始终认为该领域有着与众不同的思想意识形态和实践方法，对学前儿童保育与教育的性质和作用的论述也一直存在模糊和矛盾之处。一方面，关于学前儿童保育与教育应该以保育为主还是以教育为主的立场决定着学前教育在促进社会发展中所起的作用。另一方面，学前教育所针对的儿童年龄阶段也始终存在争议。一些人认为，学前教育是指对处于0～5岁这一时期的儿童的教育，另一些人则认为该年龄范围应该为0～8岁。此外，在学前教育领域中，人们使用的术语系统也不同，"学前儿童保育与教育""早期儿童教育""学前教育"等均用于形容对0～5或0～8岁儿童的保育与教育；我们所说的"托儿所""幼儿园""学前班""早教机构"等名词背后也代表着其独特的教育理论、任务和实践方法。第三页的"理论框"中展示了一些影响深远的学前教育课程体系。

活动1

· 在学习过"理论框"中的不同学前教育课程体系后，你能否区分这些课程与你正在使用的课程之间的相同和不同之处？

· 在学前教育课程中，观察起到了怎样的作用？

这种多样性也反映在那些与儿童打交道的人身上，他们一般被称为"幼儿园教师""早期儿童教师""早期教育实践者""学前教育实践者"等。那么这些幼儿园教师到底是专业人士还是只是一种职业呢？在英国，幼儿园教师一度被认为是社会保障部门的一部分，承担着健康和社会保障的责任（Chalke，2013）。更早期，科恩等人（Cohen et al.，2004）在一项跨文化研究中考察了三个地区（英格兰、苏格兰、瑞典）的学前教育改革。研究结果表明，学前儿童保育与教育之间的关系与社会对儿童期的理解方式密切相关。他们发现，英格兰和苏格兰对学前教育这一领域的规定与其他领域不同，对不同的儿童提供的服务类型也不同……而这些差异很大程度上是由于提供学前教育服务的部门不同。在许多西方国家，学前教育曾经是社会福利部门的责任，而近几年已经逐渐成为教育部门的责任。曾经的幼儿园教师也被结构相对成熟的教育界充满怀疑地接受了，进而成为整个教育团体的一部分（Brock，2012；Taggart，2011）。莫伊蕾斯（Moyles，2001，p.81）强调：

如果没有类似"热情"这样深刻而坚定的承诺，与非常年幼的儿童一起有效地工作恐怕是不可能的。对从事学前教育的人们来说，这种具有特殊情感倾向的象征很有价值……在烦琐的日常工作和实践中，这种特殊情感引导他们思考"专业人士"和"教师"的深刻含义。

我们很清楚地知道，广义的教育可以被描述为能力发展的综合过程，使人类能够学习、发展潜力、解决问题和建立关系。但在学前教育实践领域的许多情况下，人们甚至不能使用诸如"教学"这样的术语，

理论框　影响深远的学前教育课程体系

学前教育课程体系类型	主要思想	环境	教师的角色
福禄贝尔（Froebel）	• 建立第一个针对3～4岁儿童的学前教育场所：幼儿园（kindergarten）； • 强调人的创造力和游戏是学习的主要动力； • 玩耍、游戏、故事和活动是幼儿园的中心； • 发展是持续不断进行的，幼儿园的任务是为儿童提供获得自我实现的机会； • 发明"恩物"（专门为儿童制作的材料），使儿童通过摆弄"恩物"理解从简单到复杂的概念。	• 重视"恩物"； • 有很多为促进儿童某方面发展而特别制作的玩具。福禄贝尔的"恩物"既包括铅笔、木头、沙子、水泥、秸秆和木棒之类的人工制品，儿童可以利用这些制品进行搭建，又包括为了促进儿童感觉和生理发展而设计的故事和儿歌； • 强调户外环境是儿童学校生活的重要组成部分。	• 教师应该通过"恩物"引导儿童发展； • 承认女性在教育中的价值； • 日常生活中以观察为中心。
蒙台梭利（Montessori）	• 所有儿童生而具备学习和发展的能力； • 强调通过设计学习环境来促进儿童自我发现和学习能力的发展； • 儿童的感觉意识很重要，帮助儿童利用感觉去探索世界是学习的开始。	• 给予儿童能够获得更高水平和谐发展的教育机会；给予儿童获得自我发现的材料，引导儿童获得自我意识； • 相信儿童能够从环境中高效地吸收知识，强调正确的材料投放能够帮助儿童发展自我调节能力和独立学习能力。	• 蒙台梭利学前教育中的教师应该为儿童进行服务性的指导，而不是直接指导儿童进行某种任务； • 教师应负责为儿童创设环境，有机会利用合适的工具，使儿童能够使用合适的材料投放感觉去探索周围环境； • 教师应观察儿童，并根据观察情况对儿童进行指导。
沃尔多夫教育（Waldford Education）[鲁道夫·斯坦纳（Rudolf Steiner）创立]	受人智学理论（人类的智慧理论）的影响，强调培养一个完整的儿童应该重视： • 脑（Head）：强调对大脑的刺激和创造力的培养； • 心（Heart）：通过关心和责任心去鼓励心灵成长； • 手（Hands）：尊重艺术、人类和自然。	• 沃尔多夫课堂采用美学一般的、美观且和谐的方式进行设计； • 重视儿童的生理和感觉经验发展，利用室内和户外环境为促进儿童生理和感觉能力的发展提供经验。	• 教师应该在日常活动中鼓励儿童的创造性游戏和探索； • 年幼的儿童通过模仿进行学习，教师应该起到榜样作用； • 教师通过一系列探索、建构和创造游戏为儿童提供如数字、阅读、科学等学科教学。
开端计划（Head Start）	• 美国1965年针对低收入家庭和贫困地区开展的教育计划； • 旨在帮助处境不利儿童的发展，为他们的未来提供良好的发展开端。	• 强调通过师生比接近的小规模课堂模式让儿童感到安全和被支持； • 强调父母参与的作用； • 强调由儿童发现或主导活动； • 尊重儿童的多样性；	• 通过提高教师素质和改善学校环境来提升儿童教育标准； • 教师应设计为儿童设计针对生理、心理、情绪与社会性发展的课程； • 教师应具备文化发展性、尊重儿童的多样性；

学前教育课程体系类型	主要思想	环境	教师的角色
瑞吉欧·艾米莉亚（Reggio Emilia）	· 儿童被视为知识的共同建构者； · 在一个共同体中，教师致力于为儿童创造条件，使其能够通过表现性的、创造性的、认知性的语言（儿童的一百种语言）进行学习； · 尊重儿童的主体权利，尊重儿童作为一个能胜任的、主动的学习者，能够持续建构和尝试关于自身和周围世界的理论。	· 围绕发展适宜性目标，设计针对健康、人格、情绪、社会性和生理发展的活动。 · 环境是儿童学习中的重要资源； · 教育活动应源于儿童兴趣； · 课程不是提前布置设计的，而是来自教师与儿童、社会、家庭的交流和儿童的兴趣； · 没有正式的评价体系，但强调通过观察记录儿童活动； · 强调环境的美感（自然材料、小型亲密空间、植物、艺术展等）。	· 教师应当在儿童发起活动和成人发起活动中维持平衡。 · 教师扮演的角色是儿童的共同探索者、观察者； · 在教师的活动中组织儿童进行学习，被视为研究者； · 教师跟随儿童进行学习，被视为儿童的第三个老师。因为儿童与环境进行互动所获得的经验能够促进儿童的学习； · 在视觉艺术方面受过良好训练的艺术家能够与儿童和教师保持紧密的合作关系。
特法瑞奇（Te Whāriki）	· 1990年，新西兰两个学前教育协会合并成立新西兰学前教育联合会； · 成立联合会的目的是促进多样性、平等性、二元文化的发展，尊重和融合新西兰毛利社会，提升早期儿童服务标准和工作人员培训质量； · 基于这个目的，由家庭、父母和社会共同参与设计发展的特法瑞奇成为新西兰学前教育的第一套课程； · 特法瑞奇的意思是"编织的草席"，用来比喻对多种角度、文化和方法的包容度； · 该课程反映了儿童的整体发展和毛利人"保证儿童学习和成长"的原则。共有五个主要目标：幸福、归属、贡献、交流、探索。这五个目标为两种文化中的儿童提供了平等发展的权利。（详见第二章）	· 设计能让儿童通过游戏进行探索的教室； · 邀请家庭成员和社会成员到教室来，加强教室和社会的一致性； · 加强二元文化和双语教育。	教师负责： · 安排物质环境和设施； · 安排活动和实践的时间； · 整合教育原理、政策和程序； · 强调家长的包容和支持性，以及与社会的联系； · 儿童的年龄、小组规模分组（新西兰教育部，1996）。 在"领英项目"中（新西兰教育部，1998），新西兰教育部提出学前教育相关课程的合理目标和实践： · 与家长合作，形成伙伴关系，促进每个接受此教育服务的儿童的学习与发展； · 发展和实施能够帮助儿童实现以下发展目标的课程： 1. 成为胜任而自信的学习者和沟通者； 2. 拥有健康的头脑、身体和精神；

续表

学前教育课程体系类型	主要思想	环境	教师的角色
			3. 有归属感； 4. 相信自己能够为社会做出有价值的贡献。
瑞典课程（教育护理）[The Swedish Curriculum（EDUCARE）]	· 瑞典课程基于民主社会的原则，提出了以下五组目标： 1. 规范与标准； 2. 发展与学习； 3. 对儿童的影响； 4. 幼儿园与家庭； 5. 幼儿园、学校、休闲中心的合作。 · 幼儿园的重要任务是帮助儿童获得社会基本价值观。学校应该向儿童传递的价值观包括：人类的生命不可侵犯、个体的自由与完整、众人有平等的价值、性别平等以及团结残弱疾小等（瑞典教育科学部，1998a 第八章）。	· 在教学方面，瑞典幼儿园是保育、养育、学习一体的形式； · 保育与教育一体； · 基于游戏化、创造性和快乐学习的理念创设环境，利用儿童的兴趣，使其学习和掌握新的经验、知识和技能。	· 教师通过系统化的观察来确定儿童正在实现的课程目标； · 教师应保证规律和系统地记录、追踪和分析每名儿童的学习与发展情况。
经验教育（Experiential Education）（通过幸福感和参与感进行有效学习）	· 由 12 位幼儿园教师在两名教育咨询师的协助下，于 1976 年 5 月提出；该课程提出了学前教育要培养的关键素质（基于对儿童在教育场景中的生活和参与情况，实时记录）。 · 重视对课程质量评价指标的探索。 · 以儿童的参与感和幸福感为原则。 · 在深度度学习的原则上，开发《鲁汶参与度量表》（Leuven Involvement Scale）（参见第三章）	· 强调教师与儿童之间的互动，《观察记录表（成人版）》（Adult Style Observation Schedule）被用于评估教师的促进性、敏感度和给予儿童自治权的程度（Laevers et al., 1997）。 · 通过系统性的观察活动和材料来促进儿童参与，鼓励儿童交流，促使他们面对发人深省的问题，并为他们提供能促进他们心理发展的信息。 · 强调儿童的安全感、情感、注意力、坚定感、清晰感和情感支持； · 通过了解儿童兴趣，为儿童决定活动进行的方式，让儿童提供实验探索的空间，尊重儿童的主动性。	教师的 10 个工作要点： 1. 重新安排教室角落和区域，使其有吸引力； 2. 检查教室各角落内容，并用更有吸引力的材料替换无趣的材料； 3. 向儿童介绍新的或不常见的材料和活动； 4. 观察儿童，发现儿童的兴趣，并寻找符合儿童兴趣的活动； 5. 通过引起儿童兴趣和丰富干预方式等方法支持活动的持续进行； 6. 拓展儿童获得自由主动权的可能性，并通过健全的规则和协议来支持儿童的发展； 7. 探索每一个儿童的关系以及儿童间的关系，并努力促进关系的形成和积极发展；

续表

学前教育课程体系类型	主要思想	环境	教师的角色
			8. 引导儿童进行能够帮助他们探究周围世界的活动，包括行为、感觉和价值； 9. 诊断儿童的情绪问题并进行持续干预； 10. 诊断儿童的发展需要，并在相关领域进行参与性干预。 （Laevers & Moons, 1997）
高瞻计划 （High Scope）	• 19 世纪 60 年代，由戴维·韦卡特（David Weikart）和他在美国密歇根州伊普西兰蒂的团队提出，目的在于帮助处境不利的儿童在学校和社会生活中获得成功； • 基于对儿童从儿童早期到成年的长期观察研究，该项目认为高质量的教育能够使个体获得更高的教育水平和收入水平； • 儿童被视为能够通过主动建构知识来感知周围世界的主动学习者； • 儿童通过"计划—行动—反思"来尝试计划、执行学习目标并反思自己的学习。	• 室内和户外环境都以有益于儿童发展的方式进行布置； • 室内外区域布置基于儿童的兴趣； • 儿童能够接触到所有材料，并可以自由摆弄； • 材料投放、活动组织和互动都基于精心严谨的观察设计。	• 教师本身被视为主动学习者； • 教师通过榜样行为鼓励儿童去探索自己的兴趣； • 教师是细心的观察者，并采用系统的观察方法来了解儿童兴趣并完成《儿童观察记录》（Child Observation Record, COR）； • 教师提倡发展积极的人际关系，并通过严谨的观察来计划和组织班级环境。
银行街儿童学校 （Bank Street School for Children）	• 起源于杜威的进步教学法（参见第一章），由美国露西·斯普雷格·米切尔（Lucy Sprague Mitchell）发起； • 强调社会公平、平等、安全、尊重多样性； • 主要目的是为在劳动力市场受到不公平压榨的移民后代提供教育，鼓励学生成为主动学习者，拒绝死记硬背。	• 基于儿童是社会人的观点，通过材料实验进行教学，强调交流与合作； • 鼓励儿童使用感兴趣和喜欢的材料创设自己的教室； • 提倡小组间互动； • 儿童自主选择题目进行深度探究。	• 教师是学习的促进者； • 教师根据儿童的兴趣提供经验和活动； • 教师关注社区意识的发展并强调社会责任感； • 鼓励儿童分享并向他人学习。

不用"教育方案"而用"计划"，不用"教室"而用"活动室"。

在政策层面，由于历史上学前教育领域曾有过诸多不同的政策条款，使得儿童教育与保育的融合经历了漫长的过程。在西方国家，最早将学前教育和保育融合的课程体系出现在 20 世纪 90 年代。例如虽然美国幼儿教育协会（National Association for the Education of Young Children，NAEYC）（一开始名为美国托幼协会，1964 年更名）早在 20 世纪 20 年代中期就成立了，但直到 1995 年才提出了关于学前教育与幼儿园教师的一系列议案（议案于 2006 年修订）。

另一个例子来自拥有悠久历史并致力于实现学前教育专业化的瑞典学前教育机构，早在 20 世纪60 年代，政府就组织了专门的委员会来研究针对 6 岁儿童班级的学前教育内容和工作方法（OECD，2010，p.23）。日托班和学前教育机构的专业人员被要求接受相同的培训并为各年龄阶段的儿童提供相似的教育内容。日托班、学前教育机构的教育功能同时被承认，两类机构间的互动、交流和对话也受到认可。1996 年，教育科学部从社会与家庭福利部手中接管了日托班，并与早期儿童教育班级合并，称为学前教育机构。学前教育机构现已成为瑞典学校系统和终身教育的基础部分（Lpfö，2010）。瑞典学前教育机构的目的是融合早期儿童教育和保育（EDUCARE），彰显儿童终身学习的第一步的重要性。同时这也是第一个针对 1 ～ 5 岁儿童的国家级课程（瑞典教育科学部，1998a）。

和其他许多国家一样，希腊正式承认儿童保育服务需要系统化和立法化的时间要远远晚于其引进学前教育的 19 世纪。早在 1880 年，艾卡特里尼·拉斯卡里杜（Aikaterini Laskaridou）就将最早的学前教育机构引入希腊（Bouzaki，1986；Anagnostopoulou，1995），但直到 20 世纪初，希腊政府的教育政策依然严重缺乏对早期儿童保育的关注，早期儿童保育一直由教会、慈善机构和私人组织负责提供。至 20 世纪 70 年代，这一情况才发生重大变化（Anagnostopoulou，1995）。19 世纪末慈善基金会接管之前，早期儿童保育一直由私人机构和东正教会负责。到了 19 世纪末，希腊才有了对早期儿童保育的具体规定。当时法律 37/1895 条规定为 3 ～ 6 岁儿童提供由国家资助的学前教育机构称为"日间托儿所"（nipiagogia）。希腊第一家公立学前教育机构成立于 1898 年。1914 年，尽管法律规定 3 ～ 6 岁儿童可进入日托所，但由于资源的缺乏，实际上只有 5 岁以上的儿童才能进入日间托儿所（以下简称日托所）。1929 年，希腊政府授予教育部与宗教事务管理部管理托儿所的权利。此时，儿童是否上日托所是可以自主选择的。根据教育部的说法，日托所的教育目的是通过游戏和实际的学习活动为儿童进入小学做好准备，直到 1980 年，学前教育机构依然是小学教育的一部分，并受到小学检察员的监督。1980 年，一种新的日托所形式（paidikoi stathmoi）由主要城市的市长引入希腊，目的是为父母外出工作的儿童提供日间保育，因此，希腊有了两种由国家提供的非父母照顾的学前教育机构。为两种学前教育机构培养教师的高等教育机构也随之产生。在今天的希腊，私立和公立机构同时提供全天式的托儿服务。

在英国，1967 年《普劳登报告》（Plowden Report）将教育与保育融合起来，并提出临时托儿所具有双重目的：教育与社会福利。直到 1989 年，这一提案由于《联合国儿童权利公约》（United Nations Convention on Children's Rights，UNCRC）的出现才有了实质性进展。联合国大会 1989 年通过的《联合国儿童权利公约》在有关儿童的政策制定和实施方面带来了前所未有的改变。《联合国儿童权利公约》是联合国与属于它的独立国家间的一项协定，这些国家选择批准并执行该公约。这一公约的关键是承认所有儿童有免费接受教育的权利，联合国参与国有义务保证儿童的这一权利。公约同样承认儿童的多样性，以及无关社会经济背景、政治和种族群体的受教育机会均等性等问题。已经签署该公约的国家需承诺为儿童提供上述受教育的权利，并将其纳入本国的儿童政策。公约在英国国内和国际水平上对儿童的政策和服务产生了重大影响。

尽管接下来的段落将以英国为讨论对象以提供关于学前教育研究的政策背景概览，但本书的重点仍然适用于世界上大多数学前教育与保育系统的儿童观察。

活动 2

了解你感兴趣的国家的学前教育课程体系，了解与儿童权利有关的研究中国家政策起到的作用，并与你自己所用的课程模式进行比较。

这些网页能够为你提供官方资料：

经济合作与发展组织（Organization for Economic Co-operation and Development, OECD）

www.oecd.org/education/school/earlychildhoodeducationandcare.htm

联合国儿童基金会与儿童权利

http：//unicef.org.uk/UNICEFs-Work/UN-Convention/

英国学前儿童教育与保育的政策背景

正如前面提到的，英国于 1990 年 4 月 19 日签署批准了《联合国儿童权利公约》，并于 1992 年 1 月 15 日开始生效。之后，英国新劳动力政策通过为家庭和儿童提供支持、提高教育与保育质量来消除贫穷。米勒和哈维（Miller & Havey，2012）通过回顾以往政策得出结论，英国政府在以下四个主题制定了学前教育政策：减少贫困儿童、立足实证、支持父母和父母养育、确保为处境不利儿童提供最大程度的支持。工党政府随后所有的举措和政策都聚焦于这四个主题。减少贫困儿童和提高对儿童的保护成为最首要的任务。2003 年的《每名儿童都很重要》（*Every Child Matters*，DfES，2003）、《绿皮书》（*Green Paper*）和《儿童法案》（*Children Act of 2004*）由此产生。

工党政府计划通过让大量不同领域专业人员一起为儿童工作来推进儿童服务的综合化。2006 年 10 月 1 日，儿童劳动力发展委员会（Children's Workforce Development Council, CWDC）开始负责执行《每名儿童都很重要》规定。儿童劳动力发展委员会的职责之一是确保所有儿童能够获得相同的技能和知识，目的是使众多不同领域的专业人员一起为实现《每名儿童都很重要》中的五个目标努力。

儿童劳动力发展委员会（2011）对学前教育从业者的愿景是：

· 支持为儿童、青年、家庭提供融合的、连贯的服务；

· 保持服务人员的稳定性和适当性，兼顾灵活性和回应性；

· 因值得信任和负责任而受到重视；

· 表现出高水平的技能、生产力和效率；

· 具有有力的领导、管理和监督能力。

2010 年，英国政府保守党和自由民主党联合执政。受经济环境的影响，包括教育在内的公共支出减少了许多。2011 年，儿童劳动力发展委员会出版《早期劳动力——前进的道路》（*Early Years Workforce—The Way Forward*）一书，向英国教育部（Department for Educatiion，DfE）、教学署（Teaching Agency）以及其他支持早期儿童保育与教育工作部门的领导提出了希望，同时提供了关键信息和建议。2010 年 11 月，政府宣布他们将从儿童劳动力发展委员会撤出资助资金，同时自 2012 年 4 月 1 日起，儿童劳动力发展委员会将成为教学署的一部分。

受一系列政策的影响，与学前教育劳动力市场相关的改革和措施影响了学前教育教师职业资格的认定和培训。在英格兰，2008 年成立的早期儿童教育职业机构（Early Years Professional Status，EYPS）已经被早期儿童教师协会（Early Years Educators）取代，该协会的目的之一是为英国国立教育与学习大学（National College of Teaching and Learning，NCTL）获得三级资格批准的教师提供资格认证。

这一时期英国的学前教育反映了以往政策、课程、从业者资格的变化。2015 年 5 月大选后，保守党组建了政府，并通过调整入园资格拓展了学前教育包含的年龄阶段，为约 40% 的 2 岁儿童提供了接受学前教育的机会。下表展示了英国四个地区的学前教育课程：

表 i.1　英国国家早期课程

地区	课程	评估
英格兰	《早期基础阶段法定框架》（0～5 岁）（*Early Years Foundation Stage*，EYFS）	法定：《2 岁的综合评价》（*Integrated Review at Age Two*），《幼儿基础阶段档案》（*EYFS Profile*）
威尔士	《儿童基础阶段学习框架（3～7 岁）》（*Foundation Phase Framework 3～7 years*）	法定：《早期教育评估》（*Foundation Stage Profile*）
苏格兰	《产前至 3 岁：苏格兰儿童与家庭的积极成果》（*Pre-birth to 3: Positive Outcomes for Scotland's Children and Families*）《卓越课程》（3～5 岁）（*Curriculum for Excellence*）	没有法定要求
北爱尔兰	《学会学习框架》（0～6 岁）（*Learning to Learn Framework*）	没有法定要求

本书使用的专业术语

从上面讨论的可以看出，学前儿童保育与教育领域使用的名词术语各不相同，很多不同的术语用于描述相同的内容。在讨论英国每种课程模式之前，有必要对一些将在本书中出现的专业术语进行解释。

本书采用以下通用术语：

学前教育（Early childhood education）指早期儿童教育实践和早期儿童保育与教育，用于描述与学龄前儿童相关的研究领域。

幼儿园教师（Practitioners）指在早期儿童教育机构（如幼儿园、托儿所等）工作的人。就像前面提到的，根据教师的资历，有诸多名词对这一群体中的部分个体进行形容，如学前教育劳动者、专业教育人员、教师等。因此幼儿园教师被用于描述包括所有从事与学龄前儿童教育相关工作的人员。

然而，在讨论国际案例时，本书将会采用各课程模式中的专门术语来表述幼儿园教师。

课程（Curriculum）指对学龄前儿童实施的所有课程教育方案。在本书中提到的国际和英国本土的案例中，一些教育计划被称为教育框架，并假定这些框架不属于课程。在以往文献中，"由于作者对名词定义的限定或对名词新含义的解读"（Marsh，2004，p.3），对"课程"的定义多达120种。本书的目的不是强调关于"课程"定义的复杂性，而是使用这一术语来指代一种经设计以提供参考的框架方案，这种方案中包含的政府要求、思想形态、已有社会背景等信息通过对儿童的教育行为进行传递。这种行为包括指导、引领、教学、学习、设计活动、项目等。课程的目的和目标取向由接受该课程的学龄前儿童的特点所决定。

英国的学前教育课程

正如第二章将会解释的那样，观察应该有一个明确的目的。对于幼儿园教师来说，这一目的非常明确。观察的一般和最终目的是尽可能收集信息来完成对儿童的评估。然而，本书还强调了观察的第二个目的，即教师本身通过观察收集信息，评估自己的教育方案、活动以及课程，并通过系统的证据来调整未来教育计划。本书的第三章将会探讨观察技术。需要强调的是，每种观察技术在学前教育领域都有着自己的地位和作用，为了通过观察有效地获得儿童学习与发展概况，教师必须掌握并使用多种观察技术。在从国际化案例的视角探讨观察在学前教育中的作用之前，有必要研究英国4地区的课程模式，以期在讨论观察方法的过程中读者能够更好地理解不同的观察法是如何适用于不同的课程模式的。正如本书其他部分强调的，观察是学前教育中一种有价值的工具，是所有课程模式的重要组成部分。在英国，对学前教育标准和质量提升的第一次努力源于《幼儿教育：儿童义务教育的理想结果》（*Nursery Education: Desirable Outcomes for Children's Learning on Entering Compulsory Education*，SCAA，1996）。这一文件提出了儿童不同学习领域中的六个目标。这一文件很快被《基础阶段课程指南》（*Curriculum Guidance for the Foundation Stage*，QCA/DfEE，2000）取代。《基础阶段课程指南》强调游戏是儿童学习的中心，并提倡以儿童为中心。随着政治权利的下放，20世纪90年代末，英国4个地区，英格兰、苏格兰、北爱尔兰、威尔士均有不同的学前教育政策。然而，4个地区采用的不同课程模式的一个关键共同点是观察在以下两方面所起的不可或缺的重要作用：一方面，观察能够评价儿童取得的进步及其在学前教育中的发展情况；另一方面，通过观察，教师能够获得促进儿童学习与发展的教育经验。

英格兰：《早期基础阶段法定框架》

自2008年起，英格兰所有为0～5岁儿童提供早期儿童教育的机构必须执行《早期基础阶段法定框架》（*Early Years Foundation Stage*，DfE，2014）（以下简称《法定框架》）。即使《法定框架》是围绕着"入学准备"建立起来的课程模式，目的在于促进儿童获得"为未来学校生活做好准备"的一系列知识和技能，但观察仍被视为有价值的。

《法定框架》旨在：

·所有学前教育机构提供一致的高质量教育，使每个儿童获得良好发展，不落下任何一名儿童；
·根据每个儿童的需要和行为设计学习和发展机会，并定期进行评估和检查；
·教师之间、教师与父母或儿童养育人之间形成工作伙伴关系；
·强调机会平等性和反歧视性，确保为每名儿童提供支持。

（p.5）

该课程不仅要求幼儿园教师能够思考儿童的多样化学习，而且要求其能思考自己的教育实践。该课程还提出了有效教学和学习的三个关键特征：

·游戏与探索：儿童探索、体验并尝试事物；
·主动学习：儿童在遇到困难时能够集中注意力，不断尝试，并享受成功；
·创造和批判性思考：儿童有自己的想法并具备不断发展自己想法的能力，能够在不同的想法之间建立联系，并制订做事的策略。

（p.5）

如上文所述，英格兰法律规定对每名儿童生活的两个关键点《2 岁的综合评价》（*Integrated Review at Age Two*）和《法定框架》进行评价。其原则如下：

> 形成性评价是儿童学习和发展的组成部分。包括教师通过观察了解儿童的成就水平、兴趣和学习风格，并通过思考观察结果为每名儿童建构学习经验。在与儿童互动的过程中，教师应根据其自身对儿童进步的观察以及从父母或其他儿童养育者那里获得的观察内容做出相应的回应。
>
> （p.13）

由于过分强调正式评估和以入学准备为最终目的，关于《法定框架》的争议一直存在。但是该项目的积极方面是强调关于儿童的所有信息应该来自对儿童观察的记录。对儿童的评价应以实证为基础，在《法定框架》中，实证的来源便是观察。

北爱尔兰:《学会学习框架》

北爱尔兰的课程同样强调观察的价值。虽然在北爱尔兰,学前教育不属于义务教育,但同样受到《基础阶段课程》（*The Foundation Stage Curriculum*，Walsh，2016）的一部分:《学会学习框架》（*Learning to Learn Framework*，DENI，2013）规定的管理,《学会学习框架》要求学前教育应该:

> 采用以儿童为中心、以游戏为基础的教育方法,包括 6 个独立的教育主题:艺术、语言发展、早期数学经验、个性社会性和情绪发展、生理发展以及对室内和户外世界的探索。虽然该课程承认儿童学习与发展方式的多样性,但它强调儿童需要一个课程的指引来获取学习和发挥其最大潜能的机会。
>
> （Walsh，2016，p.46）

《学会学习框架》的愿景是：

· 为儿童提供公平的、高质量的学前教育和学习服务；

· 支持个性、社会性、情绪发展，促进儿童的积极学习倾向，并促进儿童语言、认知和身体发展；

· 培养儿童的积极学习经验，为儿童提供获得优越的学习成就和终身学习的基础；

· 帮助儿童确定并消除学习的障碍、减少社会排斥的危害和不良影响以及后期干预的需要；

· 鼓励并支持父母履行自身作为儿童的第一任教师和持续教育者的角色。

（pp.17-18）

根据《联合国儿童权利公约》的原则，《学会学习框架》的目的是提升儿童权利，该课程指出：

· 儿童在早期儿童教育与学习中的需求是《学会学习框架》的基础，该课程承认并尊重每名儿童的个性化特征与需求，通过早期儿童教育与学习课程帮助儿童实现认知、情绪、生理和社会性发展；

· 儿童的教育与学习从一出生就开始了。父母是儿童第一任教师和持续教育者，教师应与儿童父母和儿童照料者形成合作伙伴关系，承认并支持家庭教育与儿童已有成长经验在促进教育积极结果中的重要作用；

· 儿童及其家庭享有接受高质量的、年龄阶段适宜的教育与学习服务的机会。包括在安全包容的环境中，由技能熟练的幼儿园教师引导，重视游戏的作用并把游戏作为教学工具的教育质量标准评价；

· 尊重儿童及其家庭的权利。儿童期是个体一生中至关重要且不可取代的时期，由于对未来发展和终身学习所起的关键基础作用，儿童期应该被培养、尊重、重视和支持；

· 公平和包容是高质量早期儿童教育与学习的基本特征。无论特殊教育需求、残疾、性别、文化宗教、社会经济地位或语言背景，所有儿童都应在能够促进其潜能发挥的环境刺激中进行实操性的、有挑战性的活动；

· 与国家机关、志愿组织以及其他相关部门和教育相关专业单位的合作能够促进儿童在学前教育中取得更好的成就。承认儿童在正式的、受资助的学前教育课程之外能够获得的其他学习与发展机会（例如儿童中心和托儿所）。

（pp.19-20）

虽然《学会学习框架》体现了北爱尔兰学前教育的政策愿景，并旨在成为满足以上所有原则的总体性学前教育指导框架，但《学会学习框架》并没有类似《法定框架》中对儿童进行正式官方评估的要求。

《学会学习框架》详细描述了幼儿园教师在提高学前教育质量中需具备的相关技能。从北爱尔兰教育局提出的早期儿童教育愿景来看，《学会学习框架》将教师对儿童发展领域的深入了解及基于此开展的实践教学放在首位。虽然目前仍没有用于收集、管理学龄前儿童相关教育服务信息的整体系统，但通过持续开发幼儿园教师专业发展项目，促进多学科、多机构间的良好对话和信息共享，建构工作伙伴关系，该系统的建立已经成为《学会学习框架》的发展重点。

苏格兰：《卓越课程》

与北爱尔兰的《学会学习框架》相同，为反映《联合国儿童权利公约》，苏格兰提出了针对3岁以下儿童的《产前至 3 岁：苏格兰儿童与家庭的积极成果》（Learning and Teaching Scotland，2010）和《卓越课程》（苏格兰政府，2015）。这两个课程都是为了提升苏格兰学前教育的质量和标准。

《卓越课程》的目的囊括儿童能力发展的 4 个方面：使儿童和青年成为成功的学习者、自信的个体、有责任心的公民和有效的贡献者（表 i.2）。

表 i.2　苏格兰《卓越课程》包含的 4 项能力

成功的学习者	自信的个体	有责任心的公民	有效的贡献者
特点	特点	特点	特点
·对学习有热情和动力； ·有决心取得高水平的成绩； ·开放接纳新思维和观点。	·有自尊心； ·有生理、心理和情绪幸福感； ·坚信自我价值和信仰； ·有雄心壮志。	·尊重他人； ·负责地参与到政治、经济、社会和文化生活中。	·有进取心； ·有灵活性； ·自力更生。
能力	能力	能力	能力
·具备读写、沟通和计算技能； ·利用技巧学习； ·创造性和独立性思维； ·具有独立学习和小组学习能力； ·能做出有理有据的评估； ·能够在新的情境中联系和应用不同类型的学习方法。	·能够与他人相处并自我管理； ·追求健康积极的生活方式； ·有自我意识； ·发展和交流自己的信仰和对世界的看法； ·尽可能独立生活； ·评估风险并做出理智的决定； ·在不同领域的活动中取得成功。	·形成对世界和苏格兰的理解和看法； ·理解不同的信仰和文化； ·做出理智的选择和决定； ·评估环境、科学和技术相关的事件； ·发展出对复杂的事件理智的、符合伦理的观点。	·在不同的情境下，用不同的方式进行沟通； ·在团队和伙伴关系中工作； ·以主动的、领导者的身份工作； ·在新的背景下进行辩证思考； ·创造和发展； ·解决问题。

资料来源：www.educationscotland.gov.uk/learningandteaching/thecurriculum/whatiscurriculumforexcellence/thepurposeofthecurriculum/index.asp.

《卓越课程》采用整体评价方法，通过联系学前儿童的经验、学习成果和不同教学领域间的实践来确定儿童取得的进步和促进儿童发展的方法。儿童对学习的参与与个性化的学习成果预期是课程评价过程的关键。因此，本课程将评价重点放在对儿童个性化的反馈上。

《卓越课程》评价的目的是：
·对儿童发展 4 项能力有帮助的知识与理解、技能、特点与能力等提供支持；
·为父母、儿童自身以及他人提供保证，保证儿童和年轻人的学习和发展以期望的方式取得进步；
·为学习者提供其所取得成绩的反馈，包括证书和奖励；
·帮助儿童规划下一阶段的学习，并帮助学习者在未来教育和就业中取得进步；
·预知儿童在未来学习和教学中可获得的进步。

（苏格兰政府，2015，p.5）

《卓越课程》的核心愿景是严谨地收集儿童的有关信息，为儿童取得成绩的广度和深度提供实证支持。因此，观察成为系统化收集儿童信息的方式，也是苏格兰《卓越课程》评价过程的重要组成部分。

威尔士：《儿童基础阶段学习框架（3～7岁）》

正如第二章提到的，威尔士的《儿童基础阶段学习框架（3～7岁）》（*Foundation Phase Framework for Children Learning for 3～7 Years*）旨在通过游戏和实际操作经验，促进儿童在以下 7 个领域的学习：

· 个性与社会性发展、幸福感与文化多样性；

· 语言、读写和沟通技巧；

· 数学能力发展；

· 威尔士语发展；

· 对世界的理解和看法；

· 身体发展；

· 创造性发展。

2015 年出版的《儿童基础阶段学习框架（3～7岁）》修订版（威尔士政府，2015a）对以上所有学习领域都有详细的描述，并且清楚地列出了儿童在以上每个领域应取得的发展成果。威尔士强调双语课程，这也是威尔士身份认同与文化的重要组成部分。

《早期发展与评价框架》（*The Early Years Development and Assessment Framework*）（威尔士政府，2015b）坚持，总体评价的目的是通过评估工具来记录儿童的整个早期发展。根据这一目标，该框架制定了统一的方法对 0～7 岁的儿童进行评价，为教师提供他们在支持儿童发展与学习中需要的信息。为此，2015 年 9 月，威尔士配合出台了《基础阶段纲领》（*Foundation Phase Profile*）。

> 该纲领性文件旨在通过健康专业人员对儿童的评价，为可能的早期发育迟缓、有特殊教育需求以及有额外学习需求的儿童提供诊断。该诊断结果将确保有需求的儿童获得支持。评价结果作为对儿童描述的一部分内容将为儿童抚养者提供有用的信息，支持儿童从学前教育机构进入学校的过渡。
>
> （威尔士政府，2015c，p.3）

《儿童基础阶段学习框架（3～7岁）》的纲领性文件由 3 个关键元素组成：

· 记录表格（Record Form）：记录表格是《基础阶段纲领》的可选元素，专为那些不使用软件系统进行记录的工作人员设计。记录表格为记录儿童的发展提供了翔实的证据和一致的结构。

· 简要档案表格（Compact Profile Form）：简要档案表格是对处于《基础阶段纲领》阶段前或阶段中的儿童发展情况的快照，它允许教师在纲领性文件中为儿童在每一个领域的学习发展情况生成一个独立的结果。

· 完整档案表格（Full Profile Form）：完整档案表格使用所有《基础阶段纲领》中的技能阶梯来描述儿童的发展情况，它允许教师用一个与简要档案表格一致的量表获得儿童各领域的学习结果。

（p.4）

纲领性文件强调幼儿园教师应该具备通过客观的观察收集证据以完成 3 个阶段的儿童档案的能力：

1.《儿童基础阶段学习框架（3～7岁）》的目标是在教师为儿童计划下一步的学习与发展目标时

提供指南；

2. 简要档案（Compact Profile）的基线（Baseline）是指对刚进入小班的儿童进行六周的观察，将观察结果作为儿童发展基线水平。基于学习领域的技能发展阶段，教师需要再次通过观察收集关于儿童发展的关键信息；

3. 完整档案（Full Profile）包括了各学习领域的技能发展阶段。

在纲领性文件中，关于儿童能力的证据应来源于所有的学习领域。《儿童基础阶段学习框架（3～7岁）》中没有固定的观察方法，然而，在其手册中呈现的流程图（图 i.1）能够帮助教师对儿童发展进行评价。

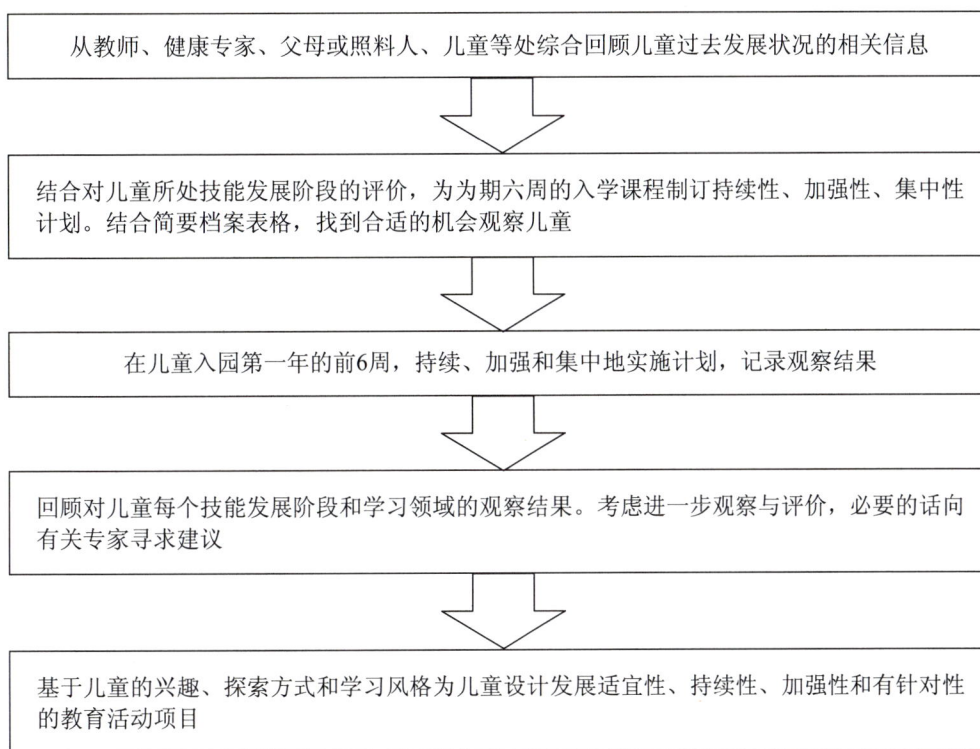

```
从教师、健康专家、父母或照料人、儿童等处综合回顾儿童过去发展状况的相关信息

结合对儿童所处技能发展阶段的评价，为为期六周的入学课程制订持续性、加强性、集中性计划。结合简要档案表格，找到合适的机会观察儿童

在儿童入园第一年的前6周，持续、加强和集中地实施计划，记录观察结果

回顾对儿童每个技能发展阶段和学习领域的观察结果。考虑进一步观察与评价，必要的话向有关专家寻求建议

基于儿童的兴趣、探索方式和学习风格为儿童设计发展适宜性、持续性、加强性和有针对性的教育活动项目
```

图 i.1 《儿童基础阶段学习框架（3～7岁）》评估流程（威尔士政府，2015c，p.7）

通过该流程图的解读可以发现，完整档案中的评价过程可以和行动研究的具体步骤形成如表 i.3 所示的联系。

表 i.3 行动研究过程与基础阶段评价过程的联系

序号	行动研究步骤	基础阶段评价过程
1	确定观察目的	回顾
2	澄清理论	回顾
3	确定研究问题	计划
4	收集数据	行动（观察）
5	分析数据	评价
6	报告结果	回顾
7	采取行动	计划

这些联系也表明了对一个善于观察的教师的期望。教师在一日生活中的每一步骤都应该通过信息收集—生成活动—反思与评价—再次评价—调整计划（Schon，1983）的过程来获得相应的信息。通过系统化的观察获得信息是有经验的幼儿园教师评价儿童成就和实践的有效方法。

《儿童基础阶段学习框架（3～7岁）》专门包含了与观察有关的一部分内容，强调教师通过系统化的方法进行观察并生成对儿童的形成性和总结性评价的重要性。

> 观察《儿童基础阶段学习框架（3～7岁）》在实践中起的关键作用。观察儿童的主要目的是确定他们在学习中所处的发展阶段，以便促进儿童进一步发展，并诊断儿童面临的任何困难或具有的特殊能力。通过观察和倾听，教师能够收集儿童在一段时间内的发展情况以及是否学会某项技能的证据。这使得教师可以评价儿童取得的进步以及是否需要进一步巩固学过的知识。为了建构一个儿童的完整档案，对儿童在室内和室外环境中的活动同时进行观察至关重要。以往记录表明儿童在户外时的行为与学习与在室内时不同，在评价过程中反映这一点尤为重要。
>
> 对特定技能的观察通常不需要设置特定的活动，设计技能发展阶段是为了表明儿童在自己主导、教师主导或混合主导的活动中，以及在持续性、加强性、集中性的活动中的一般表现。在适当的情况下，教师应鼓励儿童理解并欣赏自己的技能，并为儿童提供在不同任务和活动中取得进步时分享自己的想法和感受的机会。活动计划应经过精心设计，以确保发展适宜性活动的开展以及为儿童发展和学习起到脚手架作用的资源的提供。在讨论活动之前、之中和之后教师要帮助儿童反思他们自己的能力。同时，与父母（或照料者）的接触并鼓励其参与儿童教育对教师获取儿童能力的整体描述也起到至关重要的作用。
>
> （威尔士政府，2015c，p.10）

从儿童进步、发展与学习的评价需求以及收集严谨证据以开展实践的角度看以上四种课程模式，幼儿园教师应当具备系统收集信息生成严谨的儿童档案和评价的能力。因此，幼儿园教师比以往任何时候都有必要发展以系统化的方式观察儿童的技巧。之后几部分的内容将帮助教师了解不同的观察方法，并学会使用这些方法。

这里有必要强调，作为一名幼儿园教师，无论实施什么课程，发展观察能力以灵活地适应课程变化都至关重要。一名观察者和教师应当具备：

· 对观察目的的深入广泛理解；
· 对基于背景和情景实施的观察技术的深入广泛理解；
· 为儿童建构和以实证为基础的评价提供反馈，能够在课程中体现需要满足的儿童需求；
· 对课程中的每个场景进行反思和回应；
· 持续的专业发展。

活动 3

使用以下网站了解各课程方式中的评价需求，并讨论：

1. 观察的作用是什么？

2. 如何将观察运用于评价过程之中？

3. 各个课程中都涉及了哪些学习领域？你能否区分出它们的相同和不同？

英格兰学前教育政策

http：//www.gov.uk/government/publications/early-years-foundation-stage-framework--2

北爱尔兰学前教育政策

www.deni.gov.uk

苏格兰学前教育政策

www.educationscotland.gov.uk

威尔士学前教育政策

www.wales.gov.uk

为什么观察？

实施一种学前教育课程，教师有责任理解课程的主旨与目标，也有责任确保其采取的行动能够达到该课程的主旨与目标。在许多课程中，以英国课程为例，对儿童的观察是至关重要的。例如，在英格兰的《法定框架》与威尔士的《儿童基础阶段学习框架（3～7岁）》中，评价属于正式的法定要求之一。虽然苏格兰和北爱尔兰的学前教育课程没有正式的评价体系，但它也是课程要求的一部分。在这种背景下，教师有责任对儿童是否取得进步、是否达到所在课程的目标负责，也有责任为儿童提供高质量的环境。评价是教师日常工作生活的核心过程。因此，围绕着评价的讨论不应该是是否进行评价，而是如何进行评价。观察为评价提供了合适的工具。教师能够通过观察收集相关的、有价值的信息来体现他们对儿童和环境的评价，从而既达到以课程为基础的评价要求，又履行他们对儿童和儿童家庭的责任。

无论是法定的标准化课程评价体系（如英格兰的《法定框架》和威尔士的《儿童基础阶段学习框架（3～7岁）》），还是尚未标准化的课程评价体系（如《卓越课程》和《学会学习框架》），评价都应该以儿童和活动为中心，这意味着评价的重点应该是将观察作为有价值、可靠的工具，对课程中的儿童与活动进行评价。正如书中其他部分所叙述的那样，观察为教师提供了关于儿童的优点、兴趣、新技能的个性化信息。因此，与教师需要具备的其他技能（如实践知识、反思、与儿童交流、敏感性）相同，教师在与儿童相处时需要掌握观察技巧并发展对观察的深度理解，这体现了观察技巧的使用在学前教育实践中的核心作用。

关于本书

本书的第三版意图拓宽视野，探究学前教育中的观察及其与课程的相关性。无论教师使用哪种学前教育课程，无论评价是否是法律规定、是否足够正式，观察技术都能够帮助教师成为一个能够履行教育作用和课程要求的，负责任、高质量、有经验的教师。观察是教师职业道路发展中进行实践、评价的必需品，能够确保教师对其所在的学前教育机构中发生的任何情况做出反应。

另外，在英国学前教育部门和劳动力变化的情况下，系统化的观察和评价在教师所需的所有技能中发挥了重要作用。因此，本书将英国与国际的现有政策和行动相联系，讨论了观察作为幼儿园教师的工具的作用。观察技能对与儿童相处的所有人来说都很重要，这一点已经得到政策层面的认可，同时也在英国国内和国际课程中有所反映。观察过程不独立于其他教育实践或整体教育计划，而应是它们的一部分，用以帮助教师发展教育实践以及对教育实践的理解。本书旨在帮助教师进一步理解观察，并帮助教师将其充分运用在工作之中。

序言这一章主要介绍英国教师当前工作环境的整体情况，旨在探究以早期儿童教师的观察与评价为基础的英国学前教育背景下观察的重要性。

第一章讨论学前教育的关键影响因素。主要回顾了主流的儿童观，以及影响学前教育理论与实践的生理学和心理学视角，并强调了早期儿童学习的关键领域。

第二章探究对儿童的自然观察，将当前立法和学前教育机构的日常实践相联系，讨论观察在学前教育中的角色和作用。

第三章介绍常用的观察方法，通过案例帮助读者进行理解。本章讲解了三种主要的观察方法：结构性观察、半结构性观察、无结构观察，分析了每种方法的优缺点。

第四章解决了与观察结果的分析和记录相关的关键问题。本章从过往研究和不同课程模式中提取了诸多案例以供读者探究，也提供了记录观察结果的不同方法。最后，本章还讨论了观察的主要局限。

第五章强调与观察者自身感受相关的观察伦理是伦理程序与思考的一部分。如何记录观察内容、与何人分享观察内容应遵守相关规定并运用于观察实践。

在读者已经建立了对观察理论的理解后，第六章将着眼于观察儿童发展的实践案例。

第七章尝试把观察作为研究工具进行讨论。本章探究了观察作为量性和质性研究工具所起的作用，强调了观察在研究与实践中的区别。

第八章回顾了对学前教育的相关讨论，并比较了教学法与课程的不同。本章探讨了强调观察的学前教育课程，并提供了来自英国和世界其他地区的案例。

最后，基于读者对观察过程的良好理解，最后一章讨论了幼儿园教师的角色以及专业化的关键问题，并得出观察技能在幼儿园教师的学前教育实践中的重要作用，以及如何在教育实践中应用观察。

扩展阅读

更多关于早期儿童政策的资料：

Anning，A and Ball，M（2008）*Improving Services for Young Children*. London：SAGE.

Baldock，P，Fitzgerald，D，& Kay，J（2005）*Understanding early years policy*（3rd edition）. London：SAGE.

Georgeson，J and Payler，J（eds）（2013）*International Perspectives on Early Childhood Education and Care*. Maidenhead：Open University Press.

Miller，L and Hevey，D（2012）. Policy issues in the early years. London：SAGE.

更多关于早期儿童学习与保育的资料：

Bruce，T（ed.）（2010）*Early Childhood：A Guide for Students*（2nd edition）. London：SAGE.

Nutkins，S，McDonald，C，Stephen，M（2013）*Early Childhood Education and Care：An Introduction*. London：SAGE.

Veale，F（ed.）（2013）*Early Years for Levels 4 & 5 and the Foundation Degree*. London：Hodder Education.

更多关于英国学前教育政策背景的资料：

英格兰学前教育政策

http：//www.gov.uk/government/publications/early-years-foundation-stage-framework--2

北爱尔兰学前教育政策

www.deni.gov.uk

苏格兰学前教育政策

www.educationscotland.gov.uk

威尔士学前教育政策

www.wales.gov.uk

第一章

学前教育学

本章目标

以往研究表明，"教育学"这个术语含义复杂，并在具体的教学和学习方法下有不同的拓展。

通过阅读本章内容，你将：

· 了解不同的儿童观及其对学前教育学的影响；

· 了解主要的哲学观点及其对教育学的影响；

· 了解主要的心理发展理论及其对学前教育学的影响；

· 思考教育学与课程的主要区别并在教育实践中反映教育学与课程。

引言：关于教育学的讨论

本章的目的是提出影响学前教育学的一系列问题和因素。任何关于教育学性质的讨论都是复杂的。教育学是一个难以定义的术语，根据不同的文化、政策背景、教师教学与实践情况、教学与学习风格，不同的学者给予了教育学不同的定义与解释。例如，亚历山大（Alexander，2004a）将教育学视为教学过程的行为与话语。而英国教育研究协会早期儿童专家组通过回顾以往研究发现，"对教育学的定义往往过于强调教学内容而非教学过程，有特定的表现形式"（2003，p.13），并强调学前教育学中游戏的中心地位。

教育学的广义解释是：

> 教育学是一门思考人类在身体健康、社会道德、伦理美学等方面的发展的学科，同时是一种以服务于社会和个人为教育目的的制度形式。
>
> （Marton & Booth，1997，p.178）

沃特金斯和莫蒂莫尔（Watkins & Mortimore，1999，p.2）认为将教育学狭义地定义为"教学的科学"是片面的，这会导致在以科学方法制定教育法规和技术方法时忽视教育学作为知识体系的一部分所具有的"不确定性、相对性、复杂性与混沌性，及其在创造力识别、知识创造中所起的作用"。相反，有人认为教育学是"人类设计以加强对其他事物学习的任何有意识活动"（p.8），他们进一步认为，教育学以复杂的事物为基础，包括：

> 教师、教室或其他内容、学习观点与对学习的理解等基本要素间的特殊关系。这一模型重视对学习社区的创建，在学习社区里，知识是由学习者主动建构的，学习的重点有时是学习本身。
>
> （p.8）

在21世纪，学习环境已经发生变化，学习不仅与教师有关，也与学习者自身有关，更与家庭、政策改革与诸多其他服务如健康、社会工作、本地和全球性问题等有关，构成了一个生态系统（Male & Palaiologue，2012）。

> 有效的教育机构是那些在学习者、家庭、团队、社区间形成高效和协作关系的环境，因为学习者所处的环境与文化是至关重要的。
>
> （Male & Palaiologue，2012，p.112）

换句话说，教育学不仅仅在孤立的教育环境中发生，更是广泛的社会经济、政治、哲学、心理学与教育学对话的一部分。因此，我们需要寻求对这些关系的深入理解以便讨论学前教育学。然而，需要承认的是，这种对话将永远不会完整、稳定和最终确定，因为任何关于教育学的讨论都没有永久和完美的终点（Dahlberg & Moss，2010，p. xix）。对标准化的、终极确定的教育学理论模型的追求可能会带来限制教育实践发展的危险，这些可能被限制的实践能够为教师与儿童相处提供新的方式，能够丰富学前儿童教育学。

因此，为了更广泛地了解影响教育学的因素，本章将把儿童的社会建构观、哲学与心理学思想联系起来。

教育学中的儿童社会建构观

近年来，在儿童发展领域，越来越多的研究开始关注将庞大的知识基础应用于教育环境，为儿童创造一种教育学。当前，我们比以往任何时候都更了解集体、学校、社区环境对儿童身体、情感与社会性、认知能力发展的促进作用。儿童比以往任何时候都更积极地参与决策制定过程和评价，这些过程和评价影响着他们的生活和经验。

社会看待儿童的方式影响着我们对待儿童的方式和我们自己的儿童观。早期儿童政策服务与课程反映了当前社会的儿童观，体现了当前的教育学。审视社会对儿童的理解的演变可以发现，有大量关于儿童的阅读资料影响着学前教育实践。本顿（Benton，1996）通过研究在艺术和文学中对儿童的描述，形容了 7 种类型的儿童：

- 有礼貌的儿童
- 没礼貌的儿童
- 天真的儿童
- 有罪的儿童
- 真实的儿童
- 纯洁的儿童
- 神圣的儿童

大卫（David，1993）讨论了达尔伯格（Dahlberg，1991）的研究，达尔伯格认为不同社会对童年的定义受到这个社会自身观念、已有模型以及儿童处于某个特定生命阶段的生理束缚的影响。大卫（David，1993）将两个观念区分开：儿童存在观，即儿童就是儿童；儿童项目观，即儿童的生活是被规划好的。她认为这两种观点都会令儿童感到失望。一方面，儿童没有为学校和社会的期望做好准备；另一方面，他们被赋予成功的压力（David，1993）。两种观点看似对我们的社会有意义，因为这个社会要求儿童有很多的技能，尤其是在上学以及接近成年之后。

亨德里克（Hendrick，1997）通过研究 18 世纪末以来的英国社会对儿童的理解，提出了 9 种儿童观，反映了英国社会经济、神学、政治和历史的变化：

- 自然的儿童
- 浪漫的儿童
- 热情的儿童

- 儿童即儿童
- 学校的儿童
- "儿童研究"的儿童
- 国家的儿童
- 心理学的儿童
- 福利国家的儿童

最后，有研究者（Mills & Mills，2000）在一篇关于儿童观的文献综述里提出了以下几种更有可能的儿童观：

- 儿童是无辜的：体现了一种神学观念，即儿童是一种善的力量，成人有必要保护他们。
- 儿童是学徒：将儿童视为有潜力的成年人，为取得成年期的成就儿童需要接受训练。
- 儿童作为人有自己的权利：这一观点来自《联合国儿童权利公约》（UNCRC，1989）。公约将儿童视为拥有权利和责任的个体。在这个观点中，儿童被视为完整的社会存在，在社会中有行动的能力，有创造和维护自己文化的能力。（Waksler，1991，p.23）
- 儿童作为不同群体中的成员：与联合国提出的将儿童视为有权利的个体的观点相同，"为了使儿童的人格获得完整、和谐的发展，儿童应尽可能在充满关爱、父母负责，情感、道德与物质环境安全的环境中成长，儿童在任何情况下都不应该与母亲分离"（联合国，1959，p.198）。这一观点被现代文献所接受。（Alderson，2000，2004；Clark，2005a，2005b；Dockett & Perry，2003，2005；Fare，2005；Christensen & James，2008；Harcourt et al.，2011；Bloch，1992；James & Prout，1997；Kjorholt，2001，2002；Prout，2000，2003；Rinaldi，2005；Clark et al.，2005）
- 儿童是脆弱的：儿童更容易受到校园霸凌、家庭暴力、性侵犯、广告消费、对童真的剥削利用和种族骚扰。
- 儿童是动物：这一观点与儿童生物学发展有关，认为所有的动物在完全成熟之前都会经历生物发展，儿童也不例外。

有研究者（Mills & Mills，2000，p.9）强调，实际上，不同的儿童观之间不是相互孤立的，而是互相联系、相互重叠的。研究发现，所有对儿童的社会理解都支持相同的社会群体，并影响了社会与政策在课程实践、政策、服务与规定方面呈现这些儿童观的方式。

从以上文献综述中我们不难发现，"教育学"这一术语描述了社会观点与教育实践之间的关系。正如大卫（1994，p.26）认为的那样，教育学包括了与教育目的有关的对社会、人性、知识与生产的观点（理论或信念体系），以及教育实践中使用的术语与规则。福尔莫西尼奥和帕里斯卡（Formoshino & Pascal，2015，p.xxi）将这一观点延伸为：

> 我们将教育学概念化为专业的、实践性知识的一个分支。它在与理论和信念、价值观与原则的对话中被建构，被认为是一种形而上的空间，处于行动、理论、信念三者互动性的不断更新的三角关系中。

对于那些从事学前儿童保育与教育的人来说，这些关于教育学的讨论似乎是哲学的、抽象的，但我们如何看待与儿童一起进行的活动决定了我们期望儿童达到的教育目标,也决定了我们在教育实践中根据自己对教育学的理解寻找目的性、有价值的教育方向的方式,进而影响了我们与儿童的互动。

接下来的段落将概述主流的儿童观,帮助读者反思自己的儿童观,进而影响读者对教育学与教育实践的看法。

无辜的儿童

儿童是无辜的,他们需要被保护以免遭社会邪恶势力的伤害。这一观点来自卢梭的儿童哲学观,并受到神学观点的影响。在这个观点中,儿童被视为需要被保护的对象,也被认为是善的力量的体现。成人有责任保护儿童,确保他们免受社会邪恶势力的影响。例如,在学前儿童保育与教育中,当前关于儿童是否使用电子设备(如平板电脑、智能手机以及互联网)的讨论再次强调了这一观念。众多的声音认为儿童不应该从小与电子设备接触,这会使他们暴露在社会的物质性危害中,也会使他们面临被消费主义的罪恶同化的危险(Alliance for Childhood,2004;Palmer,2006,2008;Morgan,2010;Selwyn,2011)。

儿童要为成年做准备

这一观点将儿童视为成人的学徒,儿童需要接受为成年生活做准备的训练。在这种观点下,儿童将准备成为一名负责任的成年人。这一观点强调对儿童的训练。这种训练包括社交技能、沟通技能与职业教育。这种观点反映在英国许多学前儿童保育与教育方法中,被许多正式学校接纳。例如,在《法定框架》中就强调为儿童入学做准备,将以培养儿童识字、算数、社会化技能等能够使其有效融入正式学校生活为目的的结构化教育活动作为学前儿童保育与教育的首要内容。

社交活跃的儿童

这一观点将儿童作为社会人,认为其有能力在社会生活中发挥作用,创造并维持他们自己的文化。这一观点的一个延伸是将儿童视为不同群体的一员,意味着儿童需要在充满爱的、安全的环境中来获得个性、社会性以及情绪的发展。例如,当一个儿童在关爱中成长,就意味着环境是有感情的、道德的与安全的。正如之前提到的那样,1959 年《联合国儿童权利宣言》(*United Nations Declaration of the Rights of the Child*,1959,以下简称《宣言》)中已经阐明并强调了这一点,《宣言》强调儿童的和谐全面发展,以及对一个充满感情的社会环境的需要。

直到 1989 年,《联合国儿童权利公约》(UNCRC)才全面接受了这一观点,并在 1994 年 6 月《联合国儿童权利公约》全球大会上通过了《萨拉曼卡宣言》(*Salamanca Statement*)。《联合国儿童权利公约》根据儿童的特殊需要和所处环境,并涵盖经济、公民、政治、社会和文化权利的全部范围提出儿童权利,强调必须积极促进儿童权利,并赋予各国政府履行这一权利的义务。这改变了儿童被视为能力低下的、无力的个体以及父母财产的观念定式,强调儿童有接受咨询、参与并提出自己观点与建议(声音)的权利。

儿童目前被认为有能力参与到他们各个层面的生活，并能够表达自己的观点。

发展中的儿童

这是一个从发展性视角提出的儿童观点，认为儿童发展需经历不同的阶段。例如，皮亚杰的认知发展阶段理论或精神分析的人格发展阶段理论。在心理发展领域，发展性儿童观点认为，教育应寻求对儿童的进一步了解。此外，学前教育应以儿童如何学习的发展性观念为基础。这种观点反映在与儿童语言、身体、认知方面发展有关的课程上。

需要保护的儿童（儿童作为潜在受害者）

这种观点将儿童视为脆弱的、需要被保护的。从某些方面来看，这反映了儿童作为潜在受害者的新兴观点。一个对当前儿童保护政策的研究表明，当前政策重视保护儿童免受伤害、保证儿童安全并促进他们的幸福感。因此，诸多的政策与服务措施出台以确保儿童获得所需的保护。这一观点反映了校园霸凌、家庭暴力、性侵、广告消费、对儿童天真的剥削利用、种族伤害以及歧视等问题。儿童的脆弱性可以在战争与冲突中看到，如一些战争国家，儿童经历着失去父母、目睹或经历暴力饥荒、缺乏安全与保护、被剥夺基本人权和成为难民等伤害。兰德斯（Landers，1998）研究了创伤性经验对儿童的影响，作为受害者长大的儿童具有一些共同的特征，这些特征在不同年龄的儿童身上的表现略有不同。他认为婴儿会表现出退缩、执着和不安的行为；而学步儿则会表现出恐惧、攻击性与破坏性行为；学前儿童则表现出恐惧、创伤性幻想、悲伤、内疚、罪恶感和社会退缩。

现代化的儿童

这一观念在西方世界占主导地位。儿童被视为社会性活跃的公民，从一名非参与者转化为一名社会行动者、一名能够组建机构并有能力参与其中活动的个体。因此，倾听儿童的声音已经成为教师日常生活的基本内容。

这种社会建构观重视儿童的当下，并将儿童视为独立的人类个体和积极参与获得并享受权利的权利拥有者。因此，儿童被视为"能思考的个体"，与传统主流认为儿童在发展完成后才能完成发展目标的发展观点形成对比。

总结

概括地说，因为早期儿童保育和教育与人们在广泛的文化和社会背景下形成的儿童观相联系，学前教育学受到我们对儿童的看法的影响。对于儿童的看法很多，对每个人来说童年的意义都不相同，在不同的学科、文化和社会中对儿童也有不同的定义和解释。从这个意义上说，我们对教育学的看法在我们的儿童观基础上形成。因此，教育政策和课程是由我们的儿童观以及我们对这些观点的反思决定的。表 1.1 概括了传统和新兴的儿童观。

表 1.1　主要的儿童观总结

传统儿童观	新兴儿童观
儿童没有能力，需要依靠成人，是无力的；	儿童是有能力、独立、有力的；
由于儿童不够成熟，因此他们不能做决定，也不能完全理解所做的工作；	儿童是有主动性的公民，是决策的制定者，能够发表自己的观点；
儿童在处于成为……的阶段；	儿童是人类生活的一部分，能够为文化、社会做出贡献；
儿童能被照看，不能被倾听；	不论年龄大小，儿童有权发出自己的声音并参与到活动中，并能提出有价值的观点；
童年是一个阶段。	儿童是"能思考的个体"。

活动 1

·思考不同的儿童观，反思自己的成长历程和可能影响到你的教育的观点，并与其他同学分享。

·作为一名幼儿园教师，你认为哪些观点影响了你的教育实践？

·基于以下对儿童的定义，讨论这些定义之间是否有共同之处。从年龄、生理特征、独立与非独立、保护、参与几个方面思考。

巨人中的侏儒，对知识一无所知，不能清晰地说话……相比于成年人，儿童在各个方面都是脆弱无助的，需要被保护、监视、训练，提供榜样、技能、信念和个性。

（Mead，1955，p.7）

儿童的不成熟性是一种生物学事实，但如何理解和解释这种不成熟性是一种文化现象……正是这些多变的"文化现象"将童年变成了一种社会制度。因此，从这一意义上说，我们可以讨论对童年的建构，也可以讨论它的重建和解构……童年的建构和重建既为了儿童也属于儿童。

（Prout & James，1990，p.7）

《联合国儿童权利公约》（UNCRC，1989）将 18 岁以下的人定义为儿童。

《欧盟理事会框架决议》（European Council Framework Decision，2004/68/JL，22.12.2003）将儿童定义为 18 岁以下的人。

儿童是人类在生命历程中生物、心理、社会性的早期阶段。它是一个代际的成员，是被成年人称为儿童的一代人。他们一起暂时性地占据了成年人为他们创造的社会空间——童年。

（James & James，2008，p. 14）

教育学中的哲学思想

教育领域受到诸多教育哲学家和思想家的影响（参见表 1.2）。这些学者对教育的目的（为什么教），教育的性质（教育是什么），教育的类型（如何教育）以及教育的对象（教育谁）提出质疑。

表 1.2   有影响力的教育思想家

教育思想家	主要观点
裴斯泰洛奇 （Johann Heinrich Pestalozzi，1746～1827）	裴斯泰洛奇提出了社会公正的概念，也是第一个强调教育应以心理学的教学方法为基础的教育思想家。他强调自发性的活动。他相信儿童不应该被给予现成的方案，而应该靠自己发现方案。他提倡以教育完整的儿童为因的观点，发展了以三个平衡元素——手、心、脑为基础的裴斯泰洛奇教育法。
福禄贝尔 （Friedrich Froebel， 1782～1852）	福禄贝尔是教育界最早的思想家之一，他提出儿童的早期经验在儿童一生的发展与教育中起重要作用的观点。他在德国建立了第一所提倡自主活动、游戏和以儿童自发性经验为中心的幼儿园。他的哲学观点由几个关键原则支撑，如尊重和重视游戏、动手经验、创造力、自由和指导、户外游戏、良好的社区以及优秀的教育者。
艾萨克 （Susan Isaacs， 1885～1948）	艾萨克深受精神分析学派的影响，强调儿童在教室中的自由，并且将游戏视为儿童通过探索表达自己、掌握世界的方式。
杜威 （John Dewey， 1859～1952）	杜威认为教育与学习是儿童社会化和互动的过程。因此，学校被视为社会改革能够且应该发生的社会机构。他还提倡学习者对课程拥有所有权，认为所有的学习者都有资格成为他们学习的一部分。杜威理论的关键词是民主和道德。他强调教育的作用是为了让学习者学会如何生活，"为未来生活做好准备以及让学习者自己掌握自己的生活。这意味着训练学习者充分利用自己所有的能力"（1897，p.6）。
蒙台梭利 （Maria Montessori， 1870～1952）	蒙台梭利认为儿童是有能动性的个体，在环境的支持下（以儿童的特点所设计的较大物体的微缩体），儿童能够被激发出最大潜能。 强调"吸收性思想"（Absorbent Mind）和关键期观点，在自我纠正的教育材料支持下，年幼的儿童能够在一定帮助下发挥最大潜能。
维特根斯坦 （Ludwig Wittgenstein， 1889～1951）	他提出了一种新的哲学思考方式，反对传统的哲学对话方式。他对语言和人类如何使用语言与经验感兴趣，他将对话作为一种研究形式，聚焦于如何探索问题以及如何学习和教授知识。
荣格 （Carl Rogers， 1902～1987）	荣格摒弃了精神分析的方法，他强调自我，将通过自我了解和自我实现形成的自我作为人格形成的关键因素，而不是无意识的驱动力。他提出了一种现象学方法，将其称为以个人为中心的理论。他关于教育学的观点受到自己信仰的驱动，即相信教育应该是自我完善和自我实现的过程。
伊里奇 （Ivan Illich， 1926～2002）	伊里奇提出激进的人本主义理想和有意识的世俗意识形态作为计划和尝试解决社会问题的方法（1970）。他认为教育在于正规学校教育之外："教育功能已经从学校向外迁徙……越来越多其他形式的义务学习将出现在现代社会中。"（1970，p.70）
科尔伯格 （Lawrence Kohlberg， 1927～1987）	科尔伯格关注道德的发展并相信道德的发展离不开认知发展。他认为认知与道德是经历了几个层面发展起来的，每个层面被分为三个阶段。
哈贝马斯 （Jurgen Habermas， 1929～）	哈贝马斯提出了以批判理论为基础的教育思想，介绍了以4个阶段为基础的意识形态批判方法。他认为，虽然意识形态理论是理论性的，但他的批判理论所提出的方法属于行动研究。他提出了教学方法的8个原则，提倡教师应当考虑学习者在教学活动中积累的经验并与之合作。
布尔迪厄 （Pierre Bourdieu， 1930～2002）	布尔迪厄提倡人类科学的反思（认知反思性），创造了认识性个体的概念。他的主要观点是"习性"（habitus）（个体如何获得能够决定自身观点和行为的心理结构）和社会策略（个体是如何自己获得信仰并据此行动的）。

续表

教育思想家	主要观点
怀特 （John White, 1934～）	怀特就教育目标的概念进行了讨论，相信个人责任和学习者的自主性。他提倡一种培养学习者自主性的课程。
吉鲁 （Henry Giroux, 1943～）	吉鲁将学校视为文化生产和转化的场所，而不是知识再生产的场所。他提倡教育的作用是解放公民，教育学的活动实际上是政治活动。从这一意义上，他认为教育学是对学校教育的性质、内容和目的的质疑。因此，他创造了"批判性教育学"（critical pedagogy）这一术语，并形容了支撑这一术语的原则。他将教育者视为通过教学政治活动激发学习者意识的革命知识分子。
德勒兹 （Gilles Deleuze, 1925～1995）	德勒兹提倡实践理论，认为学习者只有通过实践才能改变自己。他相信为了在教育上有所作为，教学与学习应该是能够导致改变的合作行动。他提出了"集合"（assemblage）这个词，指依赖于学习者的一个灵活的社会组织单位。
伯恩斯坦 （Basil Bernstein, 1925～2000）	伯恩斯坦在语言和社会课程上做了许多工作，提出了教育中的社会编码系统的观点。他探索了社会课程与教育学和学校教育的相关作用，并得出结论：工薪阶层的儿童因为不能跟上课程中使用的语言而被排斥在正式教育之外。
弗雷勒 （Paolo Freire, 1921～1997）	弗雷勒把教育视为一种社会融合的形式，毕生都在宣扬一种观点，即教育不应逆转那些被社会排斥在外的再生产形式。他认为教师在教室外和教室内有同样重要的作用，教师是具有道德和政治意义的代理人，教师应该尊重自己的学生和拥有的知识。
利奥塔 （Jean-Françoi Lyotard, 1924～1998）	利奥塔提倡教育的作用不是达成知识上的一致，而是共享差异性、多元化和多样性。他批判政府教育部门注重儿童的教育成就，反对目标或结果驱动的教育。
福柯 （Michel Foucault, 1926～1984）	福柯关心人类如何发展批判性思维以成为理性的个体。他探究了与教育、经济、政策相关的知识的本质，对教育思想作出了贡献，为这一领域的研究提出了理论和实践上的方法，强调权利与知识的关系。

思想家和哲学家对社会中的教育和教育学的观念颇具影响力。一个至今依然影响广泛的著名教育思想家保罗·弗雷勒（Freire，1970，1973，1994，1998）讨论了教育在社会中的角色作用，并认为教育应该是不可逆转的，是政治、社会、经济和种族排斥的再生产，他声称：

> 被压迫者的教育学必须是"由"，而不是"为了"在不断的斗争中获得人性的被压迫者（每一个个体和整个民族的人）锻造的。这种教育学使压迫发生并且引发了被压迫者的反思，通过这种反思，被压迫者可以达到自由。
>
> （Freire，1982，p.25）

吉鲁（Giroux，2011）对这一观点进行扩展，提出批判性教育学的观点，将其作为对深层次社会问题的回应，并且提出对受到市场化、目标化、结果化驱动的教育学势力的反对。他认为教育和教育学是人类实现对权威质疑的平台。

> 重申公共教育和高等教育是道德与政治实践的目标是将学生引领到各种各样的智慧思想和传统宝库中，通过批判性对话、分析和理解来接触和继承知识体系。
>
> （p.13）

在这个问题上，德里达（Derrida，1992，p.41）认为教育的作用是对问题进行尝试：

> 当道路被清晰地给出，当知识提前开辟了前进的道路，决定就已经被做好了，这也就意味着没有必要再做些什么，比如简单应用或者实行一个不负责任的、善意的计划。也许会有反对的声音认为，一个人从来不能逃避计划。在这种情况下，你必须承认这一点，并且停止与权威谈论道德或政治责任。这种所谓责任的可能性条件是使不可能变得可能的某些经验和实验。对可能的发明中的难点进行探索正是不可能的发明。

根据德里达的观点，教育与经验、尝试真正想法、解决真实问题有关。他将这一过程视为改进想法、获得不可能的发现的唯一途径。

相同的，伯恩斯坦质疑我们在教育机构中获取知识的方式，以及教育学的形式：如何选择、分类、分布、传播与评价教育知识才是公众的，才是反映了权利分配和社会控制原则的（Bernstein，1971，p.47）。他对教育学与课程进行了区分：课程定义了什么是有效的知识，教育学则定义了什么是有效的知识传递，而评价则定义了什么是知识的有效实现（p.48）。伯恩斯坦也讨论了教育的社会不公平性。

由布鲁纳（Bruner）提出的另一个教育学方法将教育分为三个主要观点：

·将儿童视为模仿学习者：对学习方法的获取（学徒制）；

·认为儿童从说教中学习：获取命题性知识；

·将儿童视为思考者：发展主体间互动、交换的教育学，帮助儿童更好、更有力、更多面地进行理解（Bruner，1996，pp.53-61）。

在此基础上，其他思想家将他们的注意力转移到教育学驱动和政府驱动的课程间的冲突上，讨论了教师的角色以及他们应该如何从事教学活动（Isaacs，1930，1933，1935；Lyotard，1979；White，1973，1982，1990a，1990b）。例如，利奥塔（1979）认为教师是失意的专业人员，并提出了远程教育这个词。这个观点认为教师只是简单作为与教育过程机制有关的信息提供者而不是教育过程本身。他反对将那些基于一定文化目标的、被目标和评价驱动的注重学业表现的教育作为正当的教育，因为他认为注重学业表现的教育的支持者相信教育只应该传授必要的生存知识与技能，只应用于加强当前的社会效率。他认为知识不应该具有任何内在表现性，而多元化、创新性、想象力与创造力才应该是教育学实践的追求。所有的教育理论家都认为教师的目标是发现新的观点和概念并和学习者一起体验这些想法和概念。

总结

概括地说，哲学思考有助于深化与教育学相关的讨论，已有的这些观点强调教育学和教育应该：

· 基于严谨的研究；

· 以对输入（政策、课程、教育学）和输出（学习、结果）的批判为特征；

· 教育理念不是"一刀切"的（Cole，2011），而应该通过学习社区中的动态生态学研究对教育活动做出判断；

· 以负责任的学术判断为特征；

· 不强化理论与实践的区别，但应当关注知识的本质和获取方式；

· 是对德里达的问题测试观点的强有力的行动，是对不可能创意的寻找。

尽管所有的思想家都在从宏观视角考虑这些问题，但我们能够看到这些观点在学前教育学与教育中的适用性。一方面，幼儿园教师需要满足基于原则（官方）、标准（固定的和有限的）、学习与发展目标（发现性的）和综合评价（作为一种测量、评价和检查方法）的政府规定（如《法定框架》），这些规定指出了教师"要做什么"而不是教师实际正在做的事。教师在"如何做"上接受了额外的训练，将"已知的"放在一边，然而，"已知的"也是建构有效教育学的基本元素。在英国当前的政策环境下《法定框架》，学前儿童保育与教育是令人兴奋又具有挑战性的，幼儿园教师必须面对批判性思考的挑战，即他们如何定位自己以及如何寻找自己的定位，并建构有效的幼儿园教师身份。换句话说，教师自身如何开始寻找有效的教学方法非常重要。

> **活动 2**
>
> 通过阅读以下引文，你认为谁是学前教育中"明智"的教师？
>
> 明智的教师能够利用并丰富一个明智的教育机构，能够利用知识和专业经验来推敲并反思实践经验，能够凭借不断成长和深化地对教学和教师含义的理解在教育情景中采取明智的行动。
>
> （Feldman，1997，p.758）

教育学中的心理学理论

因为我们的儿童观受到历史、哲学、经济和文化变迁的影响，同样地，关于儿童发展的现代理论也深受过去观点的影响。例如，在中世纪时，儿童被视为缩小版的成人，这是一种叫作"预成论"（preformationism）的观点（Aries，1962）。根据亚力士（Aries）的观点，童年不是一个截然不同的生命阶段，这能从没有特别为儿童制作的衣服、没有特别为儿童提供的与成人不同的玩具和活动看出来。当儿童足够独立，他们就进入了成人世界，并成为成人劳动大军中的一员。

到了 16 世纪，童年被认为是一个截然不同的人生阶段。然而，占主流地位的清教徒的原罪观点认为，需要通过训练来帮助儿童洗刷原罪。启蒙运动给儿童带来了更人性化的待遇（Berk，1997），强调对儿童的教育。洛克（Locke）在 1892 年提出的"白板说"（tabula rasa）将儿童视为白板，认为儿童能够被教育和塑造成成人想要的任何样子,这一观点为 20 世纪的行为主义教育提供了基础。卢梭(Rousseau,1911 ）将儿童视为“高贵的野蛮人”预示着这一概念的阶段性成熟。

一个世纪后，达尔文的进化论激发了对儿童的科学研究。在儿童发展研究方面取得的伟大革命发生在 20 世纪 30 年代和 40 年代（Dixon & Learner,1992 ）。迪克逊（Dixon）的理论是民族学理论的起源，这一理论关注行为的适应性（生存性）价值（Lorenz & Tinberger, in Dewsberry, 1992 ）。

诸多从事儿童指导的专业人士转向心理学领域来进一步了解儿童的发展与学习。下面的段落将讨论儿童发展与学习领域主要的心理学理论。

精神分析理论

最为著名的精神分析理论学者是西格蒙德·弗洛伊德（Sigmund Freud）和埃里克·埃里克森（Erik Erikson）。两个人的著作都被广泛阅读，并影响着我们认识儿童的方式。

弗洛伊德的理论改变了人们将儿童视为天真个体的观点，引发了关于儿童早期经验以及这些经验如何塑造儿童个性的讨论。弗洛伊德的理论重点强调发展是由攻击性和性本能驱使的（Freud，1923，1933）。他提出了一种心理性学理论，阐述了性心理发展的不同阶段。弗洛伊德（1964）认为性是人类发展中最重要的本能。在他看来，婴儿所做的不同活动——如吮吸拇指或破坏规则，都与儿童的性心理发展有关。弗洛伊德并没有从性爱的角度来看待儿童期的性。相反，他相信儿童在经历不同阶段的发展时，性本能的重点也向身体的不同部位移动。因此，弗洛伊德提出的性心理发展阶段与人类身体的某些部位有关。

他提出儿童要经历五个心理发展阶段，在这一过程中，儿童将发展三个人格成分:本我、自我、超我。在婴儿出生时,本我已经存在,帮助儿童满足基本的生理需要。例如,当一个婴儿饿了,他（她）就哭着要食物。自我与意识有关,反映了儿童的学习、推理和记忆能力。例如，当一个婴儿饿了，他（她）能够记住如何才能得到食物，并等待他（她）的奶瓶。超我是人格的最后一个组成成分，它在 2 岁半到 3 岁时开始发展。超我与道德价值观相关，代表着道德价值观的内化和个体已经接受了的规则。

埃里克森（Erikson）是弗洛伊德的学生，然而他却不认同弗洛伊德对性本能的强调。他综合考虑儿童的成长环境，对弗洛伊德的理论进行了修改。埃里克森（1963，1982）提出人类发展受文化和社会影响的观点。他提出儿童必须面对社会现实以发展适宜的行为模式，强调社会环境的重要作用，进一步提出心理发展八阶段理论。他认为（1963）人类一生要经历 8 次心理危机（或心理阶段）以获得发展。每个阶段既与生理发展相关，同时也与我们某一生命阶段的社会和文化互动有关。

弗洛伊德和埃里克森都为我们详细介绍了儿童的个性、社会性和情绪发展。在发展心理学领域，精神分析理论一直因为在合理解释儿童发展与学习的局限性方面受到批判。即使两个理论家对儿童发展研究有至关重要的影响（Tyson & Taylor，1990），但对于儿童的发展是如何以及为什么发生的，他们也难以为我们提供一个充分的解释。

精神分析与观察

观察是精神分析的中心，毫无疑问，心理学领域对婴儿的观察在比克（Bick,1964）的开拓性研究中被首次提出。比克在《精神分析训练的儿童观察记录》（*Notes of Infant Observation in Psycho-analytic Training*，1964）中提出，对婴儿的观察应该融合在儿童的课程中，观察应该成为我们用来了解儿童的工具。精神分析学家已经提出在家庭背景下对儿童进行观察的精确观察技巧。观察者在家庭自然的环境中寻找一个除参与活动外能够经历并与儿童和家庭进行互动的空间。然后，观察并在报告表格中记录他们对所观察到的内容生成的理解。精神分析领域为我们提供的自然环境下观察的观察技巧正在被广泛应用于学前教育机构中。

行为主义理论

行为主义理论改变了发展心理学的思考方式。行为主义心理学十分重视观察。行为主义学派的理论家如华生（Watson）、斯金纳（Skinner）和巴甫洛夫（Pavlov），提出了这一理论的主要观点，即通过发展更多的科学观察方法来了解儿童的发展。

行为主义的主要原则总结如下：

·心理行为，尤其是社会行为并非与生俱来；

·强调环境刺激的重要作用；

·重点关注学习。学习被定义为因为经验的影响和与环境的互动造成的行为的改变（Glassman，2000）。

这个理论提供了有关人类如何学习的详细描述，它推进了我们对儿童发展与学习的理解，并为观察儿童提供了科学的方法。

然而，行为主义理论没有考虑人类的社会和文化背景。班杜拉（Bandura）就是一位批判行为主义的理论家，他认为行为主义理论没有考虑影响人类发展的认知和社会文化因素，并提出了社会学习理论。

行为主义与观察

观察一直是行为主义的中心。行为主义者关心的是值得研究的行为，即那些可以被直接观察到的行为。因此，他们为观察添加了测量元素，并重复观察，以便从相同的发现中得出结论。他们还提供了一种量化的观察方法，为进行可控的非参与式观察做出了贡献。在可控的非参与式观察中，行为不是在自然条件下被观察的，而是在被控制的条件下发生的，如实验设备。通过对人类行为的观察，行为主义者提出：人类对情景的反应基本上是可预测的，通过尝试错误进行学习，通过受益最大、痛苦最小等最佳学习原则进行判断。因此，可以通过训练塑造个体。这意味着从个体到个体生活的更广泛的社会文化环境中自由意志的消除。

依恋理论

在学前教育中，与儿童亲密关系的建立相关的最有影响力的理论之一就是依恋理论。

有两个心理学理论对依恋进行了探讨。第一个是行为主义（Dollard & Miller，1950），根据行为主义理论的观点，依恋是一种学习而来的行为。婴儿通过被照料，感到舒适，与喂养、清洁和照看他的人（主要是母亲或主要照料人）建立联系。因此，在经典条件作用下，儿童与主要照料人形成了关系纽带。婴儿每次看到主要照料人，他们都会感到舒适。很多行为如哭、笑都带来了令人满意的行为，如母乳喂养、社会互动。通过经典条件反射，婴儿学会重复这些行为来得到他们想要或需要的东西。

第二种解释来自动物行为学。鲍尔比（Bowlby，1969a，1969b，1958）的开创性研究以及安斯沃斯（Ainsworth，1973）将依恋定义为人与人之间，尤其是母亲或主要照料人与婴儿之间建立和发展的一种情绪纽带。鲍尔比（1969a，p.194）将依恋定义为"一种人与人之间持久的心理联结"。在研究了婴儿与主要照料人之间的关系后，他提出主要照料人（一般是母亲）为婴儿提供了安全感的观点。婴儿需要这种关系来生存和发展。洛伦兹（Lorenz，1935）、哈洛（Harlow）和齐默尔曼（Zimmermann，1958）对动物的行为观察证明了动物也具有相同的行为模式。鲍尔比将其研究拓展到人类，提出儿童与主要照料者形成最初的依恋（单向关系），被依恋者就成了儿童发展与探究世界的安全基地。他认为这种依恋关系是未来所有关系的模型。

安斯沃斯对鲍尔比的理论进行扩展，在经过大量观察后，她提出了依恋的发展阶段。让我们对儿童的发展有了更深的认识。在扩展后的依恋理论中，儿童也可以与学前教育机构中的某一关键人物（如教师）建立依恋关系（Palaioligou，2010）。

理论聚焦 　　　　　　　　　　　　　　**鲍尔比的依恋发展阶段**

表 1.3　鲍尔比的依恋发展阶段（Bowlby，1969b）

大致月龄	阶段	描述
0～2个月	对人类有反应，但不能区分不同的人	婴儿表现出如抓握、靠近、微笑和咿呀学语等社交信号；婴儿在被抱起和看见人脸时会停止哭泣；这些行为在婴儿靠近陪同者时会增加，即使现在婴儿尚不能区分出不同的人。
1～6个月	对一个或几个特定的人（主要是人脸）有反应	婴儿会表现出与第一阶段相同的行为，但这些行为更针对主要照料者出现。婴儿1个月时能区分不同的听觉刺激，2个半月时能区分不同的视觉刺激。
6～30个月	对运动中接近的不同的人影信号持续注意	对人做出回应的本领增加，包括目光跟随离开的妈妈、向她打招呼回应、以其作为探索的基地。对陌生人表现出好奇，也可能表现出警觉和退缩，其他人可能被选择成为多重依恋对象（如父亲）。
24～48个月	形成目标修正的伙伴关系	儿童开始进一步了解母亲的感受和目的，这使得合作互动和伙伴关系得以发生。

依恋与观察

自然观察和控制条件的实验室观察已经被广泛地运用在动物行为学领域。鲍尔比和他的同事在动物行为学领域发展了自己的观察方法，并从精神分析领域借鉴了婴儿观察技术进行了严谨的研究。然而，精神分析领域的婴儿观察不是参与式的，鲍尔比和他的追随者（参见 Ainsworth，1973，1979，1969，1985，1989；Winnicott，1986，1987，1995，2005）在婴儿观察中加入了参与式观察法。参与式观察关注儿童对某些变化发生时做出的反应。它发生在被控制的环境中（参见安斯沃斯的陌生情境测验）。这一观察方法的重点是探究当儿童的行为常规被破坏时儿童的行为模式。

社会认知理论

班杜拉（1971，1977，1986，1989，2001）认为人类在其生活的社会和文化环境中利用他们的认知能力获得发展。他提出观察学习是一个重要的发展途径：人类通过模仿他人进行发展和学习，在自己生活的特定实践中通过观察他人（如父母、教师、其他儿童）的行为来理解世界和学习。班杜拉用儿童攻击性行为实验来验证自己的观点。他在控制的实验室情景下向儿童展示成年人击打玩偶的情景。儿童随后被请入一个房间并与这只玩偶以及一同放在房间中的其他玩偶玩。通过观察儿童的反应，他发现儿童会模仿成人的行为并击打玩偶。班杜拉得出结论，儿童通过观察他人进行学习。

虽然班杜拉将儿童发展作为环境的一部分进行研究，但他并非只是提出了环境是人类发展的影响因素这一有局限性的观点。

社会认知理论与观察

与行为主义理论相同，社会认知理论的提出很大程度上是基于观察，但不像行为主义学派在实验室情境下的控制条件的观察。社会认知理论超越了这一范畴，并采用自然观察法。对于社会认知理论来说，对其他人的观察是人类在学习和发展过程中了解环境的方式。知识是通过观察直接获取的。

生态学理论

与班杜拉相反，生态系统理论的创始人布朗芬布伦纳（Urie Bronfenbrenner，1977，1979，1989，1995，2005）将自然环境视为人类发展最主要的影响因素。他挑战了在人造和实验室环境下对人类发展进行研究的理论家，并提出对人类发展的研究应该在自然环境中进行的观点。他将环境定义为"一个嵌套的结构，一个环境里面包含着另一个环境，像俄罗斯套娃一样"（1979，p.22）。因此，他认为儿童在复杂的关系系统中不断发展，受到多层次的周边关系影响，就如同在文化价值观、法律和习俗中的中间机构。布朗芬布伦纳关于儿童如何在系统中发展的主要观点如图 1.1 所示。

如图 1.1 所示，嵌套结构包含：

·微观系统（与儿童最亲密的环境，如父母、祖父母和亲人朋友）

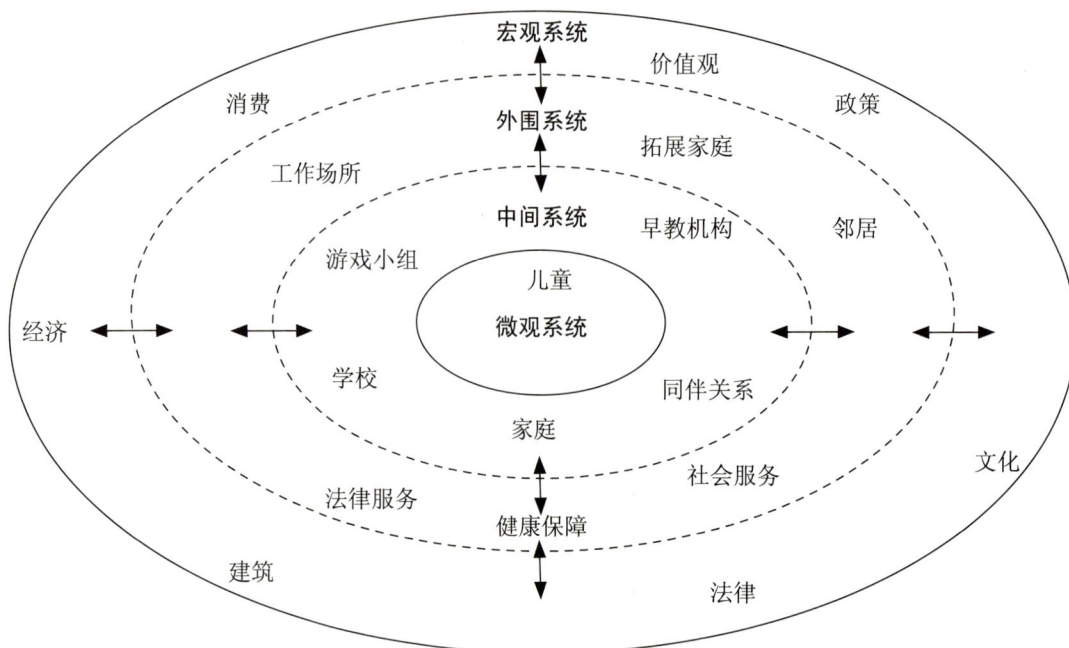

图 1.1   布朗芬布伦纳的生态系统阐述了影响儿童发展的多层因素

·中间系统（与家庭相关的中间环境，如邻居和学校）

·外围系统（可能影响儿童发展的不同机构，如父母工作环境、文化群体、父母所属的宗教团体）

·宏观系统（更广泛的社会经济、政治、文化和法律背景）

对布朗芬布伦纳来说，人类发展受到了包括这四个系统的持续的相互作用。这种对儿童发展的解释方式强调儿童作为有主观能动性的参与者，能够参与创设自己所处的环境，并与他们周围的社会背景进行互动，这些都是人类发展的重要方面。

生态学理论与观察

生态学理论主要运用自然观察法。他们专注从四个系统（微观、中间、外围、宏观）对个体在多种机构（如学校、家庭、四种系统）中的社会活动和行为进行直接观察，以获得个体社会性发展的完整描述。他们也关注对同一地点中的多人系统进行直接观察，并将此作为探究人与人互动的方式之一。

认知理论

在发展心理学中，认知主义学派已经成为儿童发展的一个主要理论流派。认知主义者关注有认知参与的学习过程，即理解环境并与环境进行适宜的互动过程（Eysenck，1995，p.10）。我们尝试了解世界的心理过程被认知主义者定义为：

·思考与认识

·推理

·学习

· 问题解决

· 语言运用

· 记忆

· 观念

在认知心理学领域中推动对儿童发展的理解的两名最重要的心理学家是皮亚杰（Jean Piaget）和维果茨基（Lev Vygotsky）。皮亚杰强调儿童是有广泛的知识建构能力的主动思考者。维果茨基的社会认知视角（1986）强调文化价值观、信仰、风俗习惯、社会互动对儿童获得新的思考方式的作用。

皮亚杰

皮亚杰的理论强调儿童发展按阶段进行。儿童通过不同的发展阶段实现发展和知识建构，即图式（schema）。根据皮亚杰（1929，1952，1954，1962；1968，1969）的观点，图式是一种特殊的心理结构，随着年龄的改变而改变。皮亚杰的认知理论认为在生命的最初两年，认知能够反映在儿童对环境做出的反应上。

为了解释儿童是如何获得图式并改变图式的，皮亚杰定义了两个主要的智力功能：同化（assimilation）与顺应（accommodation）。同化是儿童认知适应、组织环境的过程，儿童通过同化得以成长，但不改变原有的图式。会改变已有图式的过程是顺应。顺应是儿童适应过程的一部分，通过顺应，旧有的图式被调整，新的图式产生并更好地适应环境。同化与顺应过程对认知发展是必要的。对皮亚杰来说，两个过程以平衡的方式交互作用，他将这个过程称为平衡（equilibrium）。平衡是一种以同化与顺应作为工具的自我调节过程。处于平衡状态的儿童将外部经验转化为内部结构（或图式）。

直到两岁末，儿童才开始利用心理表征过程来适应环境（Piaget，1952）。皮亚杰（1952）明确指出即使婴儿的行为没有概念为基础，也是非常明智的。他认为婴儿有办法满足自己的需求，能够利用他们自己的资源和环境中的其他资源，而且能将这些资源应用于当下的任务。这种感觉运动的智能性不体现在头脑中，而是体现在婴儿与环境互动的动作中（Piaget，1952，1962）。接着，儿童进入童年期和前运算阶段，婴儿期和儿童期的明显不同是儿童对语言的运用和逻辑推理能力的出现。

另一个标志着儿童从婴儿期到儿童期转变的特点是客体概念或客体永久性的概念。这是一组我们都理解的关于包括我们自己在内的所有物体基本性质和行为的内隐性、常识性信念。当物体从我们的视线中消失，成年人不会认为它们因此不再存在，但这种能力并不是我们生而具备的，而是逐渐获得的。儿童获得客体永久性的概念之后，对语言、注意力以及社会性能力的运用也随之开始。

根据皮亚杰的观点，知识不是被动地从环境中吸收得到的，而是个体通过心理结构（或图式）与环境之间互动和经验中建构的。因此，知识从儿童在环境中的行动中建构，在皮亚杰理论中，有三种知识：

· 物理

· 逻辑数学

· 社会

皮亚杰的理论对早期儿童教育环境创设产生了很大的影响。在学前教育机构中发展适宜性实践和由他的理论发展出的教育学原理改变了人们对早期儿童学习方式的看法。

例如，在过去的几十年中，教室的物理环境发生了变化，教室设计本身就为儿童提供了一个环境，这也是目前早期儿童课堂的主要考虑因素。早期儿童教育的教室里有丰富的文化环境，现实生活经验在这里转化成环境的一部分。这里有儿童可以用来放松的地毯，有儿童能够获得最早阅读经验的图书馆，有沙水区、乐高建构区、邮局等，所有这些早期儿童教育教室中的区域都是为了帮助儿童体验材料、学习经验以及与环境互动。教室如此丰富的环境能够促进儿童理解世界，同时这些丰富的环境也是儿童建构和利用知识的学习机会。

以下描述呈现了受皮亚杰观点影响的促进儿童学习与发展的教室物理环境。

案例研究

运用皮亚杰理论布置的教室物理环境案例

教室被分为几个小的学习区，一些儿童可以在那里玩沙子或者用砖块、乐高或绘画来做游戏，另一些儿童可以在小组任务中获得早期儿童教育支持，还有一些儿童参与到象征游戏或表演游戏中，一部分儿童可能在书写区，一两个儿童可能在地板上看大本的图画书，或者坐在图书区的角落里看书或读书，或者由教师或同伴引导进行共同阅读。

在户外，儿童可以参与到更大的材料和设备活动中，或者参与到个人或集体的想象游戏或与他人进行的社交游戏中。儿童可以在画板上绘画或书写。教师在不同的活动中穿梭，为儿童与材料的互动提供支持。有时候，一般是一个环节开始或结束时，班级会聚在一起开一个小组故事会，分享一本书或者一首歌。因此，一系列活动将会通过经验和材料互动来支持儿童学习。

维果茨基

虽然皮亚杰认为认知发展是儿童个体与环境相互作用的结果，但维果茨基（1986，1962）在这一观点上更进一步，强调社会互动对儿童认知发展的重要作用。他提出了"最近发展区"（Zone of Proximal Development，ZPD）这一概念。维果茨基定义了儿童能够达到的真实发展区域，即已经成熟的行动是发展的最终产物。这意味着儿童已经具备很多能力能够帮助儿童完成某些任务。然而在发展过程中，儿童最好被放置在最近发展区中，在那里，儿童有潜在的发展空间。儿童尚未成熟，对某些功能的把握尚在过程之中，也许明天能够把握，但是目前还处于萌芽状态（Vygotsky，1986，p.87）。这意味着尽管儿童目前不能掌握一系列技能，但在一个更成熟或有技巧的同伴或成人的帮助下，儿童能够掌握这些技能。在实践中则意味着儿童需要进行社会性互动。来自成人或其他儿童的帮助是儿童发展中的一个重要组成部分。

维果茨基的理论强调儿童能做什么而不是儿童不能做什么。学习是建立在儿童与成人之间的伙伴关系上的。

案例研究

成人帮助下的最近发展区

下面的例子试图说明教师如何通过与儿童的互动帮助他们阅读一本图画书。这本书与动物有关，每页的最后有一些音乐按钮，能发出书中所示动物的声音。

教师：你想和我一起看这本书吗？

乔治：（只是点头）

教师：那么你想看这本书吗？

乔治：是的。

教师：（读故事）在农场上，小狗……

（乔治打断了阅读并按下按钮听到音乐）

教师：我们还没有读到需要你按按钮听音乐的部分，你可以等一等吗？不会需要太久。

（乔治看了看教师，再次按下了按钮）

教师：你愿意听听我的建议吗？我们可以这样做：我会给你一本书让你来翻页和听所有的声音，然后如果你愿意，我们依然可以一起看它。

（乔治接过书，开始连续三次以上按按钮）

教师：你知道，如果我们像这样翻页，你就可以听到更多更好的声音，我们可以这样做吗？

（从乔治手中温柔地拿起书，慢慢翻页）

（乔治看见了新的按钮并按了它。他按了大概三次，然后自己翻到了新的一页，又发现了新按钮并再次开始听下一页的音乐。）

在他翻过整本书后，教师询问乔治他是否愿意再看一遍这本书并且阅读它。通过这种放松，乔治发现为了听到音乐他需要按下按钮，同样的方法，他学会了如何翻页，这些学习都在成人的帮助下得以发生。

一个更有经验同伴帮助下的最近发展区学习

另一个摘录的关于最近发展区的例子说明了一个相对成熟的同伴如何为另一个儿童提供帮助：

索菲亚、雷和安卡在图书馆的角落里，手里拿着很多书，他们正在看上面的图画。

教师说整理时间到了，三个人都开始根据已经设计好的为不同图书和杂志分类的标识把图书和报纸放回原位。

整理不是简单的把书放回书架的行动，而是根据原有的规律把书放回去。这些规律被小图片标识着，不同的标签标注着不同的符号，代表着故事书、知识书籍、科幻书、有声读物、杂志等。

雷：这是一本杂志，它跟理发店旁边的杂志放在一起，这个和故事书一起。

> 安卡：这个呢？
>
> 索菲亚：这是一本故事书，应该……哦，是的……这里，书的符号在这里。
>
> 安卡：哦，这是另一个。
>
> （安卡拿起一本有声书，把它放在正确的位置）

总之，皮亚杰和维果茨基的观点都非常重要，他们使得教师重新思考儿童认知发展，推进了我们对儿童思考方式、发展与学习的理解，为我们提供了儿童比我们想象的更有能力的儿童观。

两个教育理论家都强调儿童能够做什么，他们不仅将学习视为知识的建构，还把它视为对知识的应用，同时也是在不同的场合下恰当使用知识的能力。他们改变了我们过去对儿童能力的认识方式。现在，我们可以为儿童提供更丰富的环境，更全面的活动和支持来促进他们的发展和学习。

认知理论与观察

认知心理学领域运用了许多观察技术。认知心理学领域的观察是结构化的，并且关注发展的某些方面：语言能力、逻辑分析能力、心理能力（思维能力）、记忆力（短时记忆、长时记忆、工作记忆）、分析综合能力（创造一个实体的能力）、心理空间能力（接收环境图式的能力）。虽然他们认为每一种能力之间的关系不是相互孤立的，相互作用必然存在，但他们依然以实验法分别对每一种能力进行测试和观察（Anderson，1983）。在教育领域，皮亚杰式的测试和系统化观察改变了已有的研究方法。

活动 3

在下面从学前教育机构中观察到的案例中，请你尝试辨别出皮亚杰和维果茨基的观点在实践中的体现。

活动：种豆子

教师向一个小组的儿童介绍活动和日记。他们需要记录谁浇水，什么时候浇水，并通过绘画的方式记录豆子的生长。然后，在成人的帮助下，儿童开始根据他们的日常观察进行记录。小组被要求每天利用5分钟的时间观察豆子，并把观察结果记录在笔记本上。第二周，在儿童检查过植物后，他们前往写作区并在自己的位置上开始作画。完成后再回去找教师。接下来，案例中的儿童想要在画上写下自己的名字，她去向教师寻求帮助。

C1：你可以写下我的名字吗？

教师：你画了什么？

C1：我画了在豆子里看见的东西。

教师：能说一说吗？

C1：就是这个豆子已经长得这么大了(指着画中一个大的蓝色圆形)。就是它(指着自己的画)。

我写了自己的字母。

教师：这些字母是什么意思？

C1：（好像在读字母的样子）豆子很大。这是我的种植记录，你能为我写上我的名字吗？

教师：你的名字怎么读？

C1：Lisa。

教师：第一个字母是什么？

C1：Lisa。

教师：你能听到的第一个字母是什么？

C1：L？

教师：对，让我们写下字母L。

评论

通过这个活动我们可以看到皮亚杰的观点，即儿童通过与真实植物之间的互动进行学习（真实的世界被转移到教室中），而且他们能够利用真实生活经验建构知识或图式。在本次活动中，儿童被赋予角色和责任，并且能够学习植物的生长。

从教师与儿童的对话中可以看出，成人为儿童提供创作自己记录的帮助，并帮助他们将声音与字母联系起来，这可以看到最近发展区的存在。儿童与教师讨论自己的要求，通过教师的指导，儿童开始理解字母的象征性含义。

总结

儿童发展这一研究领域不断探索着新的方向。信息加工观点将心理发展视为信息流动的符号处理系统（Klahr，1992）。这个方法帮助研究者更清晰地理解不同年龄的儿童在面对不同任务和问题时采取的行为。医学领域的新成就，比如磁共振（MRI）技术能够帮助神经学了解大脑的发展和功能。关于大脑的某些部分对儿童处理任务和问题时的作用的解释有了更多实证支持。

比较已有的儿童心理发展理论，我们会发现这些理论在许多方面存在不同。他们聚焦于不同的发展方面，但是所有的理论都把观察作为研究儿童的主要工具。

精神分析理论强调儿童的社会和情绪发展。皮亚杰的认知发展理论、信息加工理论和维果茨基的社会文化理论则强调社会学习环境对儿童思维发展的重要性。他们探究了儿童在非隔离环境中的发展，将儿童视为通过体验环境以及与环境互动进行学习的主动学习者，认为早期经验和后来经验一样重要。行为主义理论和生态学理论则讨论了能够影响儿童发展的各个方面的假设因素。

这些理论在学前儿童保育与教育领域都产生了重要影响，为我们提供了儿童作为自我决定的学习者的不同视角。

> **活动 4**
> ·反思你自己的教育实践，并思考是哪个（如果有）心理发展理论影响了你的教育实践。
> ·讨论各种心理学理论学派是如何运用观察的。

学习的条件

与教育学相似，学习不是孤立发生的活动。英国课程的主要原则之一是为儿童学习与教育创造一个有利的环境。儿童早期教育环境不应与更广泛的文化和社会背景分开。尽管学前教育实践者正在研究一个国家级框架（英格兰的《法定框架》、威尔士的《儿童基础阶段学习框架（3～7岁）》、苏格兰的《卓越课程》、北爱尔兰的《基础阶段课程》、爱尔兰的《早期课程框架》(*The Early Curriculum Framework*)），实际上他们应该寻求的是适应当前机构需要的本地学习发展条件，并且把环境因素考虑进去。

在一个学习环境中，任何一项技能都不能孤立地发展。皮亚杰将人类发展视为一个整体的过程，感觉、情绪、关系共同作用于认知技能（如数学和语言）的发展。幼儿期的学习是在有意义的背景中产生经验的过程。

在设计教育计划和活动时，应该考虑以下条件。

强调儿童发展

儿童发展是学前教育的中心。从认知的角度，发展主要指生理、社会性、情绪和道德发展，以及语言、数学、思维、记忆、注意、感知和推理发展。这些领域反映在《法定框架》中如下。

主要领域：

·沟通与语言

·生理发展

·个性、社会性、情绪发展

特定领域：

·读写发展

·数学

·对世界的理解

·艺术表达和设计

与《法定框架》相似，威尔士的《儿童基础阶段学习框架（3～7岁）》有7个与儿童发展紧密相关的学习领域：

·个性与社会性发展、幸福与文化的多样性

·语言、读写、沟通技巧

·数学能力发展

- 威尔士语言发展
- 对世界的知识和理解
- 生理发展
- 创造性发展

> **活动 5**
>
> 思考你所处的早期教育机构中的课程，讨论儿童发展中的哪一方面比较重要。游戏的作用是什么？观察的作用是什么？

强调游戏

游戏对早期儿童至关重要。《法定框架》再次强调了游戏的重要性，并将游戏作为有目的性的教育活动。相同的，威尔士的《基础阶段课程》也强调游戏，尤其是室外游戏，并将其作为儿童发展和学习的重要方面。为了理解以上内容，我们需要询问，什么是真正的游戏？

莫伊蕾斯（Moyles，1989）将游戏定义为儿童学习的情景。游戏给了儿童表达自己想法与情绪，尝试新事物的可能性以及在一定情境下将不同元素以多种方式融合在一起并从多角度看问题的机会（Bruner，1972）。游戏的一个重要因素是愉快。儿童需要在游戏中让自己开心，也需要通过与环境的互动丰富自己的经验。儿童的游戏不应被视为儿童在某一时间的独立活动。但有时对很小的儿童来说情况则相反。游戏应该是自发性的，对于非常年幼的儿童来说，游戏往往缺乏组织性，儿童利用游戏来理解世界、与他人交流并探索环境。

尽管游戏是一个难以下定义的术语，但是众多学者都强调游戏对儿童幸福、发展和学习的重要性（Brooker et al.，2014；Pellegrini，2011；Wood，2010a，2010b，2013a，2013b）。作为学前教育最重要的先驱者之一，福禄贝尔最早在德国引入了幼儿园（托儿所）的概念，而这正是基于他对游戏在学前儿童保育与教育中重要作用的认识。福禄贝尔的教室拥有丰富的游戏材料，这些材料被他称为"恩物"，同时使用自然的方式组织与恩物有关的活动。从那之后，越来越多的教育理论家开始探索游戏在学前教育中的价值。正如之前提到的，学前教育课程实践的确强调游戏的作用，并且提倡以游戏为基础的教育学，但更重要的是保持对游戏和教育学的广泛理解，并坚持反对简化主义的政策论述（reductionist policy discourses）（Wood，2015，p.15）。

强调儿童需求和情绪

儿童的需求和情绪是影响他们学习的重要因素。这些需求和情绪源于发展性需求如生理活动、社会性与情绪幸福感、游戏机会等。在学前教育中，如果我们希望儿童更多参与活动，并与环境、同伴、成人进行更多互动，那么能够体察并对儿童的需要和情绪进行回应至关重要。

> **活动6**
> · 你能考虑到他人的需求吗?
> · 学完第二章，思考观察如何帮助我们体察并回应儿童的需求和情绪。

强调儿童自由选择材料和活动

众多与儿童相关的政策文件强调了儿童参与的重要性,如《联合国儿童权利公约》（1989a）和《每名儿童都很重要》（DfES，2004）都将儿童视为主动学习者，即能够把握自己的学习和思考的主动学习者，需要一个能够提供他们自由参与选择自己的材料和活动的合适机会的环境。

强调儿童学习的自主权

相同的，儿童应该被赋予探索自己学习的机会。教师不应低估儿童将自己兴趣转化在活动中并以此探索世界的能力。儿童的内部动机促使他们与其他儿童和成人建立关系，并且通过形成这些关系发现新的学习方式。

实践中的教育学

发展学前教育学需要建构幼儿园教师的身份。在这一过程中，幼儿园教师了解一系列发展理论、教育学实践以及儿童发展需求至关重要。

然而，幼儿园教师不得不在特定的教育背景下工作。米勒等人（Miller et al.，2003）比较了不同国家在各时间段上的多种课程模式，发现"各国中央对学前教育课程标准的集中控制都在逐渐加强"（p.113）。但与此同时，教师被要求要有创造性地进行工作，并且提升多方面的实践能力。

对幼儿园教师来说，这是一件困难的任务，需要幼儿园教师对当前的政策和实践如《法定框架》有很好的理解。在寻求学前教育学的过程中，参考其他教育学以进一步推进自己的理解尤为重要。在学习其他有效实践的过程中，教师不应该直接照搬照抄，而是应该采取批判性的态度来比较和反思自己的实践，并且丰富自身对学前教育的理解。

虽然这一章已经讨论了影响教育学的不同观点，但在第八章，在读者建立了对观察作为实践和理论研究的工具的理解后，我们会再次回到对教育学和课程的讨论中来。

总结

本章旨在讨论不同的儿童观以及在学前教育中关于哲学方法和心理发展的理论，以期寻找一些教育学原则。本章重点展示了皮亚杰和维果茨基的观点，以及这些观点是如何应用在学前儿童保育与教育中的。在寻找教育学模式的过程中，我们厘清的学习的前提条件如下：

　　·强调儿童发展；

　　·强调儿童游戏；

　　·强调儿童需求和情绪；

　　·强调儿童自由选择材料和活动；

　　·强调儿童学习的自主权。

　　接下来的章节将在此基础上继续讨论观察。

扩展阅读

　　更多关于不同的教育学和教学方法的文章：

　　Clark，A，Kjorholt，AT，& Moss，P（eds）（2005）*Beyond Listening：Children's Perspectives on Early Childhood Services*. Bristol：Policy Press.

　　Leach，J and Moon，B（2008）*The Power of Pedagogy*. London：SAGE.

　　Taguchi，HL（2010）*Going Beyond the Theory/Practice Divide in Early Childhood Education：Introducing intra-active Pedagogy*. London：Routledge.

　　更多关于儿童观的文章：

　　James，A and Prout，A（1997）*Constructing and Reconstructing Childhood*（2nd edition）London：Falmer.

　　Kellet，M（2010）*Rethinking Children and Research：Attitudes in Contemporary Society*. London：Continuum.

　　更多关于学前教育中有影响力的思想家的文章：

　　Miller，L and Pound，L（eds）（2010）*Theories and Approaches to Learning in the Early Years*. London：SAGE.

　　Nutbrown，C，Clough，P and Selbie，P（eds）（2008）*Early Childhood Education：History，Philosophy and Experience*. London：SAGE.

　　更多关于教育哲学家和思想家的文章：

　　Palmer，JA（ed.）（2001）*Fifty Modern Thinkers in Education：From Piaget to the Present*. London：Routledge.

第二章

观察在学前教育中的作用

本章目标

通过阅读本章内容，你将：

· 了解学前儿童保育与教育过程中观察的本质，以及如何指导实践；

· 将观察与已有政策联系起来，并评估对你的实践产生的影响；

·确定并反思知识与对学前教育的理解之间的联系，以及在此背景下系统观察的作用。

观察是学前教育的核心，因为它提供了一个系统的方法来了解儿童的发展和学习，并回应儿童的兴趣。

引 言

　　早期儿童领域主要从社会学、人类学、心理学、历史学和教育学的角度来研究儿童。在所有这些领域中，观察已成为研究儿童的重要工具。无论是在实验室的控制环境中进行观察还是在自然环境（如家庭）中进行观察，都有助于我们理解儿童，并反思儿童在生活中各方面的行为。

　　本章将重点讨论观察的作用。首先会对儿童观察的历史进行简要概述，然后再解释为何幼儿园教师需要进行儿童观察。本书认为，当涉及与儿童相关的工作时，学前教育实践者应该将观察作为其应掌握的主要技能之一。

将观察与学前教育相结合

　　教育观察，特别是学前教育观察，历史悠久。如第一章所述，儿童观察在心理学尤其是心理分析领域中被广泛应用。继弗洛伊德之后，梅兰妮·克莱茵（Melanie Klein）开始在精神分析学院接受教育，她认为给儿童（特别是语言尚未完全发育的年幼儿童）做精神分析具有可行性，并寻求分析儿童的方式和方法。她把游戏看作一种观察儿童的重要途径，但她不仅是在游戏中观察儿童，还尝试着给儿童玩一些玩具和材料，并对他们的行为进行分析。克莱茵是观察和分析儿童领域的先驱。她的方法和技巧均基于一个观点：对婴幼儿进行临床观察对于理解儿童的行为具有重要意义。事实上，克莱茵是最早把观察作为一种科学方法应用在研究中的人之一。

　　克莱茵认为儿童是可以被观察的这一观点违背了她所处时代的主流看法，即儿童可以被看到但不能被听到。克莱茵于1926年搬到伦敦，因为那里已经有人对通过观察来分析儿童感兴趣。麦娜·瑟尔（Mina Searl）、玛丽·查德威克（Mary Chadwick）、苏珊·艾萨克（Susan Isaacs）和埃拉·弗里曼·夏普（Ella Freeman Sharpe）也在努力通过观察发展儿童分析技术。苏珊·艾萨克受克莱茵的影响，建立了第一个基于心理分析观点的实验学校。艾萨克（1933）为观察带来了基于英格兰教育背景的心理分析观点，以开发一种与情绪发展相关的儿童教育学，并鼓励儿童通过这种方式来表达、发现和了解世界。

　　在心理学领域以外的学前教育的国际舞台上，教育家们同样从19世纪初开始系统地使用观察方法。德国的福禄贝尔是一位开创性的教育家，他的幼儿园使用了系统的观察方法。他的观点是，教师应该具备观察儿童的能力，使他们能够深入理解儿童的学习方式，从而基于儿童兴趣构建课程并了解游戏在儿童生活中的重要性。正如在第一章中所提到的，他强调了游戏在儿童生活和教育中的作用，提倡儿童学习技能，如解决问题、理解周围世界以及通过与物体的互动发展创造性。他认为教师有义务观察儿童的行为，教师同时是课堂上与儿童平等的学习者，他们需要将观察儿童作为获得儿童成长和学习全貌的唯一途径（Froebel，1826/1902）。

　　另一位有影响力的教育家是来自苏黎世的裴斯泰洛齐（Pestalozzi），他继承了法国哲学家卢梭的思想，并尝试基于系统观察而不是道听途说的故事研究儿童是如何发展的。他早期的教育实验被称为"裴氏法"（Pestalozzi Method），实验的实施地点在伊韦尔东学院（成立于1805年）。儿童被视为需要培训才能进入成人世界的"对象"，并被视为被动学习者，而裴斯泰洛齐认为应通过活动教育儿童，使他们能够追求自己的兴趣,给予他们机会使他们得出自己的结论。在他的《葛笃德怎样教育她的子女》(*How Gertrude Teaches Her Children*,1894)一书中,裴斯泰洛齐塑造了他在教育中的"反思实践者"。他把观察作为反思的工具,并且利用心理学工具观察儿童的经历和行为,尝试理解儿童及儿童发展。

在欧洲南部的意大利,蒙台梭利(1912)提出了蒙台梭利法:一种系统的、科学的观察儿童的方法,以便根据儿童的需求开展教育实践,并专注于他们的身体需求,尤其是运动和游戏。她设计了适合儿童的材料(如小型桌子和椅子)和活动,以帮助儿童发展自己的感知、读写技能和数学策略。

当欧洲的教育家如福禄贝尔、裴斯泰洛齐、蒙台梭利和艾萨克寻求利用系统观察来改善学前教育的方法时,美国的心理学家斯坦利·霍尔(Stanley Hall,1844~1924)发起了儿童研究运动。受达尔文的进化论、发展心理学家和德国教育的影响,他于1882年引进了一门儿童研究课程,使"儿童研究是教育学核心要素"的观点得到推广。从这个意义上讲,观察是教师的关键技能,他再次指出,为了使教师为儿童提供有意义的教育,他们应该深入了解儿童。通过对儿童直接系统地观察,教师能够了解儿童的兴趣和想法。霍尔还邀请家长参与这项儿童研究,并对他们的观点感兴趣。例如,他发出了数百份调查问卷收集父母对儿童的观察结果。儿童研究运动影响了其他西方国家,如德国和英国,并为学前教育带来了系统的科学方法。儿童研究运动旨在将实验心理学的方法(如系统观察)与儿童教育的理念联系起来,以科学证据为基础建立教育学。

还有一些教育家开始将观察融入教育作为幼儿园的每日常规,如约翰·杜威(信奉社会正义、平等和民主的教育理念,强调儿童早期的社会交往),亚瑟·杰西尔德(Arthur Jersild)(鼓励教师观察并与儿童交谈,无论他们多么年幼,理解他们和他们的兴趣)和麦克米伦(McMillan)(将儿童研究视为培训教师的关键因素)。观察为教师提供科学的方法来反思和理解儿童如何与周围环境互动,并更多地了解儿童如何进行游戏。

21世纪,学前教育已经将观察作为了解儿童的宝贵工具,同时也一直在培养教师的反思能力,以思考他们所观察到的内容,并将这些反思融入支持儿童学习的实践中。目前,学前教育中的观察不仅是关注儿童在游戏过程中的行为和互动,比如福禄贝尔的游戏方式,或者像霍尔在儿童研究中一样检查儿童的发展阶段,而且还关注儿童如何尝试探索世界,体验材料并尝试沟通。作为21世纪最有影响力的学前教育模式之一,瑞吉欧的创始人马拉古齐(Malaguzzi)建议将观察视为捕捉和理解儿童的想法的重要方法,这种方法也让"儿童思考他们所取得成就的意义时变得更加好奇、有兴趣和自信"(Malaguzzi,1998,p.70),更是一种听到一百种语言……一百种帮助,一百种思想,……一百种思维方式、玩耍方式和说话方式的方法(Malaguzzi,1996)。

作为学前教育的工具,观察如今在世界上许多课程中占主导地位,它旨在将以特定目标为主导的教学与儿童发展的可塑性、学习、游戏、评价和对这一过程的评价联系起来。在下一节中,我们将探讨一些课程方法和观察在其中的作用。

观察、课程与评价

在本书中,将探讨观察在学前教育中的作用及其重要性,并提供观察在不同课程模式中的应用的例子。在第八章详细讨论观察在学前教育课程和实践中发挥的重要作用。无论你在哪里工作，观察作为学前教育的一部分，对你来说都是一个重要的工具，因为它能帮助你建立对儿童的理解，并通过了解儿童在各种情况下的能力、情绪和技能，从而更好地了解他们，并建立与儿童的关系。无论是在使用政府制定的正式课程或框架中，抑或在由特定的环境导入的非正式课程中，观察儿童都将支持你的课程和实践。

正如杜威（1938，p.68）告诫我们的那样，仅靠观察是不够的。我们必须了解我们所看到、听到和感觉到的意义。这个意义包含事情发生所产生的结果。这一建议应根据评价的形式制定。评价不应该简单的报告儿童能做什么或不能做什么，为了有更好的效果和意义，我们要弄懂观察结果要告诉我们什么。（更多内容见第四章和第八章）

教育评价包括两种类型：

·形成性评价——这是在日常生活中观察儿童，并试图理解这些观察及观察提供给我们的信息；

·总结性评价——这是一种更正式的评价，包括收集整理观察结果，总结儿童的发展和学习情况。

福尔摩尼诺和福尔摩尼诺（Formoshino & Formoshino，2016，p.88）拓展了我们对评价的看法，并建议评价应承认儿童的经验和教育行为的复杂性，并提倡尊重这些复杂性，而不是仅限于评价儿童发展。他们主张通过描述以下特征来进行整体评价：

·寻求理解什么是学习，并促进进一步学习；

·参与性、整体性、生态性和包容性；

·涵盖所有领域的综合学习；

·注重背景、过程和结果；

·参与过程，涉及幼儿园教师、儿童和家庭的贡献；

·对各种背景开放的生态过程；

·是一个关注学习者已有知识，并进一步扩大和丰富已有知识的过程；

·认识到包容的重要性。

（p.99）

从这个意义上讲，课程背景下的观察应该超越以证据为基础的评价，并被视为一种工具，不仅从儿童的活动、作品（如艺术作品、搭建物、照片等）和社会互动中获取信息，也从父母或照料者和儿童生活的环境中获取信息，为每个孩子建立一个丰富、整体和评价性的描绘档案，这一点将在本章后半部分进行探讨。

案例研究 1

英格兰《法定框架》的观察与评价

《法定框架》（英国教育部，2014）中概述的主要原则之一明确指出，观察、评价和计划都是早期儿童实践中的核心要素。它强调对儿童的观察应该优先考虑儿童的发展和学习。它同时强调观察在设计活动方面的重要性。在学前教育中观察的作用是持续的，观察是课程设计和促进儿童发展和学习的基础。

例如，1990年的《兰博尔特报告》(*The Rumbold Report*)强调评价的重要性：

> 我们认为有必要为教育工作者提供指导，这种指导是关于使用更加连贯一致的方法来观察、评价、记录和报告儿童取得的进步……它旨在指导并完善所提供的5岁以下儿童和5岁后的学前儿童的相关条款。

（英国教育与技能部，1990，p.17）

十年后，《基础阶段课程指南》中确定的关键原则之一是，幼儿园教师必须能够根据儿童发展和学习的规律来观察和适当地回应儿童（QCA，2000，p.11）。

今天，人们期望幼儿园教师能够观察、记录和评价儿童。《法定框架》（英国教育部，2014）已经介绍了四个主要原则：

· 强调儿童个体作为学习者（独特的儿童）；
· 承认所有儿童发展所需的人际关系和爱的环境（积极的关系）；
· 提倡学习环境作为所有儿童发展和学习的工具（有利的环境）；
· 认同儿童的个人发展方式（学习和发展）。

《法定框架》的核心是评价儿童，重点是持续评价。《法定框架》有两个关键的评价儿童的正式程序，总结为：

1. 《2岁的综合评价》：所有2～3岁的儿童都应该被评价，并要求幼儿园教师为每位儿童制作个人成长评估，以便他们与家长或照料者进行沟通交流。这篇综合评价应该包括儿童的健康状况和《法定框架》提出的主要领域（个性社会性与情绪发展、语言和交流、读写、数学、对世界的理解以及艺术表达和设计）的发展状况的简要总结。综合评价旨在确定儿童的强项并指明儿童需要发展的领域。

2. 《幼儿基础阶段档案》：所有的儿童都应在他们将满5岁的最后一个学期结束时完成这份档案。档案旨在为家长、照料者、从业人员和教师提供关于儿童进步和发展的丰富信息，使他们能够顺利进入一年级。《幼儿基础阶段档案》档案应根据观察结果完成。

（英国教育部，2016）

因此，《法定框架》里的内部观察和评价已经标准化，并成为英格兰学前教育法定要求的一部分。

了解更多关于《法定框架》和法定评价要求，请访问：

www.gov.uk/government/publications/early-years-foundation-stage-framework-2

了解《法定框架》，请访问：

www.gov.uk/government/publications/early-years-foundation-stage-profile-handbook

了解《幼儿基础阶段档案》，请访问：

www.gov.uk/guidance/2016-early-years-foundation-stage-assessment-and-reporting-arrangements-ara/section-2-early-years-foundation-stage-profile

案例研究2

威尔士基础阶段的观察与评价

与英格兰的《法定框架》类似，威尔士的《儿童基础阶段学习框架（3～7岁）》将以下领域确定为课程的关键：

· 个性和社会性发展、幸福感与文化多样性；

· 语言、读写和沟通技能；

· 数学能力发展；

· 威尔士语言发展；

· 对世界的理解和看法；

· 身体发展；

· 创造性发展。

在《儿童基础阶段学习框架（3～7岁）》中，总结性评价有法定要求，旨在成为威尔士基础阶段成果和进展数据评价的一致方法。它将评价儿童在学习的四个领域中的能力和发展。显然，对儿童的评价将采取观察的形式，总结性评价是对儿童全年形成性评价的收集总结。《基础阶段手册》（*The Foundation Stage Handbook*）（威尔士政府，2015c，p.3）描述了档案的构成：

> 该档案由四个学习领域中的两套技能阶梯组成：个性和社会性发展、幸福感与文化多样性，语言、读写和沟通技能，数学能力发展以及身体发展。简要侧写档案包含一定数量的技能阶梯以测量其基线水平，完整侧写档案支持教师进行阶段性评价。除了法定的总结性评价外，档案还提供一种全国统一的方法，用于评价基础阶段的成果和进展。档案中详述的儿童发展结果反映了学习领域在语言表述上的修订［将语言、读写和沟通技能与数学发展（2015年9月法定）］和个性与社会性发展、幸福感与文化多样性，身体发展纳入《国家读写和数学框架》（*National Literacy and Numeracy Framework*，LNF）（2008年出版）。它涵盖了儿童从6个月到84个月的发展，并将结果分为：铜、银、金三个发展阶段。让父母或照料者参与儿童的教育是基础教育阶段的重要组成部分。档案还支持向家长和照料者汇报并沟通交流，汇集各种信息，对他们孩子目前的学习和发展阶段提供总结性评估，包括报告国家读写和数学框架中所涵盖的技能。

有三个关键点：

1. 在进入基础阶段后，这些目标将成为幼儿园教师在规划儿童学习与发展后续步骤的指导。

2. 简要侧写档案旨在通过在儿童进入小班前6周内的"不引人注目的观察"形成基线评价。基于学习领域的技能阶梯，要求幼儿园教师通过观察收集儿童发展的关键信息。

3. 完整的个人侧写档案包括每个学习领域的所有技能阶梯。

了解更多威尔士基础阶段信息，请访问：

http：//gov.wales/topics/educationandskills/earlyyearshome/foundationphase/foundation-phase-profile/?lang=en

了解更多关于观察和评价的信息，包括基础阶段的法定要求，请访问威尔士学习网站：

http：//learning.gov.wales/?skip=1&lang=en

案例研究 3

澳大利亚的观察与评价：国际视角

澳大利亚推出了旨在确保高质量学前教育和保育的《学前教育和保育的国家质量框架》（*The National Quality Framework for Early Childhood Education and Care*，NQF）。由于澳大利亚是一个多文化、多民族的国家，因此它的目标是覆盖所有对学前教育感兴趣的家庭。《学前教育和保育的国家质量框架》对儿童保育和早期教育服务进行质量评价，监管相关服务部门（日托、家庭日托、学龄前和幼儿园以及校外托儿服务）。它提供了：

·国家立法框架，为澳大利亚教育和儿童保育服务的监管和质量评价制定统一的方法；

·国家质量标准，为教育和保育服务设定了国家质量标准；

·国家质量评级和评价程序，根据国家质量标准对服务进行评价。

www.education.gov.au/national-quality-framework-early-childhood-education-and-care

澳大利亚的学前教育实施《早期学习框架》（*Early Years Learning Framework*，EYLF），是澳大利亚政府《学前教育和保育的国家质量框架》的关键组成部分。《早期学习框架》的重点在于三个关键词：归属、存在和成长。澳大利亚政府的理念是："所有的儿童都要有最好的开始，为自己和国家创造更美好的未来"（澳大利亚教育部，2009，p.5）。其目的是为所有儿童提供学前教育和保育，使他们成为：

·成功的学习者；

·自信且富有创造力的人；

·积极和知情的公民。

《早期学习框架》定义了归属、存在和成长：

归属：体验归属感，知道你属于哪里，属于谁，这是人类存在的组成部分。儿童首先属于一个家庭、一个文化群体、一个社区和一个更广泛的社会。归属感承认儿童与他人的相互依赖性以及在确定身份时的关系基础。在童年和整个人生中，关系对归属感至关重要。

归属是存在和成长的核心，因为它决定了儿童是谁，他们将成为什么样的人。

存在：童年是一个寻找和创造世界意义的时期。存在就是认识到现在和此刻在儿童人生中的重要性。关于现在，儿童要了解自己，建立和维护与他人的关系，接纳生活的乐趣和复杂性，并应对日常生活中的挑战。童年不仅仅是为将来做准备，更是为了现在。

成长：儿童的身份、知识、理解、能力、技能和人际关系在童年时期发生着变化。他们是由许多不同的事件和环境所塑造的。成长反映儿童学习和成长过程中发生的迅速而重大的变化。它强调学习全面、积极地参与社会。

（p.7）

与英格兰和威尔士的课程类似，《早期学习框架》提出了从出生到5岁儿童的学习成果：

· 儿童有很强的认同感；
· 儿童与他们的世界联系在一起并有所贡献；
· 儿童有强烈的幸福感；
· 儿童有信心并参与学习；
· 儿童是有效的沟通者。

《早期学习框架》将评价定义为"收集和分析信息的过程，这些信息包括儿童掌握的、会做的和理解的内容"（澳大利亚教育部，2012，p.17），评价的重点是通过观察收集信息，在这个过程中为课程决策提供指导，使教师能够与家长分享儿童的学习过程。

教育者使用各种策略来收集、记录、组织、综合和解释他们收集的信息，以评价儿童的学习情况。他们寻找合适的方式来收集丰富而有意义的信息，描述儿童在幼儿园中的学习情况，描述他们的进步，并确定他们的优势、技能和理解能力。

（澳大利亚教育部，2012，p.17）

在《早期学习框架》中，观察和评价之间有着密切的关系，主要关注的是学习成果、记录观察的方式以及如何以有意义的方式理解观察结果，以便能够达到《国家质量标准》（*National Qualifications Standards*，NQS）。与英格兰和威尔士不同，《早期学习框架》没有关于儿童评价记录或档案的国家标准要求，因为它基于的原则是儿童评价指导着课程和与家长沟通的内容。幼儿园教师要具有灵活性，决定要观察什么以及如何为每个儿童构建评价。早期教育环境的唯一要求是，教育工作者对每个儿童都要非常熟悉，这样有助于安排儿童的日常活动。

了解更多信息，请访问：

https://www.education.gov.au/early-years-learning-framework

活动1

· 你目前在实习或工作中如何对儿童进行观察？
· 反思正在使用的课程，审视观察在儿童评价中的作用。审视形成性和总结性评价的要求是什么，并讨论在多大程度上将观察实践作为评价的整体方法。

观察的本质

虽然观察的资料非常丰富，但德拉蒙德（Drummond，1998）建议我们应该开发可管理的系统，以便能够观察儿童与他人、与环境之间的相互作用，从而创建以儿童为主体的全面描述。

> 观察儿童的学习，走近儿童的思想和感受，是我们日常工作中追求高质量教育的一部分……仔细观察儿童的学习有利于我们更好地制定学前教育的法规。根据观察结果反思教育的优点和缺点，差距和不一致之处，识别儿童学习的重要时刻，在观察的基础上促进儿童的发展。
>
> （Drummond，1998，p.105）

观察的主要目标是帮助幼儿园教师理解儿童的发展和学习情况，并依据儿童作为学习者的发展方式，帮助他们设计活动和实践。观察还有助于创造一种环境，让儿童有机会做出选择和决定，利用他们的想象力和创造力获得有意义的经历，促进互动，扩大对话，鼓励"全面发展和自我认同"（Formoshino & Formoshino，2016，p.101）并参与游戏和学习。然而，进行观察需要具备纳特布朗和卡特（Nutbrown & Carter，2010，p.210）所强调的专业知识和技能，他们强调：在儿童学习和理解的过程中，观察是复杂而困难的工作，这对幼儿园教师提出了更高的要求。观察要避免简单的收集信息和总结相似点，观察结果要可以揭示儿童游戏、发展、学习、行为和互动的模式，对于幼儿园教师来说，重要的是深入了解儿童，发展批判性思维、反思和对儿童行为的认真持续关注等技能，持续开发和运用这些技能，来收集每个儿童的信息，以便理解儿童并做下一步规划。

在此基础上讨论观察的本质时，全面理解这个术语是很重要的。吉勒姆（Gillham，2008，p.1）认为观察"不是关注他们说了什么，而是关注他们实际上做了什么"。观察是研究特定环境中人类行为或现象的系统方法，应始终有明确的目的。观察需要在一段时间内观察和记录，它涉及关键的认知维度：注意力、工作记忆、感知和时间。史密斯（Smith，1998，p.6）认为，观察是"一个谨慎而积极的过程，需要谨慎和深思熟虑地关注事件的发生"。正如本章后面将要讲到的那样，观察是一项复杂的活动，因为我们观察他人及其行为的方式与我们自身的经验相关，我们都"以自己喜欢的方式观察自己和他人"（Gillham，2008，p.1）。我们的技能，如集中注意力一段时间（注意力）和工作记忆能力，对于每个人来说都是独特的。所有这些因素都使得观察成为一种高技能的方法。

观察作为一种系统的方法，使用特定的方法来观察和记录儿童的行为，要有明确的目的。在试图界定学前教育背景下的观察时，我们认为观察是理解儿童发展的有效工具，可以用来帮助幼儿园教师评价儿童发展。"观察"一词的字面意思是"看""密切关注"。"观察"一词用于描述系统化和结构化的方法（Faragher & MacNaughton，1998），幼儿园教师对儿童进行观察，以便了解他们，最终目的是评价他们的发展并对未来进行规划。这种审视儿童的系统方法有助于我们深入了解儿童的发展，了解儿童的日常生活，因此，它不仅是培训幼儿园教师的有用资源，同时也是一种深化学前教育实践的方式。

在另一个层面上，通过观察儿童做什么，我们了解他们的发展以及他们在某些情况和环境中的行为和反应方式。这种反思不仅对我们的实践有启示作用，而且也是与儿童家长交流的重要途径。

观察的目的

观察是"学前教育的基础"（Hurst，1991，p.70）。观察之所以成为学前教育的一部分，并在世界各地的许多课程中受到重视，其主要原因是，它可以为我们提供有关儿童及他们能力、兴趣的信息，这些信息无法通过其他方法获得。此外，下一章将介绍，运用系统技术密切关注儿童，使观察者和幼儿园教师能够深入了解儿童，这可以增进我们对儿童及其行为的理解。观察重点关注儿童在特定环境中的自然行为，这是评价他们发展的关键过程。密切关注儿童有助于观察者认识儿童发展的各个阶段，并承担起促进儿童进步的责任。

通过系统地收集有关儿童的信息，幼儿园教师能够收集一些事件和资料，从而能够准确描述儿童的行为和发展。通过观察收集资料是幼儿园教师手中非常重要的工具，特别是对于年龄较小的儿童，由于其语言和行为方式的局限，当幼儿园教师试图解释他们的行为并想为他们提供有利的学习环境时，必须首先了解这些儿童。儿童通过游戏和与他人的互动会提出有关他们想法和感受的有意义的建议。通过观察，你可以直接收集与这些儿童相关的准确信息。因此，幼儿园教师研究儿童最准确的方法是观察。

系统观察有助于幼儿园教师了解在某些情况下儿童行为背后的原因。本杰明（Benjamin，1994，p.14）强调了它的重要性："观察在评价中发挥着重要作用，可以替代或补充标准化的评价工具。"

因此，观察者要确定儿童所处的发展阶段，并与正常发展的理论阶段相联系，然后承担起促进儿童进步的责任。从这个意义上说，观察不仅有助于学前教育实践，而且还提供了一个可靠的环境，将理论与实践相结合，将儿童研究的成果运用到实践中。

观察使理论在实践环境中得以应用，并使幼儿园教师有机会将理论运用于教育实践中。实事求是地说，观察有利于幼儿园教师反思，使他们能够评价自己的实践，并有效改善实践。因此，观察具有双重目的：一方面是有助于幼儿园教师了解儿童，另一方面也通过反思使幼儿园教师在自己的实践中取得进步。

观察的重点是儿童能做什么（而不是儿童不能做什么），这是进行课程设计的基础。对于观察，重要的是要突出儿童的能力，以便设计活动。因此，观察的重点是儿童能够取得什么样的成就，而且观察的本质是关注儿童的自然行为。收集到的信息可以作为评价儿童及其发展状况的有效起点。

观察可以帮助教师深入了解儿童，这是其他方法无法做到的。当然，幼儿园教师通过与家长沟通可以获得家庭环境中儿童的表现情况，这是非常有用的途径，然而，幼儿园教师也有必要在课堂环境中尝试观察和研究儿童的行为。

当代文学作品（Clark & Moss，2001；Clark et al.，2005；Rinaldi，2006）正在推动将观察作为倾听儿童、关注儿童的一种方式。勒夫（Luff，2007，p.189）强调："观察和记录学习是一种重视和倾听儿童的方式"。埃尔费（Elfer，2005）补充说，在现行的法律中，如《儿童法》（Children's Act，英国政府，2004）和《联合国儿童权利公约》（1989a），要求观察要提供一个有效的环境来倾听儿童尝试表达的内容，使幼儿园教师接纳并思考儿童独特的声音。因此，观察可以成为与儿童交流的适合的途径。

通过观察得到的结果有助于我们思考儿童的声音、需求和经验，以设计符合儿童兴趣的教学活动，有助于我们为儿童创造安全、愉快、适宜、深受儿童喜欢的学习环境。但是，在学前教育环境中，观察者在使用观察方法来倾听儿童的声音或给予儿童回应时，应该慎重，以防儿童与其他小朋友的谈话隐私被侵犯。我们对于幼儿园教师是否有权拍照和记录儿童的活动，以及划定儿童隐私的界限上存在疑问。帕斯卡和伯特伦（Pascal & Bertram，2013）为我们积极倾听儿童声音提供了一个宝贵的实况检查清单：

· 细心；

· 积极倾听（使用肢体语言或姿势表明自己很专注）；

· 提供反馈（不要仅凭听到的儿童的话语就迅速做出判断，要思考并提出问题如：我听到的是……你的意思是……）；

· 延迟判断（尊重儿童及儿童的意见，而不是用你自己的观点或判断替代儿童的想法）；

· 坦率、公开和真诚回应。

这里还需要补充一点，为了确保听到儿童的声音，我们需要记住的一个关键因素就是保持沉默。如果没有沉默和停顿的时刻，就不可能听到儿童的声音。作为幼儿园教师，我们有时会专注于与儿童交谈、解释，参与语言交流而忘记停顿，我们需要为儿童提供说话和表达的空间。我们的肢体语言和与儿童的身体互动也可能成为阻碍儿童表达自己的障碍。作为成人，我们相对于儿童有身高上的优势，因此当我们试图与他们交流时，选择合适的姿势非常重要。我们是否要坐在孩子们中间？我们与他们谈话时是否分开落座？我们要站着吗？与他们谈话时，我们是否要半蹲下来平视他们的眼睛？成人在课堂或活动室中的姿势会影响那些非常依赖与成人身体接触的儿童，特别是婴幼儿。（见第五章观察的伦理意蕴）

观察的本质是提供合作的机会。在大多数有关学前教育和保育的政策正从单一专业背景转向多专业合作的时代，我们需要认识到与儿童相关的工作需要许多专业人士，如保健医生、社会工作者、儿科医生和教育心理学家。各专业人员应该寻求沟通和分享有关儿童信息及想法的方式，以便推行早期的干预措施，提高质量（英国政府，2006b）。通过观察收集的信息可以为多学科工作提供基础，以儿童需求为共同的切入点（英国政府，2006b）。观察能够提供这种可能性，将为儿童工作的人士团结起来，并且提供策略，以便可以有效地交流所获得的信息，从而丰富沟通和协作。

活动 3

1. 反思你为儿童设计的环境，思考什么样的环境可以使观察变得适合倾听儿童，你后续又将采取哪些行动来改善环境？

2. 你能否回忆以前参与过的、以多专业合作的方式使用观察结果的工作？

在这里，我们认为观察应该被视为班级日常活动的一部分，而不是作为一个单独的、在幼儿园教师需要的时候使用的工具。观察不是帮助有困难的儿童解决困境的工具，而应该作为日常活动的一部分来实施。观察是一种有目的的工具，应着眼于儿童的发展和学习，将对观察结果的解释作为日常活动的反思。观察应"潜移默化地融入班级活动和互动中"（Pratt，1994，p.102）。学前教育不应该取决于我们观察儿童的程度，而在于观察什么才能使我们深入地了解儿童。

案例研究

特法瑞奇（Te Whāriki）和观察

一个来自新西兰的关于如何将观察整合到班级的日常活动中的例子。正如第一章所讲，新西兰课程旨在创造一个多元文化的学习环境。特法瑞奇（Te Whāriki）基于五个目标：

- 幸福；
- 归属；
- 贡献；
- 沟通；
- 探索。

因此，观察考察的是儿童的核心行为。这些行为对于儿童作为有效学习者的发展是重要的。卡尔（Carr，2001）强调儿童获得这些行为的重要性，并提出了以下评价和观察模式。

表 2.1　课程的五种行为和五条主线

五条主线	观察的行为
归属	感兴趣
幸福	参与
探索	遇到困难、挑战和不确定时坚持
沟通	表达观点或感受
贡献	承担责任

在卡尔的著作中，观察是课程的核心。它被整合到班级的日常活动中，融入到课程中。重要的是观察有明确的目的，这个目的以课程学习的目标和结果为导向。

卡尔（1998，p.15）称观察是创建学习型社区的中心……儿童能够：

- 对某项活动感兴趣；
- 持续一段时间参与其中；
- 遇到困难、挑战或不确定时坚持；
- 以各种方式表达自己的想法或感受；

·有责任改变事物、教导他人、听取他人的建议。

依据卡尔的观点，这些过程是线性的，它们依次出现；因此她将其描述为学习故事。这些学习故事的主要兴趣或焦点是不同气质的融合，使事件更可能发生的人物、地点和事件，以及幼儿园教师如何促进这些气质倾向。这些学习故事的重要性在于它们为成人设计活动提供指导，此外，还可以让家长了解儿童的一天，了解重视和鼓励学习的观念。

我们可以看到，在课程中使用观察有两方面的作用：一是有助于提高幼儿园教师的实践、教学和活动能力；二是作为与儿童家长沟通的有效工具。此外，儿童自己也参与了这些故事的书写。因此，特法瑞奇课堂观察是日常生活和工作的一部分，它不仅在某些情况下使用，而是作为整个课程的一部分，以便能够记录儿童的进步。

活动 4

检查你工作中每天发生的观察的类型。

如何在执行课程要求时融入这些观察？

为什么要观察儿童？

正如前文提到的，观察将理论与实践联系起来，因此我们能够展示关于儿童的研究成果。

理论聚焦

·有必要在学习环境中进行系统观察。

·观察是研究儿童的结构化方法。

·观察指导教学和课程模式。

·观察是班级日常活动的基础。

·观察可以成为多专业协作的工具。

观察有助于我们：

·收集和汇总能够准确描述儿童及其学习和发展情况的信息；

·了解在某些情况下儿童行为背后的原因；

·认识儿童发展的各个阶段；

·制订规划和进行评价；

·提供与家长和其他服务机构合作的机会；

·发现儿童的特质；

·记录儿童所取得的进步；

·制订课程规划；

·使幼儿园教师能够评估自己的实践；

·提供讨论和改进的重点。

到目前为止,我们已经讨论了应该观察什么。在这一部分,我们将简要讨论应该针对什么进行观察。观察作为一种方法学的工具,被幼儿园教师用于观察儿童的发展状况。涉及儿童发展的各个方面都要认真观察。情绪、社会性、身体、认知和道德意识都是儿童发展的关键方面,并且它们相互关联。我们可以分别研究和观察它们,但把它们汇集在一起,就可以为我们提供儿童个体发展与进步的完整描述。

所有儿童都按自己的步调表现出可观察到的行为序列,这种发展次序可以由幼儿园教师从观察者的角度去追踪。主要问题是,幼儿园教师应该知道在每一个具体实例中看什么、倾听什么,并在课程计划中反映这一点。例如,在观察有关儿童身体发展的下列观察中,幼儿园教师没有对儿童做出判断,而是使用"前进方式框"(Ways Forward Box)中的观察结果(如表 2.2 所示)来制订未来的计划。

案例研究

阅读下面的案例并确定需要促进苏(Sue)哪些领域的发展。

· 以课程学习领域为指导完成活动。

· 考虑如何帮助苏和她的父母。

苏的故事

苏是一个两岁的女孩,是家中唯一的孩子,在三周前入园。她是一个活泼好动的孩子,但每天都哭得很厉害,老师无法使她平静下来。当她的母亲早上离开她时,她看起来很伤心、难过和紧张。她拒绝与其他小朋友互动,只想和成人待在一起。她在玩游戏时不愿分享任何玩具,在活动中她安静地坐着,不和其他小朋友交谈。她似乎没有和任何小朋友交流过,也没有朋友。

成为一名技术娴熟的观察者

如上所述,观察是有目的地收集儿童行为、需求和发展信息,进而促进日常反思的工具,这项任务需要观察技术熟练的幼儿园教师来完成。本节旨在就如何成为一名熟练的观察者提供指导,讨论在我们准备观察时所涉及的因素。

观察目的和目标

由于观察是收集儿童行为信息的系统方法,所以确定明确的目的和目标非常重要。首先要区分目的和目标的含义。

目的是你打算观察什么以及你想获得什么。因此,它是专注、精确和清晰的。例如,针对一个发展领域,如身体或社会性发展领域,或是在鼓励儿童语言互动的环境中开展活动(电话区)。目标是你

表 2.2　前进方式框

儿童名字：基隆（Kieron）
观察者：关键教师
观察领域：身体发展
月龄：29 个月
日期：1 月 30 日
持续时间：10 分钟

观察记录：

关键教师拿来一桶管道积木玩具——这是孩子们第一次看到这些玩具。

基隆看到管道积木玩具被拿出来，就爬到桌子上探索。他精心挑选玩具的不同部分，将它们放到面前，关键教师在不远处观察，并不介入，等着看基隆如何摆弄管道积木玩具。基隆检查其中一个玩具的一端，用自己的手指探索。他看着关键教师，伸出管道积木玩具。

关键教师：基隆，需要我向你展示管道积木玩具的玩法吗？

基隆：越多越好。

关键教师演示了如何将两块管道积木玩具拼在一起。管道积木玩具很少被使用，所以非常案。基隆参照关键教师的做法，想将各部分拼在一起，但是由于他没有足够的灵活性和力量把部件拼在一起并固定，当他拿起模型时，部件脱落，部件又一次散落了。这一次，当它们又一次散落时，基隆放弃了。

个性社会性与情绪发展	身体发展	沟通语言	读写	数学	理解世界	表达艺术发展	游戏和探索	主动学习	创造性和批判性思维
	M&H 发展 抓握和松开、精确的夹捏，手眼协调以及手头操作			SSM 通过持续的建构活动或讨论形状或排列来显示对形状的兴趣。30~50个月		UEMM 使用各种建构材料。30~50个月	发现和探索	参与和专注	选择做事的方式

前进方式：

基隆对建构非常感兴趣，但手指缺乏灵活性，不能将管道积木部件拼在一起。今后应设计更多的活动来提高他的手部活动性和力量，如挤压和抖动面团，穿线珠和系鞋带等都是可以采用的方式。

想要观察到的具体技能或能力。因此，它是观察的细节，是可实现、可测量和现实的，它将儿童的发展和你的实践联系在一起。从这个意义上说，目标被认为是达到目的的步骤。

活动5

假设你在婴儿室工作，你想观察婴儿的情绪发展。这有一个关于情绪发展观察目的和目标的例子。请试着确定你自己关于苦恼、喜爱、享受和对活动的兴趣的目标。

表2.3　观察情绪发展的目的和目标

目的：情绪发展	目标
表现对材料的兴趣	探索材料时，可能观察到的目标： 引导眼睛看向材料 触摸材料 探索材料一段时间 表现出紧张 表现出冷漠 表现出很多或很少的动作 小心触摸材料 踢开材料 投掷材料 扔掉材料 表现出好奇
如何表达恐惧	当遇到不熟悉的面孔时，可能观察到的目标： 哭泣抱怨 紧紧地抱住 躲在物体后面 收紧肌肉 闭上眼睛一段时间 喊叫 颤抖 跑或爬 把手放在脸上（用双手把自己藏起来） 向老师寻求帮助
如何表达愤怒	当婴儿生理上或心理上受挫时，可能观察到的目标： 当儿童无法取得成就时感到失望 当儿童无法获得某个东西时感到恼怒 当儿童无法实现目标时皱眉 喊叫 脸红 大声说话 攻击 咬 打 哭泣 离开 尖叫

正如本章前面提到的那样，当学前教育团队计划如何建立儿童个人档案以及制订评价教育计划和活动的策略时，观察是收集这些信息的工具。重要的是，学前教育团队成员在开始、澄清和确定观察的目的和目标之前，应分配角色和责任。这样，团队将继续集中精力，收集丰富的信息，有效地完成每个儿童的个人档案，并对教育计划本身进行评价。

应明确界定进行观察的目的和目标，因为目标将决定所收集信息的性质。

课程要满足学习和发展目标，由于学习领域的广泛性，确定明确的目标非常重要。这些将有助于围绕每个目标收集全面的信息。明确的目的和目标也将使你选择最合适的观察方法。幼儿园教师可以与家长和儿童照料者分享目的和目标，并根据他们的意见进行修改。

观察计划应该让整个团队成员参与讨论，对谁将执行观察计划协商一致，确保所有团队成员都能获得观察的宝贵经验。

在班级环境中，应确定明确的角色，以便进行观察的幼儿园教师知道何时应离开活动准备观察。同样重要的是，儿童应事先知道谁是这项活动的观察者——当然对于非常年幼的儿童来说，这不一定能实现。

客观性

幼儿园教师应发展的关键技能之一是客观性。这是观察的一个具有挑战性的方面，需要进行大量的实践，从而尽可能确保我们客观记录实际发生的事情，而不是我们所认为的正在发生的事情。但是，实现客观性并不容易，也有可能会误导幼儿园教师。如上所述，观察的目的是以系统的方式记录我们实际做了什么。从这个意义上说，人们可能会说这是客观的。然而，不能忽视的是，我们如何表征世界或事件与我们的认知息息相关，而认知又反过来受我们自己的经验、情绪、自我形象和对"现实"的自我感知的影响。在这种情况下，客观是相对的。人们应该寻求主观的"现实"（Gillham，2008），尽量收集尽可能多的信息，使用大量的技术来避免掉入这样的陷阱——看到我们想要看到或认为已经看到的事实，而非事件的真相。尽管观察者是诚实的，但同一场景的实况可能与我们的记录有所不同。

以下活动将试着展示保持客观性和记录实际发生的情况有多困难。

活动 6

观察图 2.1 并写下你所观察到的内容，然后将图片拿给同事或同学看，也请他写下观察到的内容。现在比较一下你们的答案，它们是一样的吗？你知道它实际上是怎样的吗？

你有没有写"有两个男孩在读书"？

但是你实际上观察到了什么？你观察到两个男孩拿着书。这两个男孩是否在阅读是你对它的一种解读。我们实际上观察到的是：两个男孩拿着书在看。

图2.1　图书区的儿童

这个例子很好地说明了当我们观察儿童时保持客观性是一个很大的挑战。当我们记录所观察到的结果时，很难摆脱我们个人的价值观、信仰和文化的刻板印象，保持客观性。

因此，幼儿园教师面临的第二个挑战是，不仅要脱离个人的价值观、信仰和文化，还要跳出这些通常意义上的角色。有时，系统观察者不应该干涉正在观察中的儿童活动。在班级的日常活动中，幼儿园教师面临着许多任务，当他必须与孩子们一起完成活动时，摆脱"教育者"角色变为观察者是极具挑战性的。这需要持续不断地练习，下一章将对此进行更全面的讨论。

观察者进行观察时，判断信息收集在多大程度上"受到干扰"是非常重要的。在这种情况下，如果儿童注意力不集中或观察结果被过分扭曲，观察者需要停止观察，因为在这样的观察中将会失去注意力和专注力。

这项具有挑战性的观察任务不仅要求客观性——除了训练自己成为脱离日常角色的系统观察者之外——还要考虑到你的情绪是否与你作为系统观察者的角色相距甚远。正如威兰（Willan，2007，p.109）所言：

儿童和观察者都带着自己的情绪包袱。被观察或评价的儿童是有感情的，当然，他们周围的父母、照料者和教育工作者，以及观察者也是如此。意识到观察环境的情绪维度是很重要的，并尝试将其作为评价过程的一部分加以考虑。

观察发生在儿童的自然环境中和儿童一日生活的大部分时间里。在这种情况下，幼儿园教师面临很多压力。有保证儿童安全的压力，以确保儿童能够参与和享受活动，还有额外的压力——能够客观地观察，不带任何价值观、信仰或刻板印象。在这种情况下，观察者应该对这个问题采取不偏不倚的态度。然而，要做到这种不偏不倚的平衡通常很困难。勒夫（2007，p.187）提到了这一点，并阐述了另一个困难：

使用文档资料进行学习的过程非常复杂。早期教育的专业人员面临的另一个挑战是需要以两种可能相互矛盾的方式进行工作。一方面，观察可以创造机会，根据仔细观察和倾听儿童的行为和反应来制订计划；另一方面，早期的专业人士致力于达到特定的预先设定的学习成果。作为熟练的专业人员，幼儿园教师必须对如何通过灵活的整体工作方法来满足特定标准充满信心，并且还需要找到使用结构化指南（如《法定框架》）作为其观察框架的方法。

团队参与

如上所述，整个团队参与到观察过程中至关重要。团队需要共享所有权，并清楚他们都在为共同的目的和目标工作。观察的主要局限之一是需要将观察到的内容记录下来，而幼儿园教师在工作一整天后或过一段时间才能进行记录。当这些事件随后被阅读和分析时，儿童做出某种行为的原因，或者导致某项活动成功或失败的原因可能已被遗忘，事件的记录失去其意义。重要信息可能会丢失或遗忘。如果可能的话，不仅要记录事件，还要记录这些事件的可能原因，这是有意义的，以便日后可能有当时没有参与该过程的其他人阅读记录。这样阅读者可以从事件中得出有意义的结论。团队参与很重要，因为客观性很难实现。我们每个人都有自己的价值观和信仰体系，我们是社会或文化群体的一部分，这会影响我们的观察方式。大量的观察结果（不同人对同一个事件进行观察）将为儿童发展和学习中发生的实际情况提供多元化的描述。这种方法有利于对观察结果进行更准确的解释。

在观察过程中，团队参与也可以作为指导经验不足的幼儿园教师的一种方法，通过同伴互动指导他们。此外，团队中的每个成员都能带来不同的专业知识和经验，将它们结合起来，丰富观察计划并扩大其范围。制订观察计划也可以作为团队建设的一种方式。在团队会议和参与过程中，通常有机会发展批判性文化，分析政策和不同观点，并与团队所有成员建立积极的互动关系。团队参与制订观察计划可以成为一个有效的交流信息的机会，以便在问题出现之前设法解决。最后，同样重要的是，通过团队所有成员共同设计观察计划，建立了相互信任的氛围。团队成员在分享观察到的信息的过程中不会感到被胁迫或害怕。

家长参与

除了这些技能外，还需要家长参与观察他们的孩子。如上所述，观察可以成为幼儿园教师与儿童家长沟通的有效途径。家长参与对儿童的评价非常重要。家长参与观察，有利于其感受到他们正在参与孩子的生活。此外，家长对孩子在幼儿园的日常生活越熟悉，就可以最大限度地降低对早期儿童环境异常判断的风险。家长参与制订观察计划有助于打破幼儿园教师与家长之间的隔阂。寻求家长的帮助可以有助于幼儿园教师做到无偏差，更深入地了解儿童行为的其他方面，随后综合评价儿童的发展。

儿童参与

除了家长参与，在这个过程中有必要听到作为参与者——儿童的声音（参见第三章）。日常班级环境的观察为儿童倾听自己的声音提供了机会。克拉克和莫斯（Clark & Moss，2001）进行了一项研究，旨在寻找"一种方式来倾听儿童关于生活的谈话"（p.11），证明了倾听儿童的作用并提出了具体的方法。由此，他们开发了马赛克法（又名镶嵌法），这种方法不仅能够听取儿童的不同声音（如前文所述，许多课程标准提出了这一要求作为对《联合国儿童权利公约》的回应），而且还是一种确保儿童的观点以赋予儿童权力的方式受到尊重。克拉克和莫斯（2001）描述了当我们创造这样的环境时，赋予儿童发声机会的基本条件。首先，创设倾听的氛围，儿童的经验、兴趣和观点影响他们与成人及环境的关系。其次，强调留出时间倾听儿童的重要性。马赛克法认为，幼儿园教师需要留出交流时间是因为：

·由于我们不依赖于单一的沟通方式，所以收集材料需要较长的时间；
·解释所收集的资料非常耗时。（p.64）

最后，强调员工培训的重要作用，不仅是为了倾听儿童，还要理解儿童的发展——这是儿童尝试交流和学习他们将终生使用的技能的方法。

总之，儿童作为参与者参与观察过程会给予他们一种归属感和与场景中所发生的事情的联系感。在一个时代中，当学前教育寻求儿童参与生活各方面的方法，倾听儿童的实践深植于日常活动中时，儿童的参与是必须的。因为它可以为儿童创造一个温暖舒适的环境，在这里所有儿童被尊重、被重视，儿童在课程规划和决策方面与幼儿园教师合作。在这种环境下，课程对儿童是有意义的，儿童可以参与影响其发展和学习的活动。儿童参与的重要因素包括：

- ·承认并珍视儿童作为有知识的个体；
- ·重视儿童的贡献和他们发挥的作用；
- ·相互信任；
- ·尊重和回应每个儿童的意见、社会背景、多样性和文化；
- ·共同决策；
- ·公平。

活动7

阅读下面的摘录，确定幼儿园教师为成为合格观察者应发展的主要技能。

你觉得你已经掌握了哪些技能？

我们面临的最大的挑战之一就是要客观公正。我们决不能让客观性受到有关儿童成就的先入为主观念的影响。

观察是一个耗时的过程。它确实需要在环境或课堂中精心组织和管理，以便每个人都清楚自己在观察和评价方面的角色和责任。让所有与儿童工作相关的人参与观察和评价过程是非常重要的，这需要对所有将要执行这一程序的人进行认真地组织、管理和培训。在小班，设计将观察融入实践，特别是如果没有其他成人协作的情况下，需要有一定的创造力并承认观察作为实践必要工具的价值。幼儿园教师也需要观察。通过观察收集的信息，会令人惊讶。在收集观察数据时，观察者也可能会比平时更仔细地观察与儿童在一起的成人，这会使成人产生担忧和焦虑。对幼儿园教师的最后一个挑战是解释或分析已收集的信息。你需要依据自己的知识来理解儿童的发展，解释你所看到和听到的内容，把儿童的学习向前推进，或改变自己的教学方法。这通常是通过与所有相关人员（包括保育员、助教、关键工作人员和其他幼儿园教师）讨论来实现的。在解释过程中，一个关键因素是确保你使用的信息是客观、准确的，并考虑到上文所述的挑战。

（Hamilton et al., 2003, p.61）

观察计划

正如前一节所述，成为一名技术娴熟的观察者的过程是复杂的和富有挑战性的。它需要持续的自我发展，自我评价，反应敏锐，对不同社会背景与文化多样性的认识，积极的态度，满足个人需求，并克服个人情绪界限。因此，在开始实施之前，投入时间和精力制订观察计划是非常重要的。在计划阶段，应明确界定目的和目标，以便所有参与该过程的人（儿童、家长、团队成员）都知道自己在做什么，并对此有信心。团队、家长和儿童的参与对你的观察计划至关重要。

好的观察计划应考虑以下问题：

· 为达到目标，我们需要采取哪些步骤？

· 我们如何获得关于特定儿童的更多信息？

· 我们如何获得关于课程实施的更多信息？

· 我们如何使儿童参与进来？

· 我们如何使整个团队感到舒适和自信？

· 我们如何使家长参与进来？

下一步是选择观察技术，并调整它们以适应环境（这将在第三章探讨）。最后一步是决定采用哪些方法来记录你的观察和发现（参见第四章）。

活动 8

在准备观察的过程中，花些时间思考以下问题：

1. 我是否检查了实施的背景和课程？

2. 设置的目标是什么？

3. 他们的实践原则是什么？

4. 他们的学习成果是什么？

5. 对于我的观察，我是否拥有必要的权限？

总结

本章探讨了当代学前教育中观察的本质。相关政策表明，这些观察结果发挥着重要且必要的作用。学前教育工作者比以往任何时候都更需要使用观察作为一种系统的方法来评价课程实践中的儿童，以便对儿童进行循证评价。

观察是理解儿童发展与学习并指导实践的有效工具。观察在实践中起着关键作用，因为它有助于我们了解儿童，监测他们的进步，指导课程设计，使教师评估他们制定的规定，提供讨论和改进的重点，更好地理解早期儿童的实践。本章从始至终强调，观察应融入日常活动中，而不是作为我们工作的额外部分。

从这个意义上讲，所有幼儿园教师都必须接受培训，成为技术娴熟的观察者。在日常实践中，作为一个系统的儿童观察者，你需要培养客观性、无偏性，摆脱你的日常角色。正如第五章将强调的那样，观察计划的一部分是计划的伦理思考，这应该是基于团队、家长和儿童的参与。保密是整个过程中的一个基本要素。在介绍这一点之前，研究观察技术是很重要的。下一章将讨论专业人员使用的多种观察技术。

扩展阅读

更多关于学前教育观察的信息：

Papatheodorou，T，Luff，P and Gill，J（2011）*Child Observation for Learning and Research.* Essex：Pearson Education.

Podmore，VN and Luff，P（2011）*Observation.* Maidenhead：Open University Press.

更多关于观察如何用于评价目的的信息：

Carr，M（2001）*Assessment in Early Childhood Settings.* London：SAGE.

更多关于马赛克法和儿童参与的信息：

Clark，A and Moss，P（2006）*Listening to Children：The Mosaic Approach.* London：National Children's Bureau and Joseph Rowntree Foundation.

网址

Office for Standards in Education，Children's Services and Skills（Ofsted）（2013）*Getting it Right First Time：Achieving and Maintaining High-quality Early Years Provision.* London：Ofsted. Available at www.ofsted.gov.uk/resources/130117

第三章

观察技术

本章目标

通过阅读本章内容，你将：

· 了解基本的观察技术；

· 学习观察如何帮助你收集评价每位儿童的信息；

· 学习观察技术如何帮助你收集评价教育项目的信息。

幼儿园教师可以根据观察目的选择适宜的观察技术。

观察的类型

从社会科学研究领域发展出来的观察主要有三种类型可以被用于学前教育工作的日常实践。它们是：非结构化观察（参与式）、结构化观察（非参与式）和半结构化观察。下面的理论聚焦表和相关段落描述了这些方法以及对它们的评价。

观察方法

参与式观察（非结构化）

作为日常工作的一部分，参与式观察在学前教育中是众所周知的。当幼儿园教师与儿童一起工作时，他们要么在事件发生时快速记录下来，要么在事件发生后进行记录。这些简短而即时的记录是持续的日常教育实践的一部分。当幼儿园教师与儿童一起活动时，事件被记录下来，并且他/她不会为了观察而停止工作。这些记录通常是关于儿童在一项活动中的行为表现的简短评论，或者是关于活动如何实施的注释。

幼儿园教师使用参与式观察时有诸多优点。被记录的每日活动有助于幼儿园教师了解儿童或活动。这种观察不需要特殊的培训，因为幼儿园教师就在事件发生时写下他/她对事件的察觉。这种类型的观察是非结构化的，观察者写下当时看来最有趣和最为相关的内容。它不需要计划或组织，并且它非常有用，因为诸如意外行为或活动内的意外更改等事件都会被记录下来。

然而，这种方法具有明显的局限性。参与式观察并不能完整地反映事件，而且由于大多记录是在事件发生后进行的，所以它非常依赖观察者的记忆。

正如德弗罗（Devereux，2003）所指出的那样，参与式观察可能很混乱且难以管理。它应该被分类并及时提交，否则有用的证据可能会遗失。这种类型的观察技术的另一个缺点是记录的信息可能在事件发生很长时间后被查看，因此可能导致对事件的不准确和带有偏差的解释。

尽管使用参与式观察有一些缺点，但这是一个非常简单且直接的工具，它可以用于在事件发生时收集信息，还可以用于捕捉一日生活中的突发事件。

活动1

· 你可以列举出参与式观察的更多不足吗？

理论聚焦

三种观察类型：优点和不足

表 3.1　三种观察类型的优点和不足

方法	描述	目的	优点	不足
A. 非结构化观察（参与式观察）	观察者是被观察群体日常生活的一部分。通常情况下，观察者属于该群体（例如一名幼儿园教师）。从某种意义上说，事件是在发生时被观察到的，即自然发生的观察。	它旨在捕捉儿童在特定时间里参加活动时的行为。随后与其他团队成员一起检查观察记录。目的是收集支持活动、事件或行为描述的证据。可以使用其他材料，如照片、视频、图纸或其他相关文件来支持事件的描述。	提供对于活动或行为有益的深入了解。因为它随着事件的发生而进行，需要的准备最少。能够捕捉意外的行为或活动中的变化。	如果没有其他证据支持将很难解释，因为它依赖于记忆。它可能只基于观察者的观点（缺乏客观性）。它会非常详细地对行为进行描述，因此可能会分散注意力。非常耗时。收集的信息可能很庞杂，需要进行大量后续整理工作。
B. 半结构化观察	观察具有明确的目的和目标，但方法是"开放的"，因此可以捕捉到不可预知的事件。	它旨在捕捉无法预测的事件。发现发生某些事件或行为的原因。	提供有关行为，事件或活动背景和情况的深度信息。帮助找出可能没有考虑到的问题。最佳实践，优点和不足。	你可能会错过你认为正常的和预期中的事件或行为。由于你需要花时间同进行环境设置，因此此耗时很长。它可能是混乱的。需要详细地说明并与团队其他成员或其他材料进行交叉核对。
C. 结构化观察（非参与式）（以下所有技术都属于结构化的非参与式观察。）	对确切的行为、事件、活动进行明确的重点观察。	这种方法是机械性的，因为它使用了特定的技术，但它凭借有关活动、事件或行为的良好信息保证了结构化观察的严谨。	收集的证据通常是数字化的，易于了解、解释。能够捕捉一系列的事件、行为和活动（包括计划）。它不需要花很多时间到它的信息可以很容易地组织和分类。	数值信息可能很肤浅，并不能提供有关某些事件、行为发生原因的深入探讨。
C.1 叙事记录 a) 逸事记录 b) 流程记录	使用书面语言进行事件的描述，包括儿童的行为和活动。逸事：描述事件、行为、活动或行为的简短叙述。	它们旨在记录特定的行为、事件、活动及其在一段时间内的过程。发现某些事件或行为发生的原因。	当观察者记录发生的一切时，可以提供丰富的信息。观察者可以捕捉到重大事件或意外的活动、行为。	它能提供了发生事件的完整画面。如果不仔细组织，它们可能会变得混乱。它们依赖个人的记忆和注意力，所以使用需要与其他材料或信息交叉核对。它们非常耗时且需要进行特殊的培训。

续表

方法	描述	目的	优点	不足
	流程：一系列特定事件、行为、活动的书面描述。			观察者需要进行非参与观察，这对教室中的师幼有影响。
C.2 评定量表 a) 图形量表 b) 数字量表	关于事件的量表，在事件之前、期间或之后所记录的行为。	它旨在评价儿童在某项活动或事件中的行为、投入程度和参与程度。	一旦设计完成，观察者就不需花费额外时间。量表易设计。可以一次观察多名儿童。它可以被几位观察者用于同一名儿童。儿童可以使用这种方法进行自我观察。	它仅关注量表本身提供的信息。如果所有观察者都不了解其行为，那么量表可能很难被使用。
C.3 检核表	它们能捕捉到一系列行为或发展步骤。	它们旨在确定一名或多名儿童是否已经获得某些行为或发展特点。	概述一名儿童或一群儿童的发展情况。一旦设计完成，它们可以被多次使用；它们可以被观察者使用，也可以被进行自我观察的儿童使用。	它们只关注某些发展特点或行为。它们没有提供某些特征或发生行为的理由，需要被其他方法交叉引用或支持。
C.4 抽样 a) 时间抽样 b) 事件抽样	捕获事件、活动和行为的样本。它关心的是频率（经常或罕见）以及持续时间。	它旨在观察一段时间或不同活动中的某些行为。	这并不需要太多时间。儿童可以作为自我观察者参加。观察者可以付出最少的努力同时从一名或一群儿童那里收集信息。提供有关事件（活动）间隙和（行为）频率的有价值的信息。	它没有提供关于事件或行为发生原因的解释。它需要与其他方法一起使用。它仅限于可观察到的行为，其他行为可能会被忽略。
C.5 图示 a) 直方图 b) 路径图 c) 社交图 d) 条形图和饼状图	这是一种针对特定目的的技术，可以捕捉发展中的某些行为或方面。	它旨在观察某个行为或发展方面是否已经发生。	儿童可以作为自我观察者使用。一旦设计完成，它可以再次用于另一组儿童。概述发展的行为或方面。	它仅限于行为发展的一个方面。它没有提供对行为发生原因的解释。它需要与其他方法交叉使用。

　　这里有一些方法可以帮助你改善这类观察的缺点。幼儿园教师可以预先准备好表格以便快速记录事件。表格可以包含以下信息：

> 观察者姓名：＿＿＿＿＿＿＿＿＿＿＿＿
>
> 儿童姓名：＿＿＿＿＿＿＿＿＿＿＿＿
>
> 观察日期：＿＿＿＿＿＿＿＿＿＿
>
> 开始时间：＿＿＿＿＿＿＿＿＿
>
> 结束时间：＿＿＿＿＿＿＿＿＿
>
> 在场的成人人数：＿＿＿＿＿＿＿＿＿＿＿
>
> 观察区域：＿＿＿＿＿＿＿＿＿
>
> 描述被观察的活动：＿＿＿＿＿＿＿＿＿＿＿
>
> 评论：＿＿＿＿＿＿＿＿＿＿
>
> 我认为＿＿＿＿＿＿＿＿＿＿＿＿＿＿（在这部分你将添加观察期间产生的想法，以便稍后可以帮助你解释自己的记录）

　　注意！观察者一般需要准备三个档案袋：一个用于存放活动记录，另一个用于存放事件记录，还有一个用于存放教室中对每位儿童活动、事件或指定儿童的观察记录。这有助于分类和组织观察，并限制导致参与式观察出现混乱的因素。这显然加快了记录过程并有助于添加记录。因此，当记录被重新查看时，所有的信息将被包括在内，这使得调阅和解释更加容易。

案例研究

　　肯齐（Kenzie）是一位 4 岁 11 个月大的男孩。他缺席了班上的很多课程。本次观察的目的是确定这些频繁的缺席是否会影响他建立和维持友谊的能力。

　　目标：寻找社交游戏和参与的证据。

观察 1

观察者姓名：艾米莉（Emily）

儿童姓名：肯齐，4 岁 11 个月

观察日期：09/07/2011

开始时间：上午 10 点 30 分

结束时间：上午 10 点 34 分

在场的成人人数：1 名成人

观察区域：户外的自由活动区

描述被观察的活动：

这是户外游戏时间，肯齐在操场的角落踢着从树上掉下来的落叶。他独自一人，当他踢叶子时他的手臂挥舞着，脸上带有笑容。与另外三名男孩一起游戏的利亚姆（Liam）走近肯齐并对他说："来和我们一起玩吧。有我、杰克（Jack）和汤米（Tommy）。"肯齐垂下头，看着地板，利亚姆和他说话时他的手臂和双腿保持不动。利亚姆返回到没有肯齐的一群朋友中，肯齐仍旧垂下头并保持不动。

评论：

在同伴接近肯齐之前，他已经开始游戏。肯齐似乎很满足于独自游戏，而利亚姆加入他的时候，他的身体语言发生了明显的变化。肯齐拒绝回答利亚姆并且不愿意有任何目光接触，这件事似乎支持了之前提出的担忧。

观察2

观察者姓名：艾米莉

儿童姓名：肯齐，4岁11个月

观察日期：09/07/2011

开始时间：上午11点40分

结束时间：上午11点45分

在场的成人人数：1名成人

观察区域：写作区

描述被观察的活动：

肯齐和另外三名儿童坐在一张桌子旁边。他身旁的桌子上有一个蜡笔筒挨着他，他被要求对面前的一张女性交通警察图片进行填色。他低头看着女性交通警察的图片，拿着一支红色蜡笔在纸上画，同时舌头在左右移动。托比（Toby）对肯齐说："我需要绿色，我可以用绿色蜡笔吗？"肯齐保持沉默并抬起头来面对托比。肯齐朝蜡笔筒伸出左臂，把胳膊弯成钩状护住蜡笔筒并将其拉向自己的身体。他的眉毛下垂，嘴唇也紧紧地皱起来。

评论：

肯齐选择不与托比进行沟通。他有能力表达自己，可以要求托比等他用完绿色蜡笔后，把它放回笔筒或交给托比。但他不愿意进行分享（他之前在玩沙区也做过类似的事情）。他在这个场景中出现了目光接触。

观察3

观察者姓名：艾米莉

儿童姓名：肯齐，4岁11个月

观察日期：11/07/2011

开始时间：上午11点15分

结束时间：上午11点20分

在场的成人人数：1名成人

观察区域：户外的自由活动区

描述被观察的活动：

在户外自由游戏中，肯齐坐在一辆三轮车上。他正在蹬脚踏车并抬起头来大声发出"啦—啦—"的声调。汤米和克莱尔（Claire）跑向肯齐，汤米兴奋地大喊："我们在玩火车游戏！来吧，做一个很长的火车。"肯齐停下蹬车，在汤米说话的同时肯齐正在看着汤米，并且从三轮车下来时对汤米微笑。他在空中挥舞着双臂并大喊："是的，大火车，是啊！"三名儿童一起跑了起来，并排成一排。他们都在一条线上跑来跑去，大笑起来并发出"呜—呜—"的声音。

评论：

自最近一次观察以来，肯齐看起来在建立友谊方面取得了进展。其他工作人员报告说，他似乎已经安定下来并参与到大多数活动当中。他和汤米一起进行许多自由游戏。他甚至开始带东西参加上午的"表演与讲述"时间，这是一次重要的社会性进步。

活动 2

请在你的早期教育环境中进行至少三次参与式观察。试着与更有经验的同事或同学分享你的观察结果。你是否很难抽出时间进行行为事件观察？如果是的话，你能如何克服这一点？

请记住：

· 做到真实和客观；

· 记录事件发生的时间和地点；

· 记录儿童的语言和行为；

· 记录儿童的面部表情、肢体语言、声调和手势。

非参与式观察（结构化）

这种类型的观察是系统化的，并且需要运用多种技术。非参与式观察需要幼儿园教师超越其正常的角色——不是卷入与儿童的互动——而是作为儿童或活动的客观观察者。

准备和组织是非参与式观察所必需的，它需要提前进行规划。正如在第一章开始时所提及的那样，英国的大多数课程，例如英格兰的《法定框架》或威尔士的《儿童基础阶段学习框架（3～7 岁）》，都要求幼儿园教师根据对所描述的学习领域的持续观察来为儿童创建简要档案。为了让幼儿园教师能够满足这些要求并能有效地完成简要档案，相关的系统准备至关重要。以下部分旨在详细介绍学前教育工作者可以使用的所有不同类型的非参与式观察技术。

准备进行非参与式观察

要想成为一名系统的儿童观察者，你首先必须摆脱自己通常扮演的角色。一旦你决定了观察什么时候进行，你必须退出自己在课堂上的角色，而代之以系统观察者的角色。你应该把自己置于你想要实施观察的地方，但不要干涉正在思考或正在活动的儿童。你作为观察者应该谨慎。不能告知儿童你正在进行观察，儿童应该是独处的。如果儿童已经参与到观察计划中，那么也不需要每次都说明这一点。但是，请保持高度注意以便你可以看到并听到所发生的事情。如果一名儿童打断了你的观察，最好的做法是停下来而不是收集不完整和不准确的信息。

进行观察的最佳时间将会由观察的目的和目标决定。例如，一项关于受孩子欢迎的活动的调查将会开展。如果你想观察儿童的语言发展，可以在一天的不同时间通过各种观察来完成。

同样的，要观察的活动类型应该与你的目的和目标相关。例如，你可能希望在故事时间了解一名儿童的社会互动。

在有些情况下，要观察的活动类型并不总是隐含在你的目的和目标中。例如，你的目的可能是观察社交技能，并且你的目标是调查处于问题中的儿童是否能与同伴形成良好的关系。在这种情况下，重新参考最初的团队会议记录并重新阅读观察计划是非常重要的。

观察的准备至关重要，因为它加速了这个过程。记录观察结果的系统性方法将在你分类、归档、调阅并分析它们时发挥作用。

观察技术将在接下来的部分进行解释，其中包括了对每一项观察技术的评价。

书面观察或叙事

这是幼儿园教师最常用的观察技术。如上面的理论聚焦表所示，这里有两种类型的书面观察：

1. 逸事记录（见表3.2）：描述事件、行为或活动发生时的简短叙述，但事先没有计划。通常情况下被记录的事件是意料之外的，引起了幼儿园教师的兴趣，被认为是重要的。

案例：在表3.2的观察中，幼儿园教师观察到事件发生时贝拉（Bella）第一次尝试使用泡沫肥皂。

表3.2　观察贝拉——一份逸事记录的案例

儿童姓名：贝拉
成人观察者：凯利（Kelly）
规定范围：泡沫游戏
日期：14/01/2013
时间／持续时间：10分钟
内容（发生了什么）： 每个儿童都拥有一个放有泡沫肥皂的托盘，这些托盘上有各种不同的器具，例如勺子、碗以及适应每个儿童不同兴趣的一系列玩具，例如小猪佩奇、汽车、小玩偶等。 　　贝拉首先将双手伸入泡沫中，然后用手指挤压它。 　　贝拉：它很软。 　　贝拉像擦洗它们一样揉搓双手。 　　关键教师：贝拉，你在洗手吗？ 　　贝拉：是的，这是猪爸爸（Peppa Pig）和乔治（George）。 　　贝拉继续说道。 　　关键教师：贝拉，你知道泡沫是什么颜色吗？ 　　贝拉：我不知道。 　　外面一直在下雪，所以关键教师试图将游戏与天气联系起来。

续表

> 关键教师：贝拉，它是白色的，我想它可能看起来像雪。你觉得它看起来像雪吗？
>
> 儿童没有反应，所以幼儿园教师试图扩展贝拉的学习方向。
>
> 关键教师：它有什么味道？
>
> 贝拉：便便，它闻起来像是便便。
>
> 贝拉：这太有趣了。
>
> 另一个孩子把手放在脸上。
>
> 贝拉：那看起来像一块面包。
>
> 可能的发展路径：继续通过活动建立联系，鼓励贝拉将自己的活动与其他经历进行比较。

2. 流程记录（见表 3.3）：在一些教科书中，这种技术被称为流程记录、样本记录或叙述记录。无论你使用哪一个术语，这种观察的性质都是相同的。它是事件发生时的书面记录，但观察的目的和目标事先已经确定，观察者记录下他们在特定时间段内所看到的内容。

案例：在表 3.3 所示的叙述观察的例子中，事先已经确定了关注点，并且活动的设计是因为幼儿园教师想要观察莎莉（Sally）在拼图时如何发展她的技能。

当使用书面观察时，通常的过程是让观察者将自己从活动中移开并保持一个谨慎的距离进行观察，避免与儿童互动或使活动中断。每次观察都是简短的（不超过五分钟），并且需要准确记录当时发生的情况，用现在时态进行记录。正如在参与式观察部分所讨论的那样，准备好表格会很有帮助。这些表格将包括以下信息，如下方示例表格中所示。

> 姓名：_____
>
> 儿童姓名：_____
>
> 观察日期：_____
>
> 开始时间：_____
>
> 结束时间：_____
>
> 在场的成人人数：_____
>
> 观察区域：_____
>
> 描述被观察的活动：_____
>
> 评论：_____
>
> 我认为 _____（在这部分你将添加观察期间发生的想法，以便稍后可以帮助你解释自己的记录）

观察结束后立即撰写评论是非常有益的，但在观察时应该注意不要包含任何自己的意见。值得重申的是，观察应该只包括实际发生的情况。关于观察结果的初步想法将为以后的解释和分析提供良好的基础。

表 3.3　观察莎莉——一份流程记录或样本记录的案例

儿童姓名：莎莉　　　　　　出生日期：14/03/2014　　　　　　月龄：36个月　　　　　　成人观察者：关键教师

活动：形状、空间和测量以及信息通信技术（ICT）　　　　　　　　日期：　时间/持续时间：10分钟

内容（正在/已经发生了什么）：

关键教师在电子书阅读器上推出了一项针对5名儿童的计划。该计划鼓励通过匹配形状，发展良好的小肌肉运动技能，并为此提供了不同大小和形状的鱼。活动的目的是以不同的角度操作鱼，使其适合相应的阴影形状。该活动以莎莉对鱼的兴趣为基础，关键教师曾看到莎莉在班级环境中进行拼图游戏，并且通过关键教师自己的观察结果和与莎莉的照料者交流中了解莎莉的兴趣。

这是莎莉第一次访问这个程序。莎莉最初努力确定哪种形状适合进入哪个空间，但在关键教师的帮助下，莎莉开始确定正确的形状。然后努力将形状移动到相应的阴影形状。关键教师给了莎莉一支笔，看看这是否让虚拟形状的操纵变得更容易。莎莉不想用笔，并试图用手指将鱼移动到相应位置。这次莎莉已经能够将形状移动到正确的阴影位置。现在心翼翼地试图提供有关他们如何移动的鱼的建议，但不会对他们产生干扰。经过几次尝试之后，第一条鱼被移动到位。莎莉的完成让其他儿童有了机会，其他孩子继续进行其它不同的项目。5名儿童轮流进行并完成项目。其他孩子尝试进行活动，莎莉间向关键教师要求是否可以做另一道难题。

个人社会性与情绪发展	身体发展	沟通语言	读写	数学	理解世界	表达性艺术发展	游戏与探索	主动学习	创造性和批判性思维
自信与自我意识 建立关系 管理情绪和行为	健康与自理 移动与操作	理解 倾听与注意 讲话	阅读 写作	数字、形状、空间与测量	世界 人类与社区 技术	探索与使用媒体和材料 具有想象力	寻找与探索 与伙伴一起 游戏 愿意离开	融入并集中注意力 持续尝试 愿意完成好的事情	拥有自己的想法 创造链接 选择做事方法
年龄及阶段									
30～50个月 表现友好的行为，发起对话与同龄人及熟悉的成年人建立良好的关系。 30～50个月 能够在帮助下选择活动并使用资源。			30～50个月 根据不同任务选择适宜的形状。	40～60个月 在电脑上完成一个简单的程序。	30～50个月 通过按压舞动的手臂以显示制作玩具的技巧，从而实现声音、动作或新图像等效果。				

下一步：
- 重复这项活动以培养莎莉的技能。
- 建议莎莉的照料者与她一起在家尝试这项活动。
- 根据莎莉的兴趣识别她可能喜欢的其他信息通用技术（ICT）项目。
- 用3D表现方式尝试进行活动并查看结果是否相似。

活动 3

观看下方的照片并写下你观察到了什么。

与同学或一位更有经验的同事分享你的记录。你们记录了同样的信息吗?

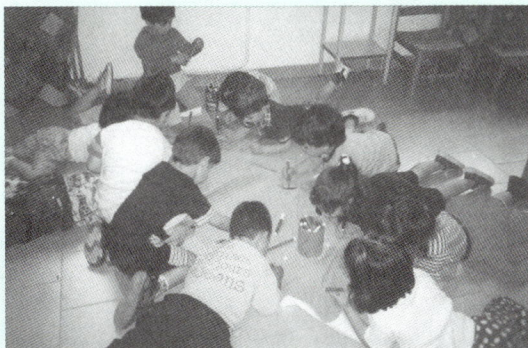

图 3.1 儿童正在绘画

图 3.2 本(Ben)在滑梯上的尝试

案例研究

儿童姓名：维琪（Vicky）

在场的成人人数：1

在场的儿童人数：2

活动：烹饪

区域：写作区域

观察日期：04/02/2012

开始观察时间：下午 1 点 45 分

结束观察时间：下午 1 点 50 分

目的：社会性发展

目标：维琪在多大程度上成功发挥了与别人一起游戏的能力？

观察

两名儿童［维琪和扎拉（Vicky & Zara）］和幼儿园教师［玛利亚（Maria）］在写作区域，他们在一张海报纸上合作写下了一份食谱。

玛利亚：那么，我们需要一杯油，你们还记得我们还写了什么吗？

扎拉：糖？

玛利亚：你还记得我们需要多少杯糖吗？

维琪：三杯和四杯……（她指着水）

玛利亚：（指着"水"这个词）在这里，这里写着"水"。我们需要四杯水。

玛利亚：我们还写了什么？

维琪：两杯那个。

玛利亚：那是什么？

维琪：我不知道。

扎拉：是粗粮吗？

维琪：……粗粮。

玛利亚：我们需要多少杯粗粮？

维琪：……两杯？

扎拉：哪里写着需要"两杯"？

维琪：（指向海报）在这里。

玛利亚：是的。如果你看这里，我们需要两杯粗粮。

评论（这里可能会添加一个简短的评论）：

为了了解配方，儿童正在与玛利亚一起工作。扎拉正在帮助维琪，并且在幼儿园教师的帮助下，他们正在尝试做饭。儿童表现出为共同目的而努力的特点。

对书面观察的评价

由于这是一种非结构化观察，观察者记录所发生的所有事情（如对话、动作、情绪），这为儿童的行为或活动的实施提供了丰富的证据。这种技术的几个优点是，记录：

· 准确

· 完整

· 全面

然而，随着观察的进行，所记录的信息可能会出现上下文脱节的现象，并且可能出现有偏差和不准确的解释。另一个不足是观察者可能会遗漏一些相关的信息，因此呈现出不完整的事件。在繁忙的环境中，观察者是团队中不可分割的一部分，使团队成员全部参与以进行不间断的观察并不总是可行的或实际的。

评定量表

评定量表是记录某些行为或发展方面的有效技术。它是一种有用的技术，因为每种行为的评定都是从最低到最高（或反之）的连续统一的等级，并且它被标记为该等级的某个点。观察者对于儿童的行为在哪个等级范围做出判断。早期儿童阶段最常见的评定量表是《费雷·拉夫斯参与度和幸福感评定量表》（*Ferre Laevers Scale of Well-being and Involvment*），将在稍后部分进行介绍。评定量表有两种主要类型：图形量表和数字量表。这些量表简单易制。首先，你应该确定想要观察的行为，然后绘制一条线并标出沿线的许多间隔点。通常我们使用 5 个间隔点（或者描述一个行为的频率，如经常、有时候、很少或从不；或者行为的持续时间，如 2 ～ 3 次、3 ～ 5 次等。请参阅下方示例）。虽然创建评定量表是一项简单的技术，但观察者应该充分地了解儿童，以便能够做出判断并解释儿童的行为。如果儿童参与设计过程以便他们充分理解，则该技术也可供儿童使用。如果儿童有机会表达自己，那他们通常是自己行为的最佳评判者。

活动 4

在你的早期教育环境中进行至少三次书面观察。为保证记录请设定明确的目的和目标。请你自己清楚这一点，提前确定在哪个时刻进行观察。

评估这个过程，例如：

· 我是否包含了所有的相关信息和细节？

· 我是否包含判断或评论？

· 我是否遗漏了重要的事件？

案例

图形量表（Graphic scale）

目的：社会性发展

目标：在游戏期间儿童等待轮到自己

总是：儿童总是等候轮到他／她

经常：儿童经常等候轮到他／她

有时候：儿童有时等候轮到他／她

很少：儿童很少等候轮到他／她

从不：儿童从不等候轮到他／她

因此，使用这个量表在不同地区和活动中多次观察儿童后，你可以为一名儿童绘制以下图形量表：

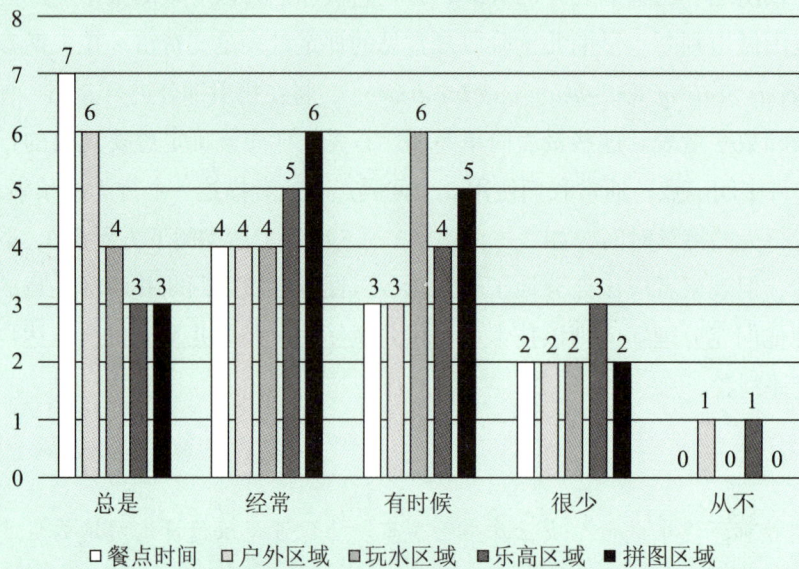

图3.3　儿童是否懂得排队等待

另外一名儿童自我观察的图形量表可以像这样：

一天中的时间	总是	经常	有时	从不
餐点时间	☺			
户外区域		☺		
乐高区域		☺		
拼图区域			☹	
玩水区域				👎
讲故事时间			☹	

可选择标志：

👪　目标：等待轮到我

☺　始终

☺　经常

☹　有时

👎　从不

在儿童使用前向他们认真详细地解释这些符号是非常重要的。儿童可以根据他们是否在等待轮到自己而添加一个可选择标志（如上所示）到图表中。例如在一周的时间内，你可以收集每天的图表（如上表所示），并且你可以使用图形量表作为示例，如图 3.3 所示。这样，儿童就可以对自己的行为进行自我观察和自我评价，并因此积极地参与观察过程。

数字量表（Numerical scales）

数字量表通常用于对某些行为或发展方面的情况进行评分。例如，如果你想调查儿童对某项活动的感受，可以使用数字来完成。

☺　这项活动使我开心（高分数笑脸：10）

☺　这项活动还可以（中等分数笑脸：6）

☹　这项活动我不感兴趣（低分数：1）

在使用之前，仔细地向儿童解释这些符号。使用这些信息，你可以获得儿童是否喜欢某个活动的总体情况（以条形图形式呈现，见图 3.4）。作为一名幼儿园教师，你可以在想要使用小卡片（如代币）的评估区域设置一个盒子，并在其上面使用一些短语，要求儿童在每次使用该区域时将其中一张卡片放入盒子中。在一天结束时，你可以收集盒子并统计有多少儿童使用了某个区域，并根据他们在盒子中放入的卡片，评价这个区域是否受欢迎。

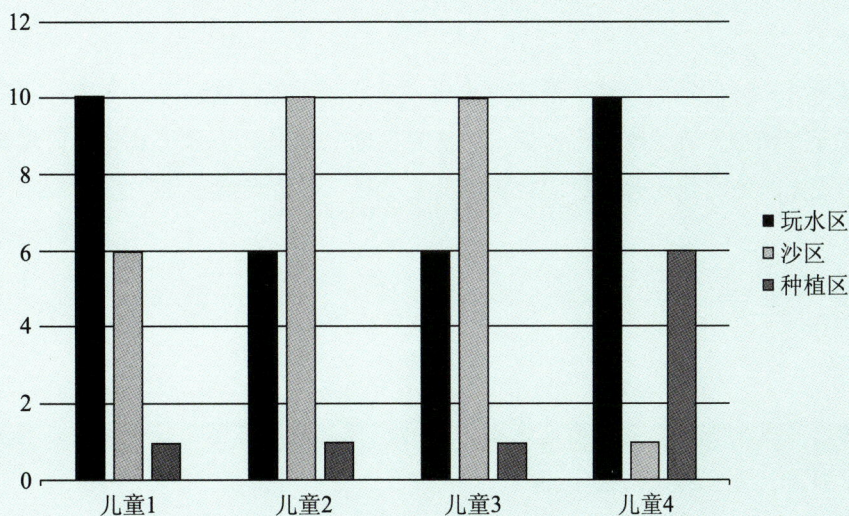

图 3.4　一天中儿童喜欢的活动

费雷·拉夫斯参与度和幸福感评定量表

一个常用的和受欢迎的评定量表是《费雷·拉夫斯参与度和幸福感评定量表》（Laevers，1997，1998，1999，2000）。费雷·拉夫斯的工作主要是研究学前教育质量问题。为了理解什么使得教育环境成为高质量的教育环境，他提出活动和儿童的参与程度是关键因素。因此，他与慕丝（Moons）一起制定了参与度和幸福感评定量表的 10 个行动要点，作为衡量这两个因素的 10 种类型的项目（Laevers & Moons，1997）。这些量表也被称为《鲁汶量表》（见表 3.4），鲁汶（Leuven）是拉夫斯编制这个量表时所在的大学。

《鲁汶幸福感量表》

水平：

1. 极低

儿童清楚地显示出不适的迹象，如哭泣或尖叫。他或她可能看起来沮丧、伤心、恐惧或生气。儿童没有回应环境，他／她避免接触且是退缩的。儿童可能会有攻击性行为伤害自己或他人。

2. 低

姿势、面部表情和动作表现出儿童感到不舒服。然而，这些信号并不像水平 1 那样明显，或者不舒服的感觉并不是一直表达的。

3. 中等

儿童拥有一个中立的态度。面部表情和姿势很少表现出情绪或没有情绪。没有迹象表明悲伤或愉快、舒适或不舒适。

4. 高

儿童表现出明显的满足感（如水平 5 所列出的那样）。然而，这些信号并不总是以相同的强度呈现。

5. 极高

孩子看起来开心、开朗、微笑、高兴地大叫。他或她可能活泼而充满活力。行动可以是自发和表达的。孩子可能会和他／她自己说话、玩声音、哼唱或唱歌。孩子看起来很放松，没有任何压力或紧张的迹象。他或她是开放的，对环境无害。孩子表达自信和自我肯定。

《鲁汶参与度量表》

水平：

1. 极低

活动简单、重复和被动。儿童看起来心不在焉，并且没有显示出任何活力。他／她可能会盯着空间或环顾四周，看看别人在做什么。

2. 低

频繁地打断活动。儿童在被观察了一段时间后会参与活动，但当儿童注视空间或被周围发生的事情分散注意力时，会出现无活动的时刻。

3. 中等

主要是连续的活动。儿童忙于这项活动，但是处于中等的水平，并没有真正参与的迹象。他／她在做些什么的时候会有所进步，但并没有表现出太多的精力和注意力，而且很容易分心。

4. 高

伴有紧张时刻的持续性活动。儿童的活动有紧张激烈的时刻，并且在任何时候他／她似乎都参与其中。他或她不容易分心。

5. 极高

儿童表现出持续的和紧张激烈的活动以显示出最大的参与程度。他／她在几乎所有的观察期间都集中精力、富有创造性、充满活力以及具有坚持性。

（改编自 Laevers, 1994, 2005a, 2005b, 2009; Laevers & Moons, 1997; Laevers et al., 1997）

表 3.4 《鲁汶参与度量表》

儿童姓名：				儿童年龄：		
观察者：				性别：		
日期：				主题：		
成人引导：是／否				儿童发起：是／否		
使用《鲁汶参与度量表》进行观察						
活动	时间	极低	低	中等	高	极高
简要描述环境和活动：						

检核表

检核表是一种非常有用的观察技术。与叙述相比，这是一项相对困难的技术，因为它需要仔细地计划和准备。检核表可以用来记录单个儿童或一群儿童的活动。它们也可以用作以评估为目的的记录活动过程。它们是幼儿园教师的有用工具，可以提供具体信息并为个人或儿童群体的计划活动提供起点。

你正在使用的课程学习领域可以作为创建检核表的起始点。例如，在英格兰的《法定框架》中所描述的学习领域可以为创建检核表提供一个有益的起点，如下方案例所示。但是，它们不能作为一个独立的综合性检核表，并且也不应该独立使用，因为它们需要进一步的开发。你的课程学习领域可以成为检核表的目标，但不是检核表本身（参见第二章有关目的和目标的讨论）。

英格兰的《法定框架》中的学习领域（英国教育部，2014，p.1）。

个性社会性与情绪发展

自信和自我意识：儿童有信心尝试新的活动，并说出为什么他们更喜欢一些活动。他们有信心在熟悉的群体中发言，会谈论他们的想法，并会选择他们所需的资源来进行自己所选择的活动。他们会明确表达自己是否需要帮助。

管理情绪和行为：儿童谈论自己和他人如何表达情绪，谈论他们自己和他人的行为及其后果，并知道某些行为是不可接受的。他们是一个集体或班级中的一部分并且理解、遵守规则。他们根据不同情况调整自己的行为，并依据自己的节奏做出改变。

建立关系：儿童与他人合作、轮流进行游戏。他们重视彼此关于如何组织活动的想法。他们表现出对他人需求和感受的敏感，并与成人和其他儿童形成积极的关系。

你希望专注于将"形成关系"作为你的学习领域目标，因此你可以开始创建具有如下特点的检核表：

下面是一个为3岁儿童创建的个性社会性与情绪发展检核表的示例，以及幼儿园教师在讨论检核表中的信息后实施的行动要点。

在一次讨论该区域检核表的工作会议中，幼儿园教师意识到大多数儿童还没有发展出轮流等候的能力。因此，他们决定采取一些行动，并引入活动和区域以支持儿童轮流使用。以下是行动计划：

1. 在户外区域引入交通灯系统，让儿童等待灯光变化。一旦儿童体验到如何使用交通系统，他们将增加红色交通灯的持续时间，这意味着儿童必须进行等待。

2. 引入参加的儿童人数仅限于3人的两项活动，然后在剪贴板上贴上一个包含儿童姓名的列表，如果儿童想参加一项只有少数儿童可以参加的活动，他们必须写下自己的名字。

3. 创建一个邮局区域，一次只能有一名儿童在"售卖邮票的桌子"的后面，其他儿童如果想成为"邮递员"，则需要取号码卡。

4. 进行更多的烹饪活动并使用计时器，因此儿童必须根据食谱的等待时间进行操作。

设计检核表不是一件容易的事。当你创建一个检核表时请务必包含以下内容：

· 长度要保持简短；

· 包括代表研究中特定行为的条目；

· 包括代表你所观察儿童的年龄条目；

· 确保整个团队都能够理解。

表 3.5 哈利（Harry）的检核表

儿童姓名：哈利（Harry）目的：建立关系目标：轮流进行		
我想要观察到的行为：	证据（如果这种行为发生了你可以打钩，或你可以留出空间写简短的评论）：	日期：
儿童可以轮流等待使用玩具	哈利想要一辆其他儿童正在使用的自行车，他坐在我旁边直到一辆车空闲下来。	08/11/2015
儿童可以轮流等待参加一项活动	√	10/11/2015
儿童放弃当必须等待五分钟以上才能玩一个玩具	哈利等待使用挥杆，但两分钟后他低头抱怨，然后开始朝玩水区走去。√	2/11/2015 3/11/2015 5/11/2015
儿童放弃当必须等待五分钟以上才能成为活动的一部分	√	6/11/2015
儿童轮流等待玩玩具或参加活动	当他们轮流等候荡秋千时，哈利开始与莱昂（Leon）谈话。	13/11/2015
当儿童必须等待玩玩具或参加活动时会大惊小怪	当哈利不能第一个到户外活动时他哭了起来。在没有椅子供他使用时，哈利在音乐椅活动期间抱怨起来。	11/11/2015 12/11/2015 13/11/2015
一名儿童将机会让给其他儿童	哈利选择参加烹饪活动，但是现在把机会让给了艾米莉（Emily）。	16/11/2015
在轮到他/她之前，儿童忙于玩耍其他玩具或参与其他活动	×	11/11/2015 12/11/2015 13/11/2015
当必须轮流等待时，儿童会紧紧地注视着	√	3/11/2015

示例

请你阅读下面的检核表，尝试在讲故事时记录儿童的行为。

1. 以下哪些条目可以捕捉倾听行为？

2. 是否有其他条目要添加到列表中？

3. 对于学前教育工作者来说如何使用这个工具更有价值？

儿童姓名：

日期：

在场的成人人数：

在场的儿童人数：

活动：

讲故事区：地毯

目的：语言发展

目标：倾听和回应

1. 直接看着幼儿园教师

2. 儿童的注意力

3. 面部活动：3a）微笑 3b）印象深刻 3c）漠不关心

4. 使用肢体语言：4a）律动 4b）方向 4c）情绪 4d）放松 4e）感兴趣

5. 询问问题

6. 加入讨论

7. 回答问题

8. 从书中预测事件

活动 5

以你的课程学习目标为指导，为社会性发展创建一份检核表。你将如何在自己的检核表中处理这些目标：儿童作为集体或班级的一部分通过公平分享进行活动？或儿童是否遵守规则？考虑你的观察时间和检核表中包含的具体项目。

在文献中，观察过程和计划的一个关键要素是儿童的参与。学前教育工作者不仅需要让儿童参与观察计划，还需要让他们参与实际的观察。如第二章所述，马赛克方法已经展示了让儿童参与观察过程的方式——通过使用视频和相机。

让儿童参与这样的活动可以通过两种方式来实现：自我观察和观察他人。在这两种情况下，都可以使用许多观察技术（见表3.1）。儿童自我观察提供了详细记录儿童对他们自己的看法和意见的方式。可以使用多种技术，例如儿童的绘画、数字媒体、照片、视频和素描。但是，如果技术的设计方式是儿童可以接触到的，那么他们就有能力使用多种观察技术，下面将通过示例和案例研究在随后章节中介绍这些技术。

如果儿童参与了检核表的开发，那么检核表就可以成为儿童进行自我观察的有用工具。

案例研究

象形检核表

目的：评估儿童在自由游戏中的社会性发展

目标：户外游戏期间的互动

表 3.6 儿童自我观察检核表

社交游戏	条目的象形图示	儿童自我观察
相比于自己游戏更喜欢看着他人进行游戏		
喜欢独自进行游戏		
喜欢拥有自己的玩具		√
喜欢与他人一起玩耍		√
喜欢加入他人已经组织好的游戏		
喜欢成为组织者		√
喜欢分享玩具		√

注意：当象形检核表开发供儿童使用时，所有图像都需要非常仔细地向他们解释清楚。

对检核表的评价

如果编制得当，检核表可以成为快速、简单和高效的观察工具。检核表可以被重复使用和调整适应——检核表中的空白可以用来记录，儿童可能会表现出意料之外的行为或者环境的特殊要求。当儿童在场时要谨慎使用检核表。许多不同的观察者可以使用相同的检核表来确保收集的信息一致、准确和可靠。但是，没有任何一份检核表是全面的，它们应该不断接受补充和修正。检核表可以成为儿童观察自己或他人的参与性工具，因此它可以增加儿童在早期教育环境中一日生活及常规的参与程度。

使用检核表的一个主要不足是，如果在观察过程中发生不可预见的事件，有关儿童或活动的重要信息可能未被涉及。由于这种方法需要观察者是儿童发展方面的专家，因此儿童和家长参与其准备工作可能会受到限制。虽然检核表提供了广泛的信息，但它们可能缺乏深入的细节。最好将它们与其他技术结合使用以确保收集足够的信息。

图示

这是一种专注于特定目的的观察技术，它包括许多不同的方法：
·路径图的使用
·社交图的使用
·直方图的使用
·条形图和饼状图的使用

路径图

路径图用于记录儿童在自己选择活动上花费的时间或他们被要求做活动的时间。这并不能解释为什么儿童要花时间在一项活动上或儿童曾经做过什么——它只关注时间，以便找出你需要进行其他类型观察的原因，例如书面观察。

当你想要进行如下操作时路径图将是一个有用的工具：
·观察儿童注意的广度；
·调查儿童喜欢的游戏区域；
·评估儿童到访一个区域的次数；
·追踪教室内不同区域的使用情况。

路径图可以提供上述观察的定量证据。然而，它并不能帮助你解释一个特定行为为何发生。例如，你可能想要观察儿童的身体发育情况，因此你可以使用路径图来调查儿童在白天活动的方式。你可以追踪他们去过哪里（例如，隧道区域、操场等）。在这种观察中，儿童可以积极参与。例如，你可以在每个区域放一个袋子和不同颜色的石头或乐高零件。每名儿童都有属于自己的颜色，当他们在使用某个区域时会将彩色石头或乐高零件装入袋中。在一天结束时，你可以计算出一名儿童使用每个区域的次数。但是，总会有这样的风险，即儿童可能会忘记这么做，或者每次放不只一块石头或乐高零件，因此幼儿园教师要在一日生活中予以记录。

示例

　　你正在计划改变教室中的学习区域。你想要调查在儿童自由游戏中哪个区域最受欢迎以便你可以丰富这些区域。那些儿童使用频率较低的区域可以被取消或重新安置。你计划使用一周时间进行观察，并且你将使用路径图来完成观察。调查结果表明，乐高区域是近来最不受儿童欢迎的区域，因此你决定更改并使用其他建构材料替代它（见图3.5）。

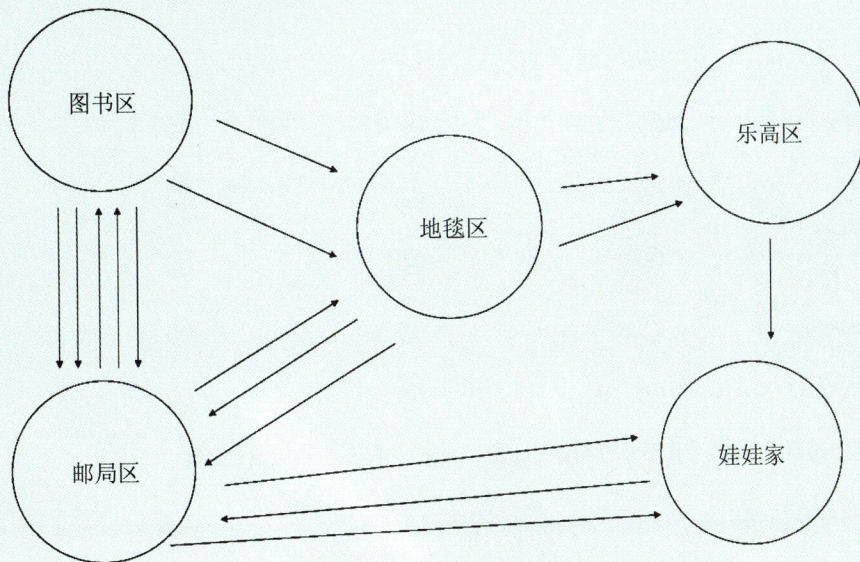

图 3.5　路径技术图

社交图

　　这项技术的关注点是社会性发展。这是一个有用的工具，可以调查儿童在日常中如何与他人进行互动。它调查儿童与其他儿童或成人的关系，并可以了解儿童在群体中的受欢迎程度。

　　这项技术的主要优点是加快了观察社会性发展的进程。然而，跟路径图一样，它不能解释事情发生的原因，只能告诉我们发生了什么。随着儿童关系的迅速变化，社交图也可能会提供误导性信息。

示例

观察的目的是调查儿童如何与成人和同伴建立关系。具体目标是调查哪些儿童在大的班级团体中形成了小的友谊团体。你向儿童展示三张照片：微笑的脸、悲伤的脸和中性的脸。然后要求儿童选择一张照片来描述他们与其他孩子玩耍时的感受，如表3.7所示。

表 3.7　社交图技术的示例

儿童	格雷戈里（Geogery）	埃里森（Alison）	格林（Gren）	拉杰（Raj）
约翰（John）	☺	☺	☺	☹
凯蒂（Katie）	☺	☺	☺	☺
马修（Mathew）	☺	☹	☺	☺
埃瑞克（Eric）	☺	☺	☺	☺
乔治（George）	☹	☺	☺	☺
艾哈迈德（Ahmed）	☺	☺	☺	☺
阿利亚（Alia）	☺	☹	☹	☹

☺ 我喜欢与他/她玩　　☺ 我不介意与他/她玩　　☹ 我不喜欢与他/她玩

活动6

你能对这个社交图做出解释吗？

你能确定哪名儿童在被问到的儿童中拥有最多的朋友吗？

你能确定哪名儿童在被问到的儿童中最不友好吗？

直方图

直方图是随着时间的推移追踪儿童发展的有用技术。它们可以提供一段时间内发生的行为模式。直方图是条形图的一种特殊形式，其中收集的信息被连续地表示而不是离散的分类。这意味着在直方图中，表示不同类别的列中没有空白。直方图的主要优点在于可以长时间关注儿童的特定行为，如下面的示例所示。

示例

奥斯卡（Oscar）2岁7个月大。幼儿园教师想要评价他的语言发展水平。以下是3个星期的各种观察摘要汇总：

第1周：为了鼓励奥斯卡讲话，我们收集了各种各样的活动和一些房子的照片。尽可能将所有内容制作为两份，并将一份拷贝粘贴到实际物体上。幼儿园教师与奥斯卡合作了大约1个月，并采取了干预措施来支持奥斯卡的语言发展，他已经知道如何使用单词发音来询问他想要了解的内容。尽管他被鼓励使用双字组合，但在这个月内没有任何进展。

第2周：奥斯卡喜欢浏览照片，并且要求幼儿园教师指出照片中的不同的人。另一个资源包已经制作完成并由奥斯卡带回家，以便他的家人可以在家中重复这项活动。当奥斯卡看照片时，他会问"做什么（what doing）？"教师随后会解释照片中发生的事情。奥斯卡通常会复述教师所说的最后一个单词。教师试图打乱这个句子，鼓励奥斯卡先复述每个单词，他很乐意完成这项任务。然后教师要求他一次复述两个和三个单词的组合。偶尔他会设法复述两个单词，但很少一次复述三个单词。

第3周：幼儿园教师已经设计了一个"现在和将来"板子与照片配合使用。奥斯卡喜欢把照片放在板子上，但不按教师设计的意图使用板子。教师开始与奥斯卡一起使用板子，以便他能够在短时间内了解双动作序列计划，但是当奥斯卡不想参与某项活动并且在活动期间出现破坏性行为时，这一方法并没有奏效。

然后，幼儿园教师利用观察中的所有信息为这三周奥斯卡的语言使用创建了一个直方图，以检查他的语言发展是否取得了进展：

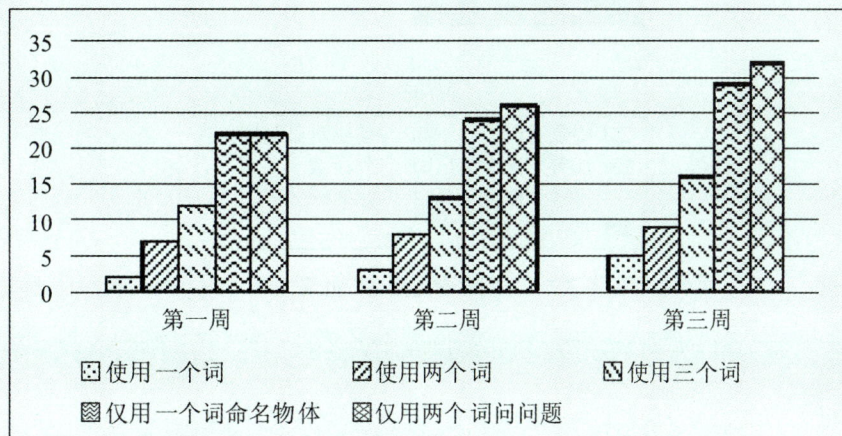

图 3.6　根据三周的观察条目绘制奥斯卡的语言发展直方图

一旦幼儿园教师创建了直方图，她就能够为将来的几周做好计划——下面是一些操作的案例：

接下来的步骤：

1. 继续尝试与奥斯卡一起使用"现在和将来"板以鼓励他运用三个单词的组合。

2. 引入一张可视的时间表，帮助奥斯卡了解一日常规并继续重复三个单词的句子。

案例研究

阿利亚，2岁3个月，一直难以适应课堂生活。参加课程一个月后，她每天仍在哭泣并要求找妈妈。幼儿园教师决定在一段时间内观察她，发现她哭得最厉害的时间段。在自由游戏、入园时间、讲故事时间、户外游戏、加餐时间、与玩动物玩具（这是她最喜欢的活动）和唱歌时间，教师连续观察了阿利亚一个星期。如图3.7所示，她在本周入园时间和唱歌时间哭得最厉害。

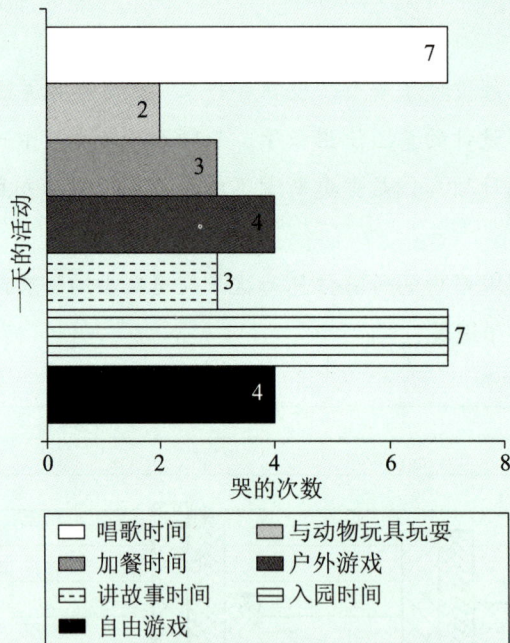

图3.7 早期课堂生活适应的直方图

活动7

你能否计划一些活动来帮助阿利亚适应从家庭到幼儿园的过渡？你打算如何跟进观察计划？

条形图和饼状图

这些都可以作为收集个人和儿童群体信息的技术，可以通过制图提供观察记录结果的可视化图示。例如，儿童如何进入环境中。其他可能包括儿童在学校吃什么，一日生活中男孩更喜欢哪些区域，女孩更喜欢哪些区域，或者男孩在户外游戏时做什么。

案例研究

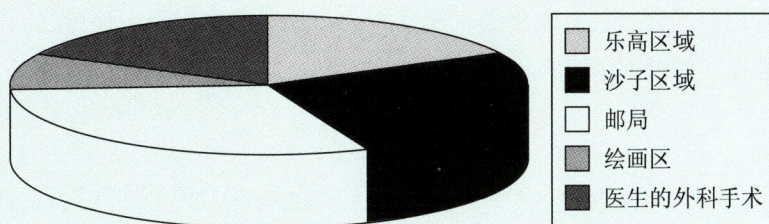

图 3.8 关于课堂中男孩喜欢的活动的饼状图

图例：
- 乐高区域
- 沙子区域
- 邮局
- 绘画区
- 医生的外科手术

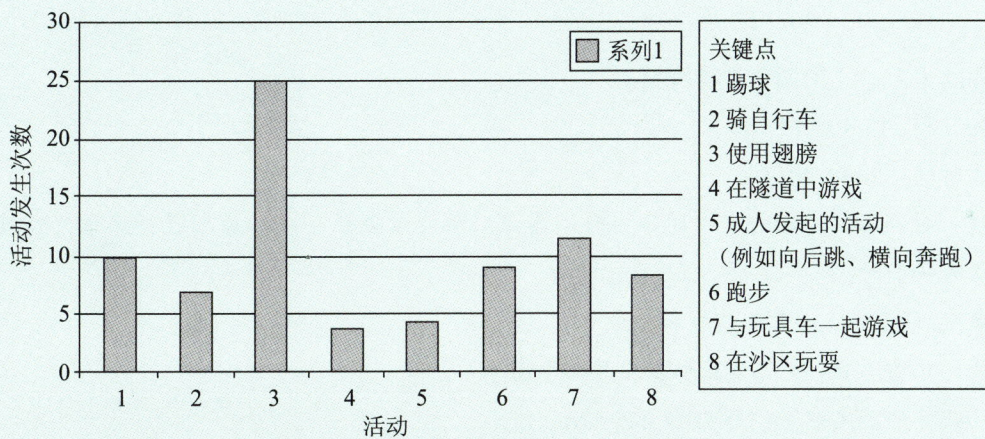

图 3.9 关于户外游戏时男孩喜欢的活动的条形图

关键点
1 踢球
2 骑自行车
3 使用翅膀
4 在隧道中游戏
5 成人发起的活动
（例如向后跳、横向奔跑）
6 跑步
7 与玩具车一起游戏
8 在沙区玩耍

抽样

抽样的目的是确定一个特定行为如何以及何时发生。抽样的重点在于特定行为的持续时间。例如，你想要调查一个两岁半的儿童能保持多长时间的注意力并专注于故事讲述，或者 3 岁的儿童多久去一次玩沙区。

时间抽样

观察者记录一段时间内是否发生某些行为。时间抽样的重点是特定行为的持续时间。随着时间抽样记录一段时间内的行为，重点显示所选行为的频率。

时间抽样的主要优点是：

· 比其他技术花费的时间和精力更少；

· 当你知道你正在寻找的行为时，它可以帮助你保持客观；

· 你可以同时收集大量儿童或大量行为的数据，并在给定的时间段内每隔一段时间提供信息；

· 它显示行为的频率。

但是，时间抽样不是开放式的。你可能会错过重要的行为，因为你只是记录了它们的频率而没有描述行为。时间抽样因此局限于经常发生的可观察行为。这通常聚焦于一种行为，因此可能会得到一个偏态的儿童行为数据，如以下示例所示。

示例

爱丽丝（Alice）的时间抽样观察

开始日期：18/10/2013

完成时间：20/10/2013

方法：时间抽样，在一天中的不同时间尝试对触发爱丽丝不安的原因进行记录，持续一周，时间间隔为一小时

发展领域：PSED：管理情绪和行为

在场的儿童人数：包括爱丽丝在内的四个孩子

在场儿童的英文缩写：NK, BN, SP, AM

年龄：11个月

性别：女

爱丽丝已经进入班级两个月左右的时间，似乎正在努力适应。爱丽丝参与到班级中，关键教师（Key Person）于10月18日开始试图确定爱丽丝在班级中不安的可能原因。观察目的是确定可能影响爱丽丝的任何原因，并与爱丽丝的母亲合作确定解决方案。

表3.8　时间抽样观察

日期	时间	关于发生事件的描述
18/10	上午7:10	爱丽丝和她妈妈一起到达。她进入班级并高兴地让妈妈把她交给她的关键教师。她向妈妈挥手告别。关键教师将爱丽丝带到游戏室并让爱丽丝坐在自己的膝盖上。
	上午7:30	关键教师选择爱丽丝喜欢的玩具并将它们放在地板上。关键教师坐在地板上，爱丽丝仍然在她的膝盖上。

续表

日期	时间	关于发生事件的描述
	上午 7:50	关键教师将爱丽丝放在地板上挨着自己，仍然靠得很近。爱丽丝开始哭泣。关键教师试图通过爱丽丝最喜爱的玩具并以舒缓的声音说话来让她参与其中。爱丽丝继续哭泣直到她的关键教师在五分钟后抱起她。爱丽丝立即停止哭泣并开始微笑。
	上午 8:00	BN进入房间。爱丽丝仍然在关键教师的膝盖上，但开始哭泣。这持续了大约五分钟。没有其他幼儿在她附近。
18/10	上午 10:45	关键教师将爱丽丝安置在地板上并给了玩具，关键教师仍然保持很近的距离。关键教师班中的另一名幼儿需要换尿布。关键教师离开游戏室，另一个关键教师在场，并在爱丽丝开始哭泣时试图分散她的注意力。
	上午 10:55	关键教师重新进入房间，爱丽丝仍在哭泣。关键教师坐在她身边，搂着她，但没有把她抱起来。爱丽丝继续尖叫。关键教师离开五分钟后回来抱起她，爱丽丝停止哭泣。
	上午 11:05	爱丽丝一直坐在关键教师的膝盖上。
	上午 11:15	关键教师将爱丽丝带入户外游戏区。关键教师坐下并将爱丽丝放在她旁边。爱丽丝微笑着开始探索该区域。
	上午 11:25	爱丽丝转身朝关键教师微笑，但继续独自游戏。她爬到沙坑里，与另外三名幼儿进行平行游戏。爱丽丝对其他幼儿微笑并尝试以社交方式参与到他们中。
	上午 11:35	关键教师起身离开该区域。爱丽丝立刻开始哭泣并试图追赶她。
18/10	下午 2:00	幼儿们正在捏橡皮泥。关键教师将爱丽丝带到工艺桌上，并演示如何挤压和玩橡皮泥。爱丽丝站在桌边，关键教师的胳膊搂着她。爱丽丝微笑并尝试照着做。
	下午 2:10	爱丽丝已经失去了对这项活动的兴趣。关键教师回过头来看爱丽丝是否会选择她下一步想去的地方。爱丽丝开始哭泣，爬向关键教师并抱着她的腿。关键教师弯下腰安慰地和爱丽丝谈话，并鼓励她看一看玩具。爱丽丝继续哭泣，然后开始尖叫。爱丽丝坐在地上并上下击打她的腿。当关键教师抱起她时爱丽丝稍稍冷静了下来。
	下午 2:20	爱丽丝仍然不高兴，并且发出轻微的抽泣声，关键教师继续抚慰着她。
	下午 2:30	爱丽丝现在已经安顿下来并开始喝一瓶牛奶。
	下午 2:40	关键教师尝试将爱丽丝放置在地板上，并用宝物篮中的物品围着她。关键教师坐在爱丽丝旁边和她谈话。爱丽丝笑起来并开始游戏。
	下午 2:50	门铃响了，爱丽丝开始尖叫。关键教师抱着她，但爱丽丝没有得到安慰。
19/10	上午 9:00	爱丽丝出现了与昨天早上类似的情况，关键教师仍然试图让她冷静下来，因为她不得不换掉另一名幼儿的尿布，而爱丽丝则表现得心烦意乱。
	上午 9:10	关键教师给爱丽丝穿上外套，并将她带到外面。爱丽丝在关键教师的膝盖上坐了几分钟，然后自己下去了。爱丽丝走到沙坑并开始玩沙子。爱丽丝站在一个让自己保持在关键教师视线内的位置。
	上午 9:20	爱丽丝走到小攀爬架旁，看着其他幼儿在玩耍。爱丽丝在滑下滑梯时微笑着。爱丽丝走到玩具厨房，玩起了开门关门的游戏。
19/10	上午 9:30	另一名幼儿拿了一本书给关键教师，关键教师开始阅读故事。爱丽丝走过来站在幼儿们的对面，他们都能看到书。两名幼儿都指向关键教师正在阅读的图片。

续表

日期	时间	关于发生事件的描述
	上午 9:40	关键教师决定在户外进行计划好的音乐会，因为所有幼儿都喜欢在户外。幼儿们加入，爱丽丝笑了并鼓起掌来，但她仍然独自站立。
	上午 9:50	其他所有的幼儿都选择进入室内，关键教师不得不将爱丽丝带回室内。几分钟之后爱丽丝开始哭泣。关键教师必须帮助其他幼儿脱下他们的外套，等到这一切结束时，爱丽丝已经泣不成声。
20/10	下午 1:00	今天早上跟过去几天的模式类似，关键教师在户外待了很久。关键教师决定将沙盘带入班级中，并放置在大玻璃门旁边，让它有一种户外的感觉。爱丽丝刚吃过午饭，坐在关键教师的膝盖上。关键教师带她来到沙盘并站在旁边。爱丽丝微笑着立即开始在沙盘上玩耍。关键教师坐在附近，但没有近到可以触摸到爱丽丝。
20/10	下午 1:10	爱丽丝看着关键教师并微笑着继续玩。然后爱丽丝带着各种各样的玩具和材料走向关键教师并给她看，但经常返回沙盘。
	下午 1:20	爱丽丝正表现出失去兴趣的迹象，因此关键教师将水引入沙子。这重新激发了爱丽丝的兴趣并继续游戏。
	下午 1:30	爱丽丝现在已经玩够了，靠近关键教师，但站在她旁边，看起来并不想被抱起。另一名幼儿选择了一本书看，两名幼儿与关键教师一起看这本书。
	下午 1:40	另一名幼儿去了沙盘。爱丽丝看了她一会儿，然后跟着她。爱丽丝与她一起玩，并一直观察并试图模仿她的动作。

案例研究

幼儿园教师对瓦尔（Val）表现出的攻击行为有些担忧，决定对她进行观察，以了解瓦尔表现出不适当行为的频率，这些行为已对其他儿童造成困扰。

在准备时间抽样的时候，重要的是确定什么是不适当行为。因此，幼儿园教师根据她正在使用的课程，强调了一些可以轻松观察和测量的具体行为，同时为了简化和加快观察过程，她给每种观察行为进行了编码，如下所示：

1. 轮流使用；

2. 在别的儿童结束之前从他们那里拿走玩具；

3. 击打其他儿童；

4. 推搡其他儿童；

5. 对其他儿童大喊大叫。

或者，你可以为各个条目使用每个条目的第一个字母进行编码。你可以自行决定如何最好地编码。然后，你需要决定何时进行观察——例如，离园时间、户外游戏、读写活动等。这项观察的重点是记录瓦尔何时表现出不适当的行为。

表 3.9 时间抽样技术的示例

活动	时间	观察到的行为
离园时间	上午 8：45	1 4 5
	上午 9：15	2 3
户外游戏	上午 11：15	5 5 4 3 3
	下午 2：20	3 1
讲故事	上午 10：30	1 3
绘画区	下午 3：00	3 5 4 2 2
舞蹈活动	上午 11：45	4 4 4 4 4 5

事件抽样

观察者记录一个特定的、预选的行为。事件抽样用于研究发生特定行为的情况。了解触发某种特定行为的因素很重要，例如咬人。

事件抽样有助于保持行为事件的完整性。这可以使分析更容易、更客观，因为它可以提前定义行为。这也有助于记录不良行为。然而，它可能会将事件置于情境之外，因为观察到的特定行为可能会缺乏细节。

案例研究

表 3.10 事件抽样技术的示例

行为	离园时间	户外游戏	讲故事时间	园艺活动
轮流使用	**	*		****
击打其他儿童	****	********	****	***
推搡其他儿童	*******	*****		**
对其他儿童大喊大叫	*	****		*

事件抽样可以帮助你调查一日生活中不同时间发生的行为，并且可以通过抽样确定发生的次数。通过这种方式，你可以制订策略来鼓励或制止某些行为。

数字媒体

通过现在广泛使用的各种可访问的电子媒体，学前教育团队可以使用多种技术来改进观察过程。数码相机或数码录像机可以用于增加观察维度。摄影证据或录像证据不能取代传统的观察技术，如叙述、检核表、抽样和图示方法，但它们可以作为观察过程中的附加工具。它们提供关于事件的准确信息，因为其能够客观地捕捉所有事件。马赛克方法（在第二章中提到）提供了一个很好的例子，说明如何使用媒体技术作为通过活动收集儿童取得进步的信息的有用方法。在马赛克法中，演示了媒体技术如何成为鼓励儿童参与数据收集的有力工具。它们采用媒体技术作为与儿童一起使用的参与性技术，使得儿童能够积极参与观察过程（Clark & Moss，2001）。

在使用数字技术时我们可能要考虑到，对于一些儿童和幼儿园教师来说，拍摄照片或录制视频可能会使观察者具有侵扰性，因为他们可能反对拍照或录像。它还消除了匿名和保密因素，这可能会影响儿童的行为并使其行为失去自发性。另外，值得指出的是，观察使用的数字媒体可以作为叙事的表现形式，我们不能忽视这样一个事实：它们说明了叙述的顺序；它们的解释是受个人经验的影响。萍科（Pink，2007，p.21）在下面的摘录中提到了这个问题：

> 视觉研究方法（在我们的案例中是视觉观察技术）不是纯粹的视觉。相反，它们特别关注文化的视觉方面。同样，它们不能独立于其他方法使用——既不是纯粹的视觉民族志，也不是纯粹的视觉文化方法。

本特森（Bentzen，2009）也告诫我们，在观察中使用数字媒体会带走那些我们能够通过刺激感官获得的信息。

这一点将在下一章讨论如何分析数字媒体时进行阐述。

> 我们的大脑使我们看到的远远超过相机"看"的能力。但是，观察变得复杂正是因为我们用感官信息做的事情要比相机能够感知的信息多，每个人所感知的信息有所不同，甚至同一个人两次不同时间所感知的信息也不相同。因此，两个人虽然能够通过视觉察觉到同一个物体，但是以不同的方式进行。
>
> （pp.5-6）

活动 8

写下你在下面一系列照片中看到的内容。将你写的内容与你的同学或同事进行比较。你是否能够确定你们的记录是相似的还是不同的？以什么样的方式进行确定的？

图 3.10 哈利正在玩士兵与海盗的游戏

图 3.11 艺术作品展示

图 3.12 户外游戏：儿童在瓶中装入彩色水的体验

在实践层面上，可以使用数字技术来促进你将观察结果归档。根据你的解释将观察结果保存在文件夹中意味着可以通过 U 盘让其他员工或儿童的父母带回家轻松分享（当然，首先询问父母是否需要，以及他们是否有相关设备的查看。要避免信息过多，这可能会使他们不想去看）。使用数字存储空间使你能够共享比纸质文件更多的信息。通过在数字设备中保存观察数据，你可以轻松地看到儿童全年的进步情况，还有一些喜欢丰富信息的家长也可以访问这些数据。

现在还有一些应用程序（App）可以上传到数字设备上，例如，使用在线观察的平板电脑，就像以下案例研究中幼儿园教师所做的一样。

案例研究

安吉（Angie）如何使用应用程序进行观察

安吉是英格兰的一名幼儿园教师，并在接待课堂（Reception classroom）上与儿童一起实施《法定框架》，该体系要求她每天进行观察，以便在年底完成早期教育纲要档案：

我曾经在之前的班级中使用过一个名为早期生活常规（Orbit Early Years）的应用程序。在我目前的学校，我们正在使用一个在线观察／追踪项目——EAZMAG。这允许我将照片放入叙述中，根据年龄和阶段进行调整，注意有效学习的特点并记录下一步。在学期结束时，它整理了所有的观察结果，并给了我一个"适合早期教育纲要所提出的 17 条标准的建议"——这是可以编辑的，所以如果它与我的专业判断相悖，我可以修正它。它还将所有的观察结果都写入了我在家长咨询期间向家长们展示的学习之旅，并且在结束的时候家长收到了他们孩子学习旅程的纸质副本——一个很好的纪念品。它像许多电子观察工具（例如 Tapestry 和 2Simple）一样形成报告和跟踪。

活动 9

尝试对不同的观察技术进行评价。你的评价应旨在回答以下问题：

1. 这种观察技术是否能帮助我获得丰富的信息来调查／回答我的具体观察目的／重点／目标？
2. 使用这种技术的优点是什么？（它们总是需要与观察目的／目标／重点联系起来。）
3. 使用这种技术的缺点是什么？（再次重申，它们必须与你的观察目的／目标／重点联系起来。）

虽然这些应用程序不是观察结果，但它们对于幼儿园教师及其班级都非常有帮助。尽管数字媒体的使用有许多积极因素，但正如将在第五章中讨论的那样，使用它们会产生法律和伦理方面的影响。有关儿童活动、发展和学习的在线信息在被与儿童无关的第三方看到可能有暴露儿童隐私和个人信息的风险。不能否认的是，数字媒体可以融入到学前教育的日常工作中，并且已经有人这样做了。软件包、移动应用程序、云计算服务、内联网和其他平台需要与安全系统一起使用，在观察中保护儿童的个人信息。如果你使用数字媒体为观察提供便利，你需要确保你的信息得到保护。由于数字信息可以无限期存储，因此必须确保有系统来保证你收集、使用并与父母分享的信息得到保护（详细信息请参阅第五章）。

总结

本章讨论了在学前教育中可以用来观察儿童和评价教育计划及其活动的最常用方法。两种主要的观察方法是参与式观察和非参与式观察。非参与式观察包括：

- 书面观察；
- 评定量表；
- 检核表；
- 图示观察；
- 抽样观察。

下一章旨在讨论我们如何记录和分析观察结果。

扩展阅读

更多关于观察技术的大量示例，请参阅以下作品：

Bruce，T，Louis，S and McCall，G（2015）*Observing Young Children*. London：SAGE.

Riddall-Leech，S（2008）*How to Observe Children*（2nd edition）. Oxford：Heinemann Educational Publishers.

Salaman，A and Tutchell，S（2005）*Planning Educational Visits for the Early Years*. London：SAGE.

Smidt，S（2015）*Observing，Assessing and Planning for Children in the Early Years*（2nd edition）. London：Routledge.

第四章

观察结果的分析与存档

本章目标

通过阅读本章内容，你将：

· 理解观察记录的分析过程；

· 对观察记录有效和错误的解释加以区分；

· 理解观察记录存档的重要性；

· 探索不同的存档方法；

· 理解对观察结果的分析与存档如何指导儿童的形成性评价和总结性评价。

观察记录的分析与存档是观察计划的基本组成部分。每个幼儿园教师团队都应该根据自身情况寻找合适的方法去分析观察中的发现。

引 言

　　本章旨在讨论观察计划的最后一步。在前面几章的内容中，我们已经讨论了观察的目的、提出了教师团队面对的关键问题、父母和儿童的参与以及明确的观察目的和目标的重要性。关于观察目的和目标的问题已经解决，以证据收集为目的的多种观察技术已经在第三章中进行了介绍。接下来我们将探讨对观察记录的分析。

分析观察结果

　　当我们通过观察收集到了信息，接下来就需要对观察结果进行分析，这是需要所有幼儿园教师团队成员参与的过程。观察结果分析是对所有观察结果数据的处理，旨在针对焦点儿童或整个教育计划构建完整的描述。

　　观察结果分析是观察过程中非常困难的一部分。它要求分析者保持客观性并仔细考虑所有事实，以对每个儿童提供准确的描述，并对教育计划进行准确评估。

　　为了解释观察结果、检查采集的数据，分析者透彻地阅读观察记录至关重要，阅读之后，分析者需要寻找对所记录特殊事件的合理解释。幼儿园教师是忙碌的，他们不仅需要照顾儿童、为儿童提供高质量的教育环境和师幼互动，还需要实施教育课程。在如此忙碌的工作步调和工作负担下，教师可能即使收集了观察数据也不会尝试解释它们。但是，一旦进行了观察，观察结果的分析必须尽快进行，因为记忆会随着时间逐渐淡化……

理论聚焦　　　　　　　　　　　　　　　　　　　　　　　　　　　　　　**分析**

有效的解释：这个可能的解释是否源自于你所观察的行为？

错误的（或者有偏见的）解释：这个可能的解释是否源自于你的个人观点？

结论：这个判断是否是基于有效解释（以积累的观察记录为基础）得出的？

合理的结论只能来自于对行为观察的记录，不应带有偏见，也不应出自于个人观点。

案例研究

　　观察记录：维克不借给凯利她的橘色铅笔。

　　一个有效且正确的解释可能是这样的：

· 维克还在用她的铅笔所以她没有给凯利。

　　一个带有偏见或者错误的解释可能是这样的：

· 维克不知道如何分享。

在上述例子中，我们没有足够的证据去支持维克是否想要分享，做出该解释是基于我们对维克作为一个孩子的个人看法而不是基于记录的观察结果。

以记录结果作为证据很容易得出不合适的结论。在观察过程中，观察者必须立即决定需要记录的内容，这可能造成记录结果较为肤浅或直接导致对记录结果不可靠的解释，然而我们没有机会在事后将观察到的行为准确地复制。另外，当所观察到的行为发生前的背景信息无法获得时，我们也可能得出错误的结论。因此，不同观察者或同一观察者在一天中的不同时间段或者几天内重复观察将有助于验证观察记录的可靠性。

活动 1

观察图片中的男孩乔治，并且写出你所看到的内容。

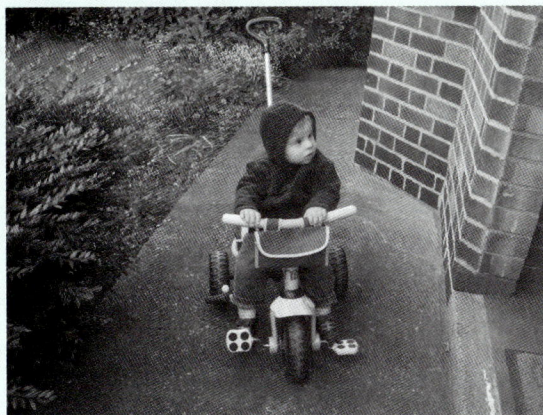

图 4.1　自行车上的男孩

你的观察记录是否与下面的内容类似？

观察记录：乔治正坐在自行车上。

这有两种解释：

1. 乔治能够骑自行车。

2. 乔治知道如何坐在自行车上。

以上两种解释中，哪一个解释是错误的，哪一个解释是有效的？你能够得出哪些有效的解释呢？

观察可以提供高度准确、详细且可证实的信息（Moore，2001）。然而，正如在第二章提到的那样，观察很容易产生偏差。当观察者缺乏对有意义的事件的关注或者观察者记录了他们认为自己看到的事情而不是事实上发生的事情时，偏差就发生了（Simpson & Tunson，1995）。所以，分析观察记录过程的最后一步是得出结论，而结论的得出应该基于观察者对观察记录的一系列有效且正确的解释，需要更多的证据支持。正如上文提及的那样，观察的结论应该是根据对一系列时间下的多个观察结果做出的有效判断。例如，如果在上述案例中，我们有一系列不同的观察记录表明维克在一天的不同时间或者不同的活动中都不把任何玩具或者物品给其他儿童，我们才能得出结论：维克不知道如何分享。

分析观察记录是观察过程的基本组成部分。所有的幼儿园教师团队、父母和儿童照料者的参与都至关重要。对观察结果的记录和分析的质量将决定据此所做出的评价的质量（Lally & Hurst，1992，p.79）。

拉利和赫斯特（Lally & Hurst，1992）提出了分析观察记录的框架，他们提出的一系列建议能够帮助教师开展关于儿童评价的讨论。

- 了解儿童先前经验并在此基础上进行分析。
- 以观察结果为依据进行儿童评价。
- 进一步提出关于儿童经验的问题（这可能与法规、同伴或成人参与的影响作用有关。通过这种方式，一次观察可以激发更进一步的研究）。
- 运用得到的信息来设计支持儿童未来学习的课程。
- 相互交流，共享观察分析结果（Lally & Hurst，1992，p.90）。

显然，当教师在特定的课程指导下开展工作时，其工作也会在正式的评价框架下运行，例如英格兰的《法定框架》或者威尔士《儿童基础阶段学习框架（3～7岁）》。正如第三章提到的，这两种课程均要求幼儿园教师创建儿童发展和学习情况的个人档案，均要求教师按照一定的标准给儿童评分。将这些要求转化成一系列问题，能帮助你分析观察结果。

- 观察告诉了我们哪些关于儿童的经验和发展的信息？
- 观察告诉了我们哪些关于儿童的兴趣、技能、发展和学习成就的信息？
- 你还需要哪些信息去完整评价每个儿童以全面了解其发展状况？
- 观察如何帮助你、儿童、父母及学前教育机构分享信息以促进相互间的合作关系？
- 观察如何帮助你评价课程活动实施情况？
- 你的观察有没有达成观察计划的目的和目标？

在完成所在课程（如英格兰的《法定框架》或者威尔士的《儿童基础阶段学习框架（3～7岁）》）或所处幼儿园教师团队所要求的评价之前，教师需要通过以下步骤对观察记录进行分析。第一，以儿童发展为指导，聚焦儿童个体并创建儿童发展的个人档案。在所处的特定课程下，教师可以比较不同儿童在特定发展领域所达到的发展程度、儿童的优势所在以及需要给予更多关注的地方以促进儿童的发展。例如，在考察一个儿童的个性社会性和情绪发展时，英格兰《法定框架》评估量表能够为教师提供儿童的正常发展标准。威尔士《儿童基础阶段学习框架（3～7岁）》的纲领性文件中提出的技能阶梯同样能够成为教师的指南。因此，基于通过混合观察方法积累的数据信息，教师可以构建特定儿童在课程进展过程中所取得的进步，这会帮助教师计划合适的活动来支持该儿童的发展与学习。

第二，教师可以回顾反映了课程目标的观察目的，将其与观察结果进行比较，以此评估实施的教育活动是否有效促进了儿童的发展。

活动2

你已经搬到了威尔士并且在学前儿童教育机构中找到了一份工作。因此，你必须遵照威尔士《儿童基础阶段学习框架（3～7岁）》的纲领性文件中提出的促进个性社会性与情绪发展、幸福感与文化多样性的儿童技能阶梯目标，包括：

- 社会互动；

· 行为管理；

· 对他人的回应；

· 生活自理。

（获得完整文件请访问 http：//gov.wales/topic/educationandskills/earlyyearshome/foundation-phase/foundation-phase-profile/?lang=en）

思考：

1. 如何整合教师所收集的儿童各项技能的发展情况？

2. 如何与父母交流儿童发展情况？

3. 如何确保儿童参与其中？

4. 可以得出哪些影响下一步计划制订的观点？

观察记录的存档

观察计划的最后一个阶段就是观察记录存档。同样地，幼儿园教师团队、父母和儿童都应参与在这一过程中。

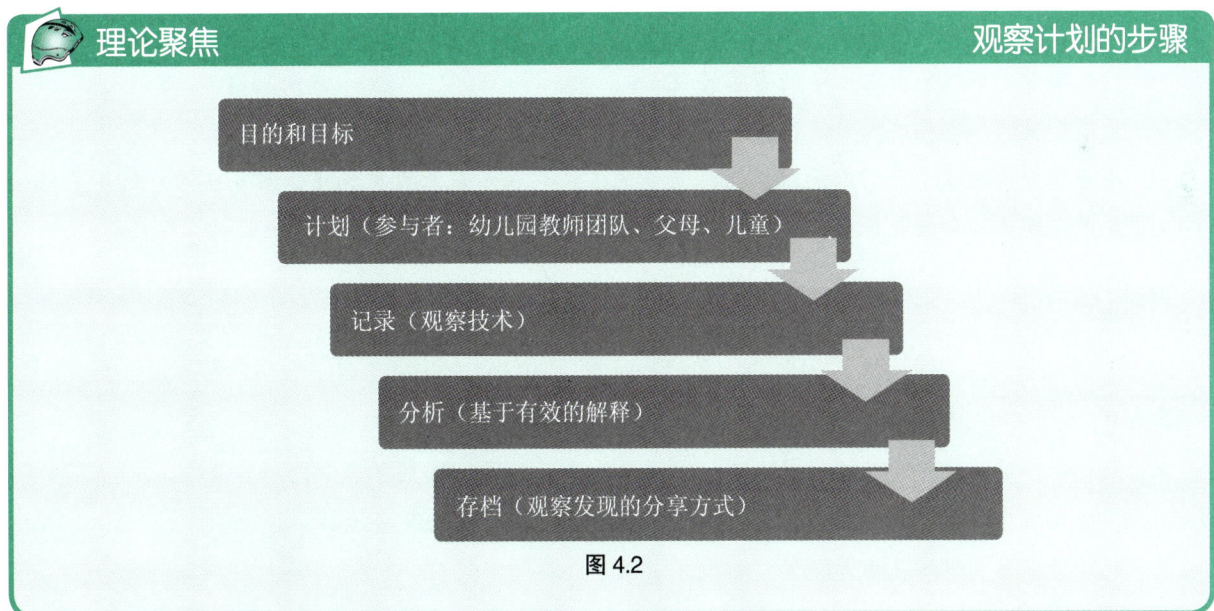

理论聚焦　　　　　　　　　　　　　　　　　　　**观察计划的步骤**

目的和目标

计划（参与者：幼儿园教师团队、父母、儿童）

记录（观察技术）

分析（基于有效的解释）

存档（观察发现的分享方式）

图 4.2

对观察结果有很多不同和创新的存档方法，示例如下。

案例研究

马赛克方法

马赛克方法，正如第二章所提及的，强调倾听（儿童）是一个积极主动的过程，不仅包含听，更包含解释、构建意义和回应（Clark & Moss, 2001, p.7）。通过倾听儿童的声音，从儿童的视角出发，让其参与到计划自己学习的进程中。马赛克方法旨在促使儿童共同参与活动设计（Clark & Moss, 2001）。在这个研究中，对观察记录的讨论由儿童、幼儿园教师、年长的儿童、父母和研究者之间共同对话组成，多方参与至关重要。观察记录通过以下方式进行存档和分享：

创建档案袋作为存档工具。这些档案袋是开放的，在成人、家长和儿童的参与下，加入新的工具和材料。无论何时，只要成人或者儿童的技能和兴趣得到发展，相关的材料都会添加到档案袋中。这些档案袋起到作为数据收集工具的重要作用，使儿童得以表达他们的看法、观点和感受（Clark & Moss, 2001）。在马赛克方法中，观察记录是中心。儿童会议（以简短面谈的形式进行）、儿童的旅行以及照片和影像等形式都是获得儿童兴趣和技能相关信息的来源。儿童通过儿童会议参与其中至关重要。

为了创建这些档案袋，应该考虑以下三点重要内容：

1. 收集儿童对生活的想法或观点过程中所运用的工具；

2. 儿童作为他或她自己生活的专家的观点；

3. 高度重视所有相关人员的参与，尤其是父母和关键教师。

马赛克方法提供了一种新的观察记录儿童的方法。在学前教育机构中，对儿童的评价不应仅仅聚焦于发展目标和教育目标，而应该从儿童的视角出发，强调儿童的生活经验。

活动 3

反思你以某一课程为基础的教育实践，思考你能否采用马赛克方法中的一些策略。

在完成所在学前教育机构的基本工作量的基础上，这种方法有可能实现吗？

它能够促进父母和儿童参与吗？如果能，以什么样的方式？

案例研究

特法瑞奇和学习故事

特法瑞奇没有标准的方法来进行观察记录。每个学前教育机构根据他们自己的教育目的和目标以及评价的目的来决定评价、观察、记录的方式。父母不仅被允许，而且积极参与到这一过程中。

特法瑞奇课堂上的档案包括：观察记录，照片，儿童与同伴、成年人互动或者自己工作的记录。观察记录的十条理由是：

1. 更好地理解儿童学习。对观察结果的记录和分析能够帮助幼儿园教师团队更加专注于儿童发展，从而更好地理解儿童的发展和需要。

2. 出发点是开展围绕儿童个体学习情况评价的讨论。

3. 所有幼儿园教师分享信息的交流工具。

4. 用于评价教师对教育情景的应对方式。成年人和儿童的参与使得幼儿园教师反思他们的实践。

5. 在为个体和团体制订学习计划时，是否强调评价的关键作用决定了所设计的学习内容是否有助于儿童学习以及这些学习内容能否满足他们的需要。

6. 确保所有儿童都能得到关注。考察是否所有儿童都得到必要的关注、没有任何儿童被忽视至关重要。在学前教育课程中，一些儿童比另一些儿童更容易获得更多关注，因此特法瑞奇的观察记录方式尝试确保所有的儿童能够获得同样的关注。学习故事是实现这一目标的重要工具，它使得幼儿园教师能够设计活动促进每个儿童的兴趣和技能发展。

7. 强调在早期教育环境中学习是有价值的。幼儿园教师在特法瑞奇课程下设计教育活动。对观察的记录与存档使得幼儿园教师能够洞察儿童对这些活动教育价值的理解，同时这也是一种使儿童直接参与到观察过程中的方法，因为儿童随后便理解了活动的意义和目的。

8. 让儿童进行自我评价。鼓励儿童进行自我评价能够促使儿童成为自己学习的主人，并让儿童自己决定他们的哪些作品应该加入到他们的档案袋或者文档中。然而，儿童自我评价也有其缺陷，仅从儿童自身角度出发可能会导致回应的缺乏，而且使儿童的行为带有表演性的态度倾向，而减少了探索的态度（探索是特法瑞奇的核心前提）。

9. 让家长参与到对评估的讨论中。当家长获得儿童行为表现的观察记录时，家长的教育投入和参与会增加，这有利于教育计划目标的实现。

10. 和家长分享经验。学习故事作为分享信息的一种工具，不仅能够为家长带来有趣的阅读经验，而且通过学习故事，即使不在儿童身边，家长也能了解到儿童正在做的事情。

案例研究

拉夫斯参与度和幸福感量表

正如第三章中提到的，鲁汶大学的费雷·拉夫斯在 1976 年引入了参与度和幸福感量表。该工具由经验教育研究中心开发（鲁汶大学，比利时），目的是测量和监控儿童在活动中的参与和融入情况以及他们的幸福感。

量表旨在：

·作为学前教育机构的自评工具；

·强调教育质量，考察儿童及其对早期教育环境的体验；

·促进保教制度更广泛的适宜性。

这一过程包含三个步骤：

第一步——评估幸福感和参与度的实际水平；

第二步——分析观察结果；

第三步——选择并实施能够提升学前儿童教育机构实践质量的活动。

这个记录过程主要基于数字证据，由参与观察过程的团队进行解释。它提供的信息虽然不如其它记录方法丰富，但是作为一种自评工具，这一观察对教育实践还是很有帮助的。

案例研究

瑞吉欧：教育档案

瑞吉欧是一种可以对预先定义和设计的课程进行选择的灵活的学前儿童教育法，在瑞吉欧教育法中，儿童、父母和教师通过大量的活动一起工作。儿童表达他们的观点并且根据自己的兴趣引领活动的进行。瑞吉欧教育法的一个关键问题是如何评价儿童有意义的行为。瑞吉欧教育档案通过物质材料、照片、影像、笔记和音频记录在活动中收集儿童的经验信息，这些信息再通过展览、

DVD、书籍、海报和小册子等方式分享给别人（儿童和父母）。教师是儿童行为的记录者，帮助他们回顾自己的行动，进行自我评价。在瑞吉欧课堂中，记录是教育过程的一部分，以倾听儿童为目标。雷那蒂（Rinaldi，2005，p.23）强调了记录儿童活动的两个重要意义。

1. 使学习过程的本质和每个儿童使用的策略可视化，并且简化了主体间的互动过程。

2. 使得对过去观察记录的阅读、回顾和评价得以随时随地进行，使活动成为知识建构过程的一部分。

教育档案示例：

这些照片拍摄于实施瑞吉欧教育法和教育档案的巴塞罗那的一所学前教育机构。他们不仅以剪贴簿的形式为儿童提供个人记录，而且在展示墙上向整个机构和家长分享这些活动。

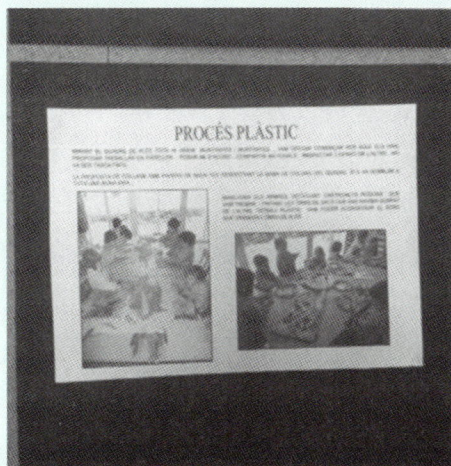

图 4.3 分享视觉展示（瑞吉欧风格）

续图4.3

　　视觉档案是最流行和频繁使用的观察记录存档方法。正如我们在马赛克方法、特法瑞奇学习故事和瑞吉欧教育法的教育档案中看到的那样，视觉档案似乎是记录观察结果最适宜的方法。图像、照片和影像能够很好地描述一个活动和行为，使它们鲜活而真实。视觉文档直接表现了教育机构的日常生活，图像化的语言使其能够被所有年龄段的儿童理解并用自己的语言对其进行描述。

　　阅读照片或者影像是一个直接、及时的交流工具。然而，正如怀特（Wright）所质疑的那样，在文化传统中，我们被教导只将照片视为真实的存在（1990，p.6），而我们需要意识到，当我们使用照片或者影像分享观察结果时，不同的成人或儿童会以不同的方式看待图像。就像在第三章中提到的，运用数字媒体进行观察实际上是一种选择性观察记录以及重建现实的方法，而我们每个人对现实的感知是不同的。因此，当我们尝试解释图片或者影像时，需要寻找模棱两可的信号然后尝试解释其蕴含的意义。以下例子阐明了这一点。

案例研究

拿着"武器"的男孩

图 4.4　拿着"武器"的男孩

　　当教师尝试"阅读"图片或者影像时，你需要着眼于传达有意义信息的要素。对所看到的内容和对所看到的内容的解释进行区分是有帮助的。在照片中寻找某些标志以及它们可能象征的内容是有益的。

表 4.1　在照片"拿着'武器'的男孩"中的信号和象征内容

信号	象征
儿童（左边）：拿着剑和盾，看着照相机，他的嘴唇紧绷，他的右手指向剑	假装攻击，他正在照相机前摆造型 知道如何持剑和盾
拿着枪的儿童（右边）：两手端着枪，把枪指向前面，他的嘴唇是放松的，他的眼睛看着枪的末端	假装呼喊，专注于假装呼喊的表演
手里没有玩具的儿童（中间）：咬嘴唇，眼睛看着摄像机	在照相机前摆造型，对武器没有兴趣
拿着弓和箭的儿童（前面）：左手稳稳地拿着弓和箭，右手拉弓弦，眼睛直直地看着照相机	假装攻击 在照相机前摆造型，知道如何玩弓箭

活动 5

　　在照片（图 4.4）中你能看到其他哪些信号？它们可能象征什么意义？

　　用影像观察方法尝试一下这个过程。

总之，包括幼儿园教师团队、家长和儿童在内的所有相关人员都应该参与到学前儿童教育机构观察记录存档方法的制定过程中来，而且这个方法应该被所有参与者理解和接受，同时所有参与者都有条件实施。存档过程应该是多方共同参与的产物，聚焦于教育计划的目的和目标有助于它们的实现。同时，观察记录的存档与学前教育机构的课程实践应该相互联系。在学前儿童教育中，观察记录的存档有多种形式：

· 数字档案袋和以应用程序为基础的表现形式；

· 照片和观察结果的剪贴簿、儿童的拼贴画；

· 相册；

· 影像和音频档案袋；

· 包含对儿童活动叙述的故事书。

无论教师决定使用哪种方式保存观察记录，重要的是对这些观察记录的运用进行反思：

1. 我们是否知道为什么存档？为谁存档？

2. 我们存档方式在时间上是否具有持续性，它们能否反映我们的观察技术？

3. 它们能否以总结性的形式促进我们与家长之间的交流？

4. 我们的存档能够反映儿童自进入本机构以来的完整发展情况吗？

5. 存档的信息是否有帮助、有意义并且与我们的课程相联系？

6. 存档如何帮助我们推进教育计划？

7. 我们是否就采用某一种特定的存档方式达成共识以保证教育机构中的一致性和连贯性？

8. 我们如何让儿童参与到存档过程中？

9. 我们如何让父母参与到存档过程中？

10. 存档能否满足课程需要？

11. 我们是否选择了促进儿童参与的存档方式？

理论聚焦

实践中的有效存档

改编自勒夫（2007, pp.185-196）

档案应该促进而不是阻止我们与儿童在一起。档案没有必要记录每件事，也没必要花费大量时间去制作大量仅用于归档的、不常看的完美纸上文件。然而，需要注意的是，学习和思考过程是看不见的，我们的记忆也不是无限的。写下观察内容、复印一张绘画或者拍一张照片会帮助我们将学习转化为能看见、反思和讨论的图片。下面列举了三种存档记录的实践方法。每一种方法都可根据可利用的资源进行调整并且运用于多种早期儿童教育环境中。

照片序列

拿着数码相机去公园，教师可能会抓拍到一系列的照片。可能是一个儿童在攀爬架上获得自信或者一小组儿童发现和探索树叶和橡果。在回幼儿园的路上，甚至在这些图片打印之前，儿童喜欢和教师坐在一起，在电脑屏幕（或投影仪）上回顾这些照片，他们认出自己，叫出其他儿童的名字，回忆和叙述他们在路上所做的事。经过选择的照片一打印出来就被陈列在简单的相册上或者幼儿园的墙上，有些有标题有些没有标题。儿童能够观察并回忆他们的行动，父母和客人也因此了解了儿童在公园散步时发生的事情，并且可能理解和评价儿童的学习，教师可以把照片作为讨论、评价和制订未来计划的起点。

儿童档案

包含了儿童进入学前教育机构以来的所有经历的个人档案能够提供儿童能力发展的积极成果的记录（Driscoll & Rudge，2005）。保存在剪贴簿、文件夹或者活页档案袋中的个人档案可能包含书面观察、儿童绘画作品以及儿童参与活动的照片。个人档案不可能也没有必要记录所有事情，而只需要记录儿童在幼儿园中的关键时间点上的表现，比如，常规活动中对儿童的不时地观察，特殊场合或者一些值得注意的事件。儿童的主要负责老师一般负责填充儿童档案，但也会以开放和包容的方式来运用它，把它作为与儿童和家庭联系的重要方式，并且以此创建并保持良好的家校联系。儿童为他们的个人档案感到骄傲并且能够决定把哪些内容放进去。他们可能想要把他们在公园做的叶子拓片或者推着同伴荡秋千的照片包含在内。家长会激动地看到孩子在幼儿园的表现，而且个人档案为家长提供了一个讨论儿童在家表现的契机。父母可以将个人档案带回家，增加关于家庭事件的图片或者故事。对于父母、教师和其他幼儿园教师，个人档案是一个回顾儿童的优点，理解他们的兴趣以及记录他们所取得进步的无价的档案。

学习故事

幼儿园教师、父母和儿童能全部参与到学习故事的记录中。伴随着照片序列和儿童档案，这一方法聚焦于儿童的积极发展成果，强调每个儿童的参与及其对学习的积极倾向和态度的发展。观察通常记录在准备好的表格模板中，这些表格模板为观察记录或学习故事留出空白，同时也有一部分用于短期回顾，允许幼儿园教师在此给出对学习故事的最初解读。伴随着照片、作品以及儿童和家长的评价，这个被观察到的学习故事随后被集体讨论和解释，成为决定下一步学习内容的基础（Carr，2001）。

这种方法强调，作为学前教育机构中的学习者，儿童的学习是由能够促进其发展的人和资源所支持和推进的。在去公园的路上如果拿着笔记本和照相机，教师就能捕获到一个简单的学习故事：W在地上捡到一些东西说："它是橡果。"他递给E说："它沾满泥巴，你能把泥清理一下吗？"当E清理完毕并归还时，W尽力从橡果中取出壳，并要求E把它砸开，然后看着里面的种子说："它是白色的。"回到幼儿园，教师对这一事件的简单回顾可能会是：W认出了橡果，好奇地探索里面是什么。通过和其他教师、W以及W的妈妈交谈，教师会发现W发现自然物体的兴趣正在发展，之后，教师可能计划收集更多的橡果，把它们带回幼儿园鼓励儿童用放大镜进行更仔细地观察，或者种植一些橡果支持儿童去探究橡果的成长。

活动6

想要深入了解上述内容，请阅读 Pascal, C and Bertram, T (2015) Participatory Methods for Assessment and Evaluation in J Furmorhino and C Pascal (eds) *Assessment and Evaluation for Transformation in Early Childhood*，London：Routledge 中的第4章（pp.73–92）。

反思你所处的教育环境并讨论：

你所在的教育机构中正式保存了多少评价报告？谁能够获取这些存档，怎样获取？这种存档的类型能被父母和儿童接受吗？你用哪种方法保存你的观察结果？你对观察结果的存档包括了对儿童发展概况的描述吗，是怎样包括的呢？

观察的局限性

本书自始至终强调学前教育中观察的价值。然而，就像任何一种方法或工具一样，观察也有其局限性。观察的一个主要局限是它在脱离了前期背景的情况下获得某一实际发生的行为或活动。仅运用观察这样一种方法去收集儿童的成长、行为、学习等活动，不能回答该行为或学习是如何产生的、该活动是如何发展等关键问题。

儿童的个人成长史、社会文化、家庭结构的变化、儿童直接或间接成长的环境以及其他可能对儿童行为产生影响的因素都是影响儿童的发展和行为的关键要素。我们是社区和社会生态（信念、习惯、价值、服务、政策）的一部分，而且这些关键要素可能不能单凭肉眼发现。因此，仅凭观察所获得的证据，不足以让我们构建一个儿童发展的完整档案。

因此，运用多种方法或技术而不仅依靠观察去获得一个更全面的儿童发展报告至关重要。我们需要考虑到观察的这一局限，并寻找回答问题的其他途径。教师团队会议、父母参与和儿童参与是缩小这一局限的关键要素。这些方法可以为我们提供我们所寻求的、在观察中难以获取的信息。在分析和存档的过程中，思考所观察到的现象出现的原因，并与其他来源的证据交叉互证至关重要。吉勒姆（Gillham，2008，p.100）总结道：观察结果不能讲述所有的故事，并且随着时间的流逝，它仅仅能够体现一个群体、文化或者个体演变的一个狭窄的部分。因此总是需要其他方法作为补充。

总结

本章总结了观察计划的步骤，讨论了观察记录的分析方法，以及在通过分析观察记录获得观察结论的过程中有效解释所起的重要作用。同时，本章也讨论了不同的观察记录存档方法，如马赛克方法、学习故事和教育档案法。这些方法都证明了儿童和家长参与观察记录与分析的可能性。本章也提到了一些案例，介绍了如何利用观察记录以非正式或正式的方法向对儿童发展和学习感兴趣的个体分享相关信息。最后，本章提出了观察的一个重要局限，即观察不能作为学前儿童教育机构中收集证据的唯一方法，因为它不能讲述儿童发展的全部故事。因此，观察计划是教师团队、父母和儿童共同参与的结果。

下一章将会探讨观察的伦理意蕴以及儿童如何参与到观察的计划和实施过程中。

扩展阅读

Carr，M（1998）Assessing Children's Learning in Early Childhood Settings：*A Development Programme for Discussion and Reflection*. Wellington：New Zealand Council for Educational Research.

Carr，M（2011）*Assessment in Early Childhood Settings*. London：Paul Chapman Publishing.

Clark，A and Moss，P（2001）*Listening to Young Children：The Mosaic Approach*. London：National Children's Bureau.

Rinaldi, C（2006）*In Dialogue with Reggio Emilia，Listening，Researching and Learning*. London：Rountledge.

更多关于存档的资料，请特别关注视频存档：

Luff, P（2007）Written Observations or Walks in the Park：Documenting Children's Experiences，in Moyles, J（ed.）*Early Years Foundations：Meeting the Challenge*. Maidenhead：Open University Press.

网站

更多关于学习旅程和学习故事的资料可以访问：

Pen Green Research，Development and Training Base and Leadership Centre www.pengreen.org/pengreenresearch.php

第五章

观察的伦理意蕴

本章目标

通过阅读本章内容，你将：

· 理解儿童观察的伦理意蕴；

· 理解团队参与的重要性；

· 理解儿童参与的重要性；

· 理解父母参与的重要性；

· 理解作为儿童监护人的成年人的角色。

教师在学前教育机构中对儿童进行观察时需要有道德伦理方面的考量。有人认为，虽然向被观察者及相关人员发放知情同意书是一种真正有效的道德伦理实践，但观察儿童的伦理意蕴不仅限于获得同意，还涉及许多其他问题。

引　言

　　本章旨在讨论儿童观察的伦理意蕴，解释在评价观察数据时作为儿童监护人的成人的角色。本章强调，在设定观察儿童的任务之前，观察者要了解儿童有决定是否参与的权利以及观察过程中可能涉及的伦理问题（Palaiologou，2012a）。本章还会讨论以符合伦理的方式向其他教师和父母报告儿童的有关数据的重要性。

观察过程的伦理

　　正如在前面的章节所强调的那样，观察在学前教育中必不可少。它旨在提高儿童的保教质量和教育实践水平。观察帮助幼儿园教师团队加深对教育计划的理解以及对儿童的理解。为了探讨观察的伦理意蕴，我们需要首先考虑观察的目的。

　　在任何观察过程中，幼儿园教师都应建立一个伦理框架，以指导教育计划和对每个儿童的评价结果。幼儿园教师的工作应该以学前教育环境的伦理指导为基础。伦理要求观察过程必须获得所有参与者的同意，包括儿童、父母、专业团队等，观察进行的程度也需要被所有参与者所知晓（如何保存观察记录以及谁将获得这些记录）。接下来将会讨论贯穿观察过程的伦理问题。

幼儿园教师团队参与

　　幼儿园教师团队的参与是观察的起点。就像在第二章中所提及的，幼儿园教师团队开会并讨论观察计划以及观察过程的目的和目标。会议最初就应该形成伦理框架。作为伦理框架的一部分，团队成员需要同意一项实践守则，该守则将反映观察的目的和目标，也包括团队成员之间相互尊重，创设接纳全部观点、激励并重视所有人发挥专长、兴趣技能等。在这样的道德守则下，每个人都感觉安全，能够自由和自信地参与其中，团队所在课程中观察的目标也得以实现。

　　伦理考量的起点是收集什么样的信息。观察应该避免或者限制收集关于儿童或者教育计划的不必要信息。明确定义和解释观察的目的和目标很重要。观察的目的和目标不应仅仅被阐释，还应该被幼儿园教师团队的所有成员理解和认同。所有的团队成员都应有机会表达他们的观点。会议的最终结果是决定观察过程、技术和方法，而且观察计划应该是合作的产物。学前教育机构、儿童和团队成员的需求都应被满足。包括：

- ·关于信息可获得性的协议；
- ·团队成员间对观察记录的存档与分享；
- ·分享信息的方式与对象。

> **活动 1**
> 　　思考你所在的教育机构在讨论和设计观察过程时是否有团队会议。

父母参与

建立伦理守则的一个重要程序是获得父母参与。幼儿园教师团队所面临的挑战不仅是要寻求父母的同意，而且要求父母的参与。学前教育工作是辛苦的，幼儿园教师要忙于实施课程，遵守法律法规以及实现课程的学习目标。重要的是，即使在日常常规需求中，父母参与观察过程也是优先的。因此，父母参与不应仅局限于签署知情同意书。设计观察时家长的加入和参与应是观察伦理不可或缺的一部分。

观察证据的收集对学前教育和实践至关重要，由此个体发展需要、学习成就、实际活动计划和促进伙伴关系间的联系得以建立。在这种背景下，父母参与应该得到鼓励，父母应该被邀请参与到与幼儿园教师的深度讨论中。在这种情况下，父母可以在整个过程提供合作，成为观察过程中有帮助的合作者。

观察的目的和目标应该以一种透明和可理解的方式解释给父母。对父母解释的重点应该放在观察在儿童日常生活实践所具有的重要作用、观察对整个教育计划的有利作用以及它将如何影响为儿童设计的活动。

让父母了解他们在观察进行的整个过程中始终可以获取到观察记录同样重要。父母参与应该作为父母的一个选择，他们有权随时退出观察过程。

以下问题可以帮助我们了解父母参与的程度：
·是否已经向父母解释过观察的目的？
·父母是否表达过他们的观点或者被允许提出建议或做出改变？
·是否能确保家长能够在他们希望的时候获得观察记录？
·家长是否意识到他们会定期参与其中，并会持续了解观察过程？

活动2

反思自己所在的教育机构，思考父母参与是如何实现的？你采取了哪些父母参与的道德程序？

以下几点强调了幼儿园教师为实现父母参与应履行的责任。这些是为了确保：
·在整个过程中，家长获得了充分的信息；
·创建儿童评价档案时，父母参与其中；
·通过与父母的定期会议告知父母，得到他们的信任和许可，并维持他们的参与。

家长有必要不断地从幼儿园教师团队中获取信息，而不是仅在家长聚会或家长会上获取信息。包含了儿童一日活动的小纸条或者照片可以是教师与家长简短讨论的很好的起点，与此同时，这也是一个与父母持续交流的有效工具。利用数字技术，教师团队可以创建一个公告板，在那里他们可以显示数字照片、幻灯片和活动的影像。教育机构可以利用网络进行信息交流（例如，安全网站或者电子邮件）。

儿童参与

《联合国儿童权利公约》（联合国，1989a）提出了倾听儿童的声音的要求，并且促进儿童参与到任何与他们自身相关的决策中。《联合国儿童权利公约》发布以来，一直强调儿童对与他们有关的政策、服务和课程有更多控制权。正如已经解释的那样，观察儿童的伦理意蕴应该适用于观察过程的所有参与者，并且贯穿始终。因此，儿童需要被告知并解释与他们相关的任何观察的目的。

幼儿园教师所面对的问题是：什么年龄的儿童能够参与到观察过程中，并且如何有效地告知他们观察结果。在对婴幼儿，特别是2岁以下的婴幼儿进行观察时，由于儿童理解能力有限，促使儿童参与的工作更困难且更具挑战性。而婴幼儿的参与与其他年龄儿童参与不同。幼儿园教师不会期望婴儿和学步儿表达他们的观点，而是将他们的情绪作为参与的标志。例如，微笑或眼神交流可能被解释为婴儿和学步儿对正在进行的观察感到满意。幼儿园教师应该以敏感的态度对待婴儿和学步儿，尽量捕捉到表示他们可能不想参与观察的行为并进行回应。然而，随着儿童逐渐长大，意识水平逐渐发展（例如，在3岁左右），幼儿园教师可以设法让儿童参与到观察过程中。游戏此时可以成为最佳的背景，并作为寻求幼儿认同并参与观察的工具。角色扮演、儿童绘画和故事事件可以为儿童参与提供有益的背景。例如，儿童可以在某一活动中讲述他们的感受，可以用自己的图画来说明某个故事。

第三章讨论了如果观察记录方法是以儿童所理解的方式设计的，那么儿童就可以使用这些观察记录方法（参见第三章中量表和检核表的例子）。许多创新的观察记录方法（见第四章中的Clark& Moss，2001，教育档案）向我们展示了儿童能够积极参与观察过程的方式。然而，观察的伦理道德实践的核心问题是："在观察过程中，我们怎样得知我们是在与儿童一起行动？我们如何在观察过程中尊重儿童既想参加又不想参加的意愿呢？"（Palaiologou，2012a，p.5&7）

除了道德价值之外，儿童参与还有其他好处。当儿童意识到观察正在进行，幼儿园教师得以退后一步成为系统化的观察者。当儿童意识到观察将要发生，他们就不太可能干扰这一过程。此外，当他们需要一些东西时他们知道该去哪里。这样，你的观察就会变得更容易和更有效。而且，儿童可以参与进来，他们从很小的时候就可以开始控制与他们相关的活动过程。

综上所述，观察的伦理考量不应该与观察过程分离，而应是观察过程的一个组成部分。伦理考量应该支撑整个观察过程。父母参与以及儿童参与不应局限于知情同意书的形式，家长和儿童应被邀请参与整个观察过程并在其中发挥积极作用。

活动 5

以下列出的问题可用于检查观察过程是否进行了充分的伦理考量。

· 整个团队是否就观察过程的目的和目标达成共识？

· 整个团队是否就观察方法和技术达成共识？

· 是否通知了父母，是否完全向他们解释了观察过程？

· 是否已经向儿童（在合适的情况下）解释了观察的性质（包括目的、目标和使用的工具）？

· 是否确认所有观察过程中的相关成员都能够在观察中获得观察资料？

· 是否确认所有细节将会保密？

· 父母是否有权在没有解释的情况下随时退出，他们是否意识到这一点？

· 父母是否可以访问所有收集的信息？

· 是否已经考虑过健康和安全问题？

成年人的监护人角色

在国家和国际层面的一系列政策已经成为保护和提高儿童福利需要的一部分。

"保卫儿童"的概念旨在保护他们免受欺凌和不利或不公平的歧视和事故，并确保其获得所有服务。此外，目前全球许多国家陆续出台了旨在各种情景（如保卫性事件）下保护儿童的政策。因此，从立法的角度来看，幼儿园教师在一个框架下进行观察和评价对确保儿童幸福至关重要。例如，《联合国儿童权利公约》第 3 条（联合国，1989a）强调儿童的利益最大化，即所有关于儿童的公共或私人机构所做的决定都必须以儿童的最佳利益为首要考虑。政府有义务出台政策去保护儿童免受虐待、忽视和剥削（包括身体和性虐待以及儿童劳工）。在国际层面上，联合国儿童基金会的工作是提高和保护儿童的权利。世界各地也有一些相关的倡议和计划。

例如，在英国，有一项名为"儿童权利伙伴"的计划，将联合国儿童基金会英国分部和地方政府联合起来，将儿童权利置于公共服务的核心地位，并确保所有儿童都有平等机会来实现发展（www.unicef.org.uk/child-rights-partners/）。该方案的目的是让联合国儿童基金会英国分部与地方政府形成伙伴关系，以此：

· 将儿童权利纳入地方政府的政策和实践中。

· 改变儿童服务的计划和交付方式，让所有的儿童和年轻人体验到适应性强、相互联系和强大的服务。

· 确保所有儿童（特别关注弱势儿童）获得服务并得到帮助和保护。

这项工作由《联合国儿童权利公约》支持，它的愿景是让所有儿童感到安全，接受教育，受到有尊严、被尊重的对待并得到倾听。

案例研究

探索儿童权利：苏格兰倡议（Scottish initiative）

2014 年，英联邦运动会在格拉斯哥举行，联合国儿童基金会英国分部和苏格兰发布了一项提高家庭对儿童权利的认识的倡议。这个项目的目标是使 3 ~ 18 岁的儿童和年轻人能够：

· 了解他们在世界范围内的权利；

· 通过参加体育或者其它活动来享受自己的权利；

· 采取行动帮助世界上其他儿童享受他们的权利。

这个项目叫做"启动平台"（Launchpad），它是一个互动的网站，有三个不同水平下开发的一系列免费材料：

· 水平 1：3 ~ 7 岁；

· 水平 2：8 ~ 12 岁；

· 水平 3：13 ~ 18 岁。

（了解"启动平台"项目请访问：https://launchpad.unicef.org.uk/）

该网站面对儿童设置，网站上有资料来帮助儿童理解权利的概念，同时提高他们对权利的认识。提高儿童权利意识是帮助他们理解如何保护自己以及在受到威胁时该何去何从的途径。

"启动平台"由学校、运动和社区团体提供，并与苏格兰卓越课程挂钩。作为格拉斯哥 2014 年英联邦运动会的遗留物，它将在运动会结束后的最初四年期间运行。

"启动平台"由苏格兰政府、慈善国际精神和休·弗雷泽基金会赞助。联合国儿童基金会英国分部与这些资金合作伙伴以及苏格兰儿童工作组织一起开发了这个项目。

（www.unicef.org.uk/UNICEFs-Work/Our-Uk-work/rights-journey/）

成年人作为监护人应该考虑：

· 这些观察结果是否符合儿童的最佳利益；

· 这些观察结果是否尊重儿童的隐私、尊严和可能的情绪反应；

· 这些观察结果是否对教育计划有益；

· 这些观察结果是否对理解儿童的发展有帮助；

· 这些观察结果是否有利于教育实践，是否会促进儿童的学习；

· 是否能确保儿童的安全和保护。

以伦理的方式管理观察记录

就像前面的章节中讨论的，幼儿园教师运用观察结果来理解儿童的发展和学习并确定课程活动计划。例如，随着《法定框架》（或者在威尔士《儿童基础阶段学习框架（3～7岁）》）的引入，幼儿园教师必须遵照正式且结构化的指导在共同评估量表框架内开展工作。课程通常会详细说明为完成评估需要通过观察获取的儿童信息，同时也解释了观察记录的编制过程，并且提供了如何创建儿童个人档案的清晰指导。例如，《法定框架》规定观察记录必须保存以确保安全有效的教育机构管理以及儿童需求的满足（英国教育部，2014，p.38）。观察数据的收集在1998年的《数据保护法案》（*Data Protection Act*）和2000年《信息自由法》（*Freedom of Information Act*）的规定监督下进行。《法定框架》规定"存档的持续时间，儿童评价记录应在儿童离开该教育机构后的合理期限内（例如三年）予以保留"（p.40）。

此外，随着数字技术越来越多地被用于收集和存储信息，采取积极有效措施确保儿童观察记录的安全很有必要。例如，英国信息专员办公室（UK Information Commissioner's Office，ICO，2015）检查了50个儿童使用的网站和应用程序，发现只有1/3采取了有效控制手段限制某些组织对儿童个人信息的非法收集。在国际层面，全球隐私执法网络（Global Privacy Enforcement Network/GPEN，2015）在世界范围检查了面向儿童或者在儿童中受欢迎的网站和应用程序。他们发现：

· 67%的网站或者应用程序会收集儿童的个人信息；

· 只有31%的网站或者应用程序能够采取有效的控制手段防止儿童个人信息泄漏。令人担心的是，许多受儿童欢迎的网站/应用程序只在他们的隐私通知中声称他们意不在收集儿童个人信息，却并不实施任何进一步的控制措施来防止某些组织对访问其应用程序或者网站的儿童的个人信息的非法收集；

· 有一半的网站或者应用程序与第三方分享个人信息；

· 22%的网站或者应用程序让儿童有机会给出他们的电话号码，23%的网站或者应用程序允许他们提供照片或者影像。这一数据的潜在敏感性令人担忧；

· 58%的网站或者应用程序为儿童提供重新登录到不同的网站机会；

· 只有24%的网站或者应用程序鼓励父母参与；

· 71%的网站或者应用程序没有提供可删除账户信息的方法。

我们不是阻止数字媒体的运用，而是提倡要采用一种谨慎的运用方式，以保护儿童的观察记录不被泄露。全球隐私执法网络（2015）推荐的一些有效控制措施就是很好的实践案例，比如父母指示板、预置头像和/或用户名以防止儿童不经意泄漏他们的个人信息，聊天功能仅允许儿童从预先核准的列表中选择单词或段落，并且运用及时警告来阻止儿童过度访问不适宜的网站。

管理观察记录还需要充分理解数据保护的相关法律，因此，学习和理解数据保护法律很有必要。例如，在英国，《数据保护法案》将学前教育机构视为数据控制者。这意味着教育机构有责任遵守为保护儿童个人信息而制定的数据保护法律。《数据保护法案》（1998）的第二部分是关于个人敏感信息的，它阐述了当处理包括与儿童的身体或心理健康、种族或民族血统、性生活或者犯罪以及相关指控的信息时，学校有义务保持非常谨慎的态度。

英国信息专员办公室在他们的网站上发布了数据保护的原则：

《数据保护法案》附表1以下条款中列出了数据保护原则：

1. 个人资料应得到公平合法的处理，且只有在满足以下条件时才可以被处理：

（a）至少满足附表2的一个条件，

（b）对于敏感的个人数据，至少满足在附表3中的一个条件。

2. 个人资料只可作一项或多项指定及合法用途，不得以任何与该目的或这些目的不符的方式进一步处理。

3. 个人资料应充足且相关并且不超出资料处理所预计的目的。

4. 个人资料必须准确，在必要时保持更新。

5. 为任何目的而处理的个人资料，不得超过该目的所需要的时间。

6. 个人资料在遵循本条例中资料当事人的权利的前提下进行处理。

7. 应采取适当的技术和组织措施来防止未经授权或非法处理个人资料的行为，以及意外丢失或毁坏个人资料的情况。

8. 个人资料不得转让给欧洲经济区以外的国家或地区，除非该国家或地区确保对与个人资料的处理相关的数据主体的权利和自由提供足够的保护。

（http：//ico.org.uk/for-organisations/guide-to-data-protection/data-protection-principles/）

活动6

研究并讨论你所在的课程中儿童的个人信息与记录是如何被保护的。你有什么建议？你能够采取什么措施保护儿童个人资料？

研究你所在的课程中与儿童的幸福、安全保护有关的政策或指导方针，并试着列出它们所涉及的伦理意蕴。

虽然有大量的立法和指导方针为幼儿园教师提供参考，他们可能还是会觉得工作量增加了。布兰登等（Brandon，2006）发现，负责儿童保护的机构认为实施综合性评价并不容易。与父母直接合作以及维护父母参与是需要解决的主要问题。与此相关的责任并不总在所有部门之间传递，也不总是被清晰分配的。清晰和明确的指导以及一系列相关技能的缺失可能会使幼儿园教师感到焦虑和失望，进而导致教师职业冲突和教师职业自信的缺失。

以英格兰为例，幼儿园教师一直困惑于他们应该怎样记录观察，以及观察记录的目的是什么。勒夫（2007）看到了这个问题并认为观察的记录和存档应该支持儿童学习和幼儿园教师的教育实践。她认为，观察记录不应该仅仅是一堆文件或一份书面作业的集合，而应该有利于教育方案的改善和儿童的评价。

除了伦理方面的考量，观察过程的一个重要组成部分是对观察记录的分析以及对这些记录的保存方式。然而，对观察记录的存档应该以符合伦理的方式进行。存档涉及的伦理考量是观察的伦理意蕴中的一部分。对幼儿园教师来说，剩下的问题是：观察记录应如何保存。

幼儿园教师应该从哪里开始？当我们收集观察记录以加深我们对儿童发展和学习的理解并将其付诸实践时，我们提出以下四个主要的问题：

1. 保存记录的目的是什么？

保存记录的目的与观察本身的目的和目标一致，都是使所有参与者（即：幼儿园教师团队、家长和儿童）得以监测儿童的进步并报告教育计划的进展。保存观察记录有助于确保学前教育机构实践的连续性，这是观察过程的最终目标。

评价儿童的进步和反思教育计划的能力将帮助幼儿园教师全面掌握课程所要求的所有儿童发展领域以及动态了解教育计划的实施过程。

2. 保存记录的用处是什么？

观察是一个持续不断的过程。对一个或一组儿童以及整个教育计划的相关信息的持续收集，能够为评价和未来参照提供必要的证据。所有这些证据能够作为教师与父母和诸如教育心理学家和监管机构之间交流的工具。分享实践证据是探索新的教学方法和经验的有效方法。

3. 谁来参与保存记录的过程？

这一利益共同体不仅包括幼儿园教师、儿童和家长，还包括负责管理教育机构的权威部门。

4. 谁有权查阅记录？

某人是否能够查阅儿童的观察记录取决于其在观察过程中对儿童发展是否有正当兴趣。同时，查阅儿童观察记录的权利也由教育机构的特定规定以及国家立法决定。父母、照料者、外部机构以及幼儿园教师团队都可能会有兴趣获取记录。

分享观察结果

如何将观察结果和记录分享给父母或照料者需要教师重点思考，因为观察记录的可访问性是伦理意蕴的一部分。德拉蒙德（1993，p.10）说，幼儿园教师的角色和职责中最重要的一项是自我监测工作效果，以确保提高他们对儿童发展的期望。

活动 7

ICO 声称：

实践中的数据共享法则（英国）是一种法定的法则，经国务卿批准后，并提交议会审议。该法则解释了数据保护法案如何应用于个人数据的共享。它为无论是公共、私人或第三部门的所有机构提供关于个人资料共享、涵盖系统的数据共享安排，以及特别或一次性的分享个人资料要求的实用建议。采纳法则中良好的实务建议有助于各机构以符合法律的、公平、透明的方式收集和分享个人资料，符合共享资料人士的权利和期望。

（https：//ico.org.uk/for-organisations/guide-to-data-protection/data-sharing/）

访问上述网页，了解实践的数据共享法则。

运用 ICO 介绍的两个检核表（见下文），在了解实践数据共享法则后，讨论其对你的教育机构将会有什么影响。反思你所在教育机构中信息分享的法则，它是否涵盖了所有需要的要点？

数据共享检核表：系统数据共享

场景：你想要达成一项协议，需要持续共享个人数据。共享是否合理？

重点考虑：

· 共享意味着什么？

· 你评估了共享或不共享给个人或社会带来的潜在利益和风险吗？

· 共享的信息与你正在解决的问题匹配吗？

· 在不共享个人资料的情况下，是否能实现目标？

· 你有权力共享吗？

进一步考虑的重点：

· 你为之工作的机构的类型。

· 机构的任何相关职能或权力。

· 你被要求共享的信息的性质（例如，它是私密的吗？）。

· 共享信息的法律义务（例如，法令的要求或法院命令）。

如果你决定共享，那么在适当的地方建立一个数据共享协议是很好的做法。除考虑上述要点外，你的数据共享协议应包括以下问题：

· 需要共享哪些信息。

· 参与的机构。

· 你需要告诉人们关于数据共享的信息，以及你将如何传达这些信息。

· 确保有足够的安全措施来保护数据。

· 当个体提出要求时如何为其提供他们的个人资料。

· 就数据保留期达成共识。

· 能够确保安全删除的过程。

这两个检核表提供了决定是否共享个人资料的过程中的指南。一个是系统数据共享，另一个是一次性请求。这些检核表被设计用来与法则一起使用，并强调相关的注意事项，以确保共享符合法律并满足个人的期望。

数据共享检查表：一次性请求

场景：你被要求在"一次性"的情况下分享与个人有关的个人资料。共享是否合理？

重点考虑：

· 你认为你应该共享这些信息吗？

· 你评估了共享或不共享给个人或社会带来的潜在利益和风险吗？

· 你是否担心个人有受到严重伤害的风险？

· 你是否违反《数据保护法案》？

· 你有权力共享吗？

要进一步考虑的要点：

· 你为之工作的机构类型。

- 机构的任何相关职能或权力。
- 你被要求共享的信息的性质（例如，它是私密的吗？）。
- 分享信息的法律义务（例如，法定要求或法院命令）。

如果你决定共享，要考虑以下几点：

- 你需要共享哪些信息？（只共享必要的东西，把事实与评论区分开）
- 信息应该如何共享？（信息共享必须安全，确保向正确的人提供信息）
- 考虑告知个人你已经共享了他们的信息是否适当/安全。
- 记录你的决定。
- 记录你的数据共享决策和你的推理——不管你是否共享这些信息。

共享时你应该记录：

- 共享内容和目的。
- 与谁共享？
- 共享的时间。
- 共享的理由。
- 信息共享是否经过同意。

改编自 ICO https：//ico.org.uk/for-organisations/guide-to-data-protection/data-sharing/

注：这些检核表也有威尔士语版本。

总结

本章提出了儿童观察的伦理意蕴问题。政策举措、改革、立法和课程中有很多供学前教育领域的道德实践进行参考的案例。然而，本章主要讨论了伦理问题不仅仅是获得相关人员的知情同意，也包括观察过程相关人员的共同参与。观察过程应该以重视伦理问题为前提，以符合伦理的方式对观察记录存档也至关重要。

扩展阅读

更多与学前教育部门合作时需考虑的伦理问题：

Palaiologou, I (ed.) (2012) *Ethical Practice in Early Childhood*. London：SAGE.

更多研究儿童时的伦理问题：

Harcount, D, Perry, B and Waller, T (2011) *Researching Young Children's Perspectives：Debating the Ethics and Dilemmas of Education Research with Children*. London：Routledge.

Kellet, M (2010) *Rethinking Children and Research：Attitudes in Contemporary Society*. London：Continuum.

Palaiogou，I（2016）Ethical Issues Associated with Educational Research，in Palaiologou，I，Needham，D and Male，T（eds）（2016）*Doing Research in Education：Theory and Practice*. London：SAGE.

网站

更多关于《联合国儿童权利公约》的内容请访问：

United Nations（1989）The Convention on the Rights of the Child Defense International and the United Nations Children's Fund. Geneva：United Nations

www.unicef.org/crc/

更多关于儿童的声音及儿童参与到日常生活的各个方面的示例：

www.unicef.org.uk/UNICEFs–Work/Our–mission/Childrens–rights/Voice/

更多帮助你理解《数据保护法案》的关键定义的资料请访问：

http：//ico.org.uk/for–organisations/guide–to–data–protection/key–definitions/

第六章

对儿童发展的观察

本章目标

通过阅读本章内容，你将：

· 思考我们如何观察儿童的发展；

· 思考我们如何观察儿童的学习和游戏；

· 思考学前教育中成人的作用。

对儿童的观察为我们理解儿童发展、扩展和学习与儿童发展有关的知识提供了丰富的信息。

引 言

前面的章节已经探讨了观察的作用、观察技术，以及观察的伦理意蕴。正如前面所讨论的，观察应该成为学前教育机构日常生活的一部分，融入教育环境创设、教育活动以及儿童与儿童、儿童与成年人之间的互动中。本章将讨论观察在儿童的发展与学习中的作用，强调游戏的作用，并且将观察与课程学习目标相联系。

关于儿童发展我们知道什么？

第一章已经为我们提供了关于儿童发展理论的概览，指出了我们的教育实践行动受到教育理论以及在当前的社会和文化背景下主流的儿童观的影响。儿童发展根源于道德、社会和政治的选择与问题（Hartley，1993）。这些儿童观形成了我们对儿童发展这一主题的不同取向。理解儿童是为何以及如何发展的对于幼儿园教师来说至关重要，因为这影响了他们对待儿童的方式。儿童发展与期望、成就和评价有关（Robinson，2008，p.3）。儿童的发展成就是早期教育的中心，对儿童的成长进步非常重要，因为这反映了他们所掌握的今后生活所需的技能和能力。因此，观察计划由我们对儿童发展的观念塑造而成。

世界上许多学前教育课程模式将课程重点置于儿童发展之上，并在其学习目标中反映出来。例如，澳大利亚的《早期学习框架》（*The Early Years Learning Framework*，EYLF）提出了一种基于儿童自我认同的发展，通过发展诸如问题解决、社会技能和思考的能力，促使儿童能够构建社会关系、建立有效沟通并且成为自信的学习者的愿景（澳大利亚教育部，2009）。这一《早期学习框架》为幼儿园教师勾画了计划循环的大致轮廓（如图 6.1），教师只要遵从《早期学习框架》的原则并进行能够实施促进他们的学习目标良好实现的教育实践就可以完成这一计划系统。正如所看到的，这一轮廓的关键方面之一就是通过观察收集数据。

另一个例子源于艾米莉亚·瑞吉欧，其核心教育法来源于"成长的潜能"这一理念，即"儿童是富有潜能的，任何一个儿童都在出生时被赋予了一系列个人能力资源，使之能够通过与环境刺激发生有意义互动并获得发展"（Caruso，2013，p.33）。因而，这一课程与环境创设有关，在这一教育环境中，儿童能够通过诸如绘画、舞蹈和音乐等艺术发现并发挥自己的潜能并且发展认知技能。艾米莉亚·瑞吉欧将社会交往视为儿童发展不可或缺的部分，通过提升社会活动来创设学习环境。艾米莉亚·瑞吉欧的理念是教师应该遵从儿童的反应而非遵从活动计划（Malaguzzi，1998，p.88），同时教师通过观察在日常记录和档案中记录儿童的兴趣、活动和进步，然而这不是作为对儿童的评价，而是与儿童及其家长沟通交流的一种手段。

同样地，新西兰的特法瑞奇课程致力于通过社会文化环境促进儿童的早期学习和发展。它强调教师之间、家长之间以及家庭之间的学习伙伴关系。作为对在学前教育机构以及更广阔环境中的儿童学习和发展的回应，教师循环往复地开展着一种全面课程（新西兰教育部，1996，p.1）。

在英国，正如在第三章中提到的，每一个地区都在执行自己的课程体系，但是所有的四种课程体系都强调了儿童发展的整体性：

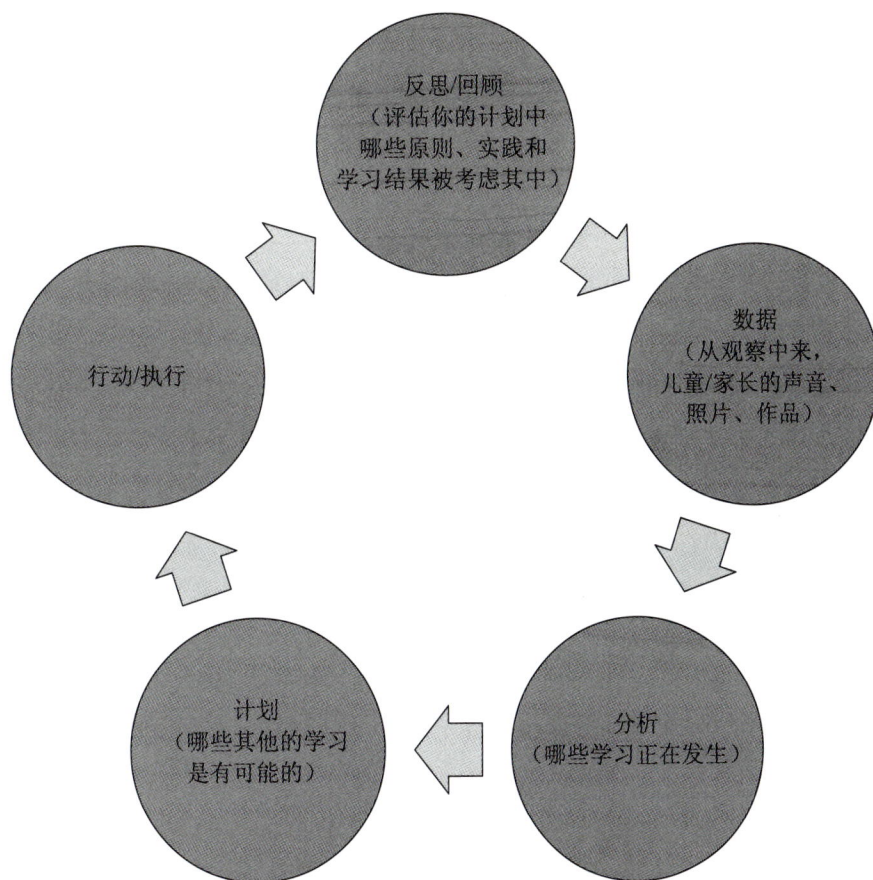

图 6.1 澳大利亚《早期学习框架》中的计划循环（澳大利亚教育部，2009）

> 游戏和基于游戏的活动，搭建家长和环境之间的桥梁，将观察作为形成计划、生成评价和连接家庭和学前教育机构之间沟通的工具。综合性是所有课程都希望能够纳入其中的概念。[……]另一个重要的方面就是认识到，学前教育和保育的有效实践离不开社区和家庭环境。着重强调在儿童活动、评价和观察中家长的作用。
>
> （Palaiologou et al.，2016，pp.66-67）

从这些例子中可以发现，学前教育课程不能够忽视儿童在学习目标或结果上的发展的重要性。儿童在学前教育中的发展是塑造和引领课程取向的核心要素之一。

尽管强调整体性的发展取向，传统的发展仍在以下独立的领域中进行研究：

·身体和生理发展；

·个性、社会性与情绪发展；

·认知发展；

·语言发展；

·创造力。

这帮助教师以一种更加深刻且有效的方式理解儿童是如何发展的。然而，尽管我们从这些独立的领域研究儿童发展，不同领域之间通常是相互关联、相互影响的。

关于儿童发展已经有丰富的文献和研究，幼儿园教师可以从中寻求指导和建议。正如在第二章中所提到的，观察始终是所有尝试扩展有关儿童如何发展的理论的起点。观察记录和信息是很有价值的资源，对儿童发展的研究十分重要，由不同观察技术收集来的信息为理解儿童多个方面的发展提供了基础。

然而，考虑到每种信息收集技术都有其局限性，许多技术被组合运用以研究儿童并理解他们的行为。例如，当研究儿童情绪发展时，我们可能想要综合采用诸如核检表、时间抽样和描述观察等观察技术。即便如此，收集的信息也可能不是完整的。因而，和家长一起讨论我们的发现和担忧非常重要，这可以帮助我们理解儿童的某一特定行为何时发生以及为何发生。然后我们可以就儿童在某一特定发展领域的进步得出结论。

理论聚焦　　　　　　　　　　　　　　　　　　　　　发展领域和关键特征

表 6.1　发展领域和关键特征

发展领域	关键特征
身体发展	**粗大动作发展：** 平衡 走路 奔跑 跳跃 攀爬 **精细动作发展：** 用手习惯 用手转 / 翻（盖子、纸） 抓握（笔、铅笔、剪刀） 穿衣和脱衣 玩拼图 搭积木
情绪发展	表现出兴趣 表现出快乐 表现出享受 表现出同情心 表现出同理心 表现出紧张 表现出害怕 表现出愤怒 表现出悲伤
个性发展	无困难地待在环境中 进行眼神交流 与教师建立关系

续表

发展领域	关键特征
	与其他儿童建立关系 参与角色游戏 参与社会游戏 参与象征游戏 参与一日常规
社会性发展	**参与：** 在游戏或活动中看着他人 自己玩 平行游戏 与他人游戏 交朋友 拥有朋友 遵守规则 轮流 与他人分享 从另一观点看事情 在游戏或活动中帮助他人
认知发展	**注意：** 在活动或游戏中注意力分散 分心 **记忆：** 认出熟悉的物品和人物 能够叫出熟悉的物品和人物的名字 捉迷藏，找最喜欢的物品 回忆和讲述故事 感知（感知信息是如何组织和解读的）： 识别物体颜色定位——能够知道距离、大小和方向 将信息分类成有意义的模块 推理 **问题解决：** 通过颜色、大小、重量对物品排序 对物体进行分类（大 / 小、多 / 少） **语言：** 口语（使用单字词、使用句子、歌唱、参与对话、问问题、讲述故事） **数学：** （理解数字的意义，理解数字的作用，计数和排序）
读写	握住钢笔 / 铅笔 模拟写字 模拟阅读

续表

发展领域	关键特征
	尝试涂画
	字母式书写
	读图
	拿书
	翻页
	指向文本
	根据书中的图片讲故事
	理解印刷材料可以传递信息
创造力	在纸上做标记
	制作形状
	对画画表现出兴趣
	对唱歌表现出兴趣
	表现出戏剧表演兴趣
	表现出讲故事／编故事的兴趣
	将材料和物件组合在一起进行创造，例如绘画、故事

活动

选择一个发展领域，聚焦于一名目标儿童，然后尽力设计一个观察计划并实施观察来评价这名儿童的发展。

第一步：了解这名儿童的年龄。

第二步：确定这一年龄段的儿童所具有的特征。

第三步：设计一个能够帮助你获得关于这名儿童的发展的丰富证据的观察计划。

案例研究

本（Ben）已经2岁16天大了。他刚刚跟爸爸、妈妈和姐姐搬到了乡下。他与姐姐进入的是同一所托儿所。本的妈妈给托儿所提供了本从9个月大的时候就进入的先前的托儿所的档案资料。档案中的核检表显示了本的发展状况，尤其是在身体和语言方面的发展。托儿所的教师已经发现本喜欢建构，无论是在建构区、沙池还是水池，无论什么时候，只要本获得了将东西搭得高高的机会，他就会去做。然而，教师们也注意到他喜欢自己一个人玩，当其他的孩子加入的时候他就会停下来。

在一次团队会议之后，托儿所的教师们决定观察本以收集更多关于本的信息来确认他所在的发展阶段，并且聚焦于他的社交技巧以鼓励他更多与其他孩子互动。他们决定对他进行为期一周的每日观察。主要的关注点在于社会性发展，目标在于观察本在游戏和活动中和其他孩子的互动。他们决定使用时间抽样和事件抽样，追踪法和描述法。描述主要以两种形式：如果有事件发生就是参与式观察，否则就是非参与式观察。本的教师们分担角色以确认他们什么时候观察本。他们感觉用这种方法可以收集到用于了解本的社交技巧所需要的信息。在开始之前，他们进行了关于社会性和情绪发展方面的更深的阅读。

一些我们所知道的社会性和情绪发展的知识：

生命早期对儿童的个性、社会性和情绪发展非常重要。一个安全、充满爱的、鼓励性的环境能够促进儿童的积极情绪并且发展他们的社交技巧。从儿童出生开始，他们就开始与成人互动以试图成为一个独立的社会人。在他们生命的早期阶段获得能够提升他们的个性社会性和情绪发展的技巧至关重要。

我们倾向于将社会性发展和情绪发展放在一起研究是因为他们是相互关联并且相互强化的。社会性发展有两个重要的方面。第一，儿童试图通过将自己区分为与众不同的个体来形成自我认同和个性特征。第二，他们努力想要在暂时的社交圈和更大的社会中找到一个位置。从生命初期，儿童就会努力发展自我意识，或者说是自我形象："它是一种认知建构……一个描述和评估自我表现的系统"（Harter，1996，p.207）。自我概念的获得与自我形象的发展有关，这是一种理解自我和获得关于我是谁的努力。自尊的获得是我们理解和认识自我价值的过程。在发展自我概念的复杂过程中，我们被要求获得适宜的、让我们能够与环境进行互动的社会技巧。通过理解共享的价值观、信仰和规则，我们开始尝试了解我们的社交环境并努力适应我们的社区。

情绪发展与我们的情绪以及我们如何控制情绪以便在不同的场合下进行适当回应有关。情绪是对特定情境的内部或外部反应，在每个儿童身上都有不同的表现。例如，当有些儿童在班级中感到愤怒时，他们可能会通过大哭来表达他们的愤怒，而其他的儿童可能会通过变得伤心和退缩来表达愤怒。

关于儿童情绪发展最有影响力的一个理论，也是与儿童早期发展密切相关的一个理论，是由鲍尔比最初提出的依恋理论。依恋是母亲或照料者与婴儿之间的联结。安全的依恋关系会帮助儿童建立与他人之间的积极关系。

理解依恋理论是很重要的，因为来到托儿所的儿童在很小的时候就被要求和父母或照料者分离，取而代之的是在托儿所中度过。对一些儿童来说，他们的体验是特别痛苦的。

理解儿童的情绪反应尚未成熟也是非常重要的，也就是说，他们并不能有效控制自己的痛苦、愤怒、伤心、好奇、喜爱或是高兴的情绪。因而，早期教育环境在帮助儿童适当地表达自己的情绪上很重要，同时，为他们提供提升对情绪的控制和通过话语表达自己情绪的机会也很重要。

这是对本的参与式观察的描述（快照）。

表 6.2   来自参与式观察的描述

时间	活动	社交团体	评论
12：00~12：02	本与其他两个男孩和两个女孩坐在桌子边。托儿所的教师正在给他们倒饮料。儿童们被鼓励说"谢谢"。本说了，但是当其他孩子交谈的时候他就静静地坐在桌子的角落。	2 个男孩 2 个女孩	当本被鼓励说话时他做到了。然而，他对跟其他孩子说话感到不够自信。
12：30~12：32	本在洗手，因为粘上了酸奶。他返回桌子然后坐在一个女孩旁边。	2 个男孩 1 个女孩	本表现出能够在没有教师的帮助下自己洗手，但是无论是在盥洗室还是在桌子边他都不跟其他孩子互动。
13：00~13：02	儿童在唱儿歌。在这一环节的最后几分钟他们坐在地毯上。本跟着一起歌唱和摇动手臂。托儿所教师已经让儿童结对，一边唱"摇摆，摇摆，摇摆你的船"，一边握着对方的手向前划、向后划。本仍旧坐在地毯上不动。教师将杰克移到本面前，让他们结成对。这两个男孩握着对方的手。本没有唱，但是在做动作。当童谣结束的时候，儿童都笑了起来。他们又唱了一遍童谣；本笑着加入进来，最后大笑起来。	所有的儿童 1 名教师	本看起来很享受这个活动。然而，他在结对的时候似乎变得不舒服。当被给予另一个参与进童谣的机会时，本更加放松，且与其他孩子一起参与进来。
13：30~13：32	房间里设置了多个不同的游戏区，教师正在帮助孩子们在艺术区制作一张冬季画。本正在沙坑那里独自玩着。他正在建一个沙子城堡。	独自游戏	本选择了独自游戏。其他的孩子正在地毯上一起玩着卡车或是火车玩具，但是本并没有加入他们。
14：00~14：02	本在地毯的角落里抱着一箱得宝积木，他正在用黄色积木搭建。杰克过来了，他开始将得宝积木拿出箱子。本停下来不玩了。30 秒之后，杰克将一个他从箱子中拿到的黄色积木递给本。他说道，看，黄色。本回答了谢谢，然后接过积木。他看着杰克，然后挑出了另外两块。	独自游戏，然后是与杰克之间的平行游戏。	本对于其他孩子正在做的事似乎仍是持有小心翼翼的态度，但是这可能是因为这才刚刚是他在这个集体中的第二周。看到本能在杰克旁边用共同的玩具玩是令人高兴的。
14：30~14：32	教师将本和杰克邀请过来一起做他们的圣诞画。本正信心满满地和教师说着，当被问到他想要用哪种颜色时，他坚持说想用杰克要用的那一种颜色。	杰克 教师	本表现出能够倾听杰克所说的并且重复同样的颜色。这可能是与杰克进行分享的一种尝试。
15：00~15：02	本再次在沙池区域独自玩耍。杰克也在。一个女孩开始在沙池对面玩。杰克继续玩着他的桶和铁锹。所有的铁锹到哪去了？她问道。杰克弯下身来，然后将一个铁锹递给女孩。	沙池区域 本和杰克	本在杰克旁边，他看起来还未能与杰克互动或是分享，但是即便当另一个孩子过来玩的时候他仍能够待在那里。
15：30~15：32	儿童都坐在地毯上，听着托儿所的教师读一本大书。本坐在杰克旁边，正注意听着故事。	教室中所有的孩子以及教师	尽管本正在听故事，但是他还是选择坐在杰克旁边。

续表

时间	活动	社交团体	评论
16：00~16：02	本正睡在睡袋上。		通常本会在3：30被接走，但是他的妈妈说今天会晚点，所以教师让他先睡一会儿。
16：30~16：32	本被他的妈妈叫醒了，他看到妈妈的时候笑了。妈妈帮他穿上了夹克，装好了他的书包然后将他带离了教室。本转过头然后说，拜拜，杰克。他挥着左手向杰克示意再见。	母亲 教师 杰克	通过向杰克挥手，本已经展示出一种积极信号。看起来本已经开始喜欢杰克并且正表现出对与杰克交往产生兴趣。

本在班级中半天的行为将会被分析。

表 6.3　时间抽样技术示例

行为	地毯区域	建构区域	水池区	角色扮演区域	沙池区域
本和另一个孩子说话。	**	****	**	******	*
本不跟另一个孩子说话。	********	********	*******	*******	*******
本在另一个孩子旁边玩。	******** *****	********* ******	***********	******* *****	********* *********
当另一个孩子过来时本会离开。	**	*********	**********	******	****

　　在收集了大量的观察记录之后（以上仅仅是在一周内进行的许多观察中的两份案例），教师们开始进行分析。他们认为，本在与他人互动上正在取得进步，已经开始适应新环境，并且在社会性发展上取得了积极进展。观察记录显示，可能还需要更长的时间本才能够在新环境中变得完全放松和自信，但是他最终会和新环境变得更加熟悉起来。教师们查看了发展阶段，他们判定本正处于与其他儿童的平行游戏阶段，还未发展到合作游戏阶段。他们决定和家长讨论所有的观察发现，问问他们的意见。

关于儿童的学习我们知道什么？

　　早期儿童学习环境由游戏定向或是以游戏为基础的教育学所主导。许多研究（Moyles et al.，2001；Sylva et al.，2001；Siraj-Blatchford & Sylva，2002；Taylor & Aubrey，2002）发现，在一个成人发起的和儿童发起的活动之间达到平衡的早期教育环境会提高儿童的学习成果。在观察和评价的框架下进行教育实践，并且与家长和其他学前教育机构保持良好的协作关系，可以促进儿童的有效学习。

在第一章中提到，为了给儿童创造适宜的学习环境，一些儿童学习条件需要纳入考虑，强调：

·儿童发展；

·游戏；

·儿童的需要和情绪；

·儿童选择材料和活动的自由；

·儿童学习的自主权。

然而，这些条件并不只与儿童学习直接相关。成人的作用也非常重要，因为学习不会在没有成人支持的环境中发生。正如第一章中所讨论的那样，在认知心理学理论下，与环境的互动（皮亚杰取向）和作为更有经验的成年人的作用（维果茨基的最近发展区概念）在儿童身体、情绪、社会性和认知（如语言概念、词汇、语言、问题解决和数学概念等）发展中处于中心地位。儿童的早期经验可以在与成人的游戏互动中得以提升。

游戏支持了学前教育。研究显示，成人在帮助儿童在室内室外游戏中起着关键作用。正如第一章提及的，自福禄贝尔（1887）、裴斯泰洛奇（1894）和蒙台梭利（1912）以来，游戏的作用作为儿童学习环境创设的一个重要因素被反复强调。例如，裴斯泰洛奇将游戏视为儿童探索世界的一种方式，教师作为观察者可以思考儿童是如何游戏的并尽力以那种方式支持儿童。福禄贝尔和蒙台梭利首先看到了游戏的价值，并且通过给儿童提供适宜的材料和活动来设计学习环境促进游戏的进行。

通过游戏，儿童在一个预设的环境中掌握技能。关于游戏和学习的系列研究（Athey，1990；Nutbrown，1999）表明，儿童能够设计出有计划、有目的的游戏，成人在其中的作用是为这个教育计划的准备打基础。这些研究指出，把通过游戏进行学习置于一个由学习结果驱动的框架中是有风险的。正如第一章中提到的，对于一个儿童来说，游戏是自发的、无意识、缺乏组织的。因而，通过游戏进行学习可能变得不可预测，因为儿童的兴趣或者需要可能向无计划、无法预料的方向发展。然而，因为这些发展是建立在他们自己的兴趣和需要之上的，并且他们自己掌控了游戏和学习的自主权，所以，对于儿童来说这就是有效的学习机会。成人的作用在一个将游戏视为能够促进儿童创造力的有价值的环境中是至关重要的。幼儿园教师的支持、干预、互动和计划能够促进儿童的游戏，并且让他们从游戏中获益。

在一个以游戏为基础的学习环境中，观察在持续监测儿童的进步上非常重要且不可或缺。观察可以成为一项在教育环境中收集信息并确保对儿童进行有意义评价的有价值的工具。这样的评价不仅能表明儿童可以做什么以及他们已经掌握了哪些不同的技能，还能表明他们是如何使用这些技能的。

因为预期的学习结果并不总是可观察的和可测量的，并且也非儿童轻易就能达到的，所以在一个课程模式下工作有一些限制。在一个有着预定学习目标的环境中，以评价为目的观察儿童的学习需要：

·与家长交流设定适当的期望，并且让家长参与到观察过程中；

·合适的师幼比例以及适宜的空间和资源；

·为高效的教师团队会议和准备观察设计预留一定的时间；

·开发高效的观察与记录系统；

·培训。

案例研究

路易斯（Louise）2岁8个月了。她每周去托儿所三次。以下的观察使用了追踪技术。它不仅展示了路易斯在游戏中的偏好，也展示了在游戏中她是如何使用社交技能的。

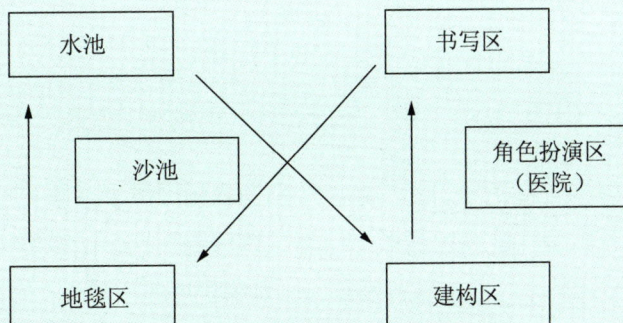

图 6.2　路易斯对游戏区域的偏好

开始：下午 2：10（在地毯区 15 分钟）

和一个朋友坐在地毯上。路易斯正一边向朋友展示她的照片，一边讲述拍照片时（暑假期间）她在干什么。

下午 2：25（8 分钟，水池）

路易斯和她的朋友到了水池区，她们正将不同的贝壳进行分组。路易斯的朋友离开了她，走到了沙池区。两分钟后，路易斯也离开了，但是并没有跟随她的朋友。

下午 2：33（13 分钟，建构区）

路易斯一个人玩着，她用磁力片搭建了一个坚固、构造良好的模型。

下午 2：46（14 分钟，书写区）

路易斯和其他两个孩子坐在桌子边上。她已经选择要给《咕噜牛》（Gruffalo）中的一幅画上色。她正一边小心翼翼地涂着，一边和其他儿童交谈。

结束：下午 3：00

孩子们被召集到地毯区，路易斯拿着她的画过去了。

成人的作用

在学前教育中，与儿童一起工作需要许多技能，例如，理解儿童发展的理论知识、对儿童的能力以及他们如何从游戏中学习有很好地掌握、对有效教学的理解、一定的管理技能。在这些技能中，幼儿园教师需要具备观察能力，因为观察记录能够帮助其洞察儿童的发展和学习，并且使得其能够在特定课程下为儿童创造适宜的学习环境。

理解教育实践的理论基础对于幼儿园教师来说至关重要。将儿童视为一个自信的学习者、能够自主选择材料和活动的观点将会决定观察过程。儿童发展以及他们在生命中的这一特定阶段能够做什么是需要被关注的。这种知识可能来源于关于发展的一般文献，也可能来自对儿童的直接观察。了解在我们所在班级中每个独立的儿童以及他们的能力、兴趣、需求是策划新的活动和体验的起点。需要的主要工具是将家长和儿童参与同时纳入其中的儿童观察。观察记录接着将会被解释，变成评价学前教育实践的重要信息。这些发现可以与家长和儿童分享，成为鼓励并促进儿童参与班级常规与活动的重要方式。

总结

本章讨论了观察与儿童的发展和学习的关系。观察为我们提供了理解和扩展儿童发展和学习的信息和证据。观察儿童的发展以及儿童通过游戏进行学习有其局限性，如需要较长时间、要求教师有高水平的技能。然而，由于被应用于每日的教育实践中，观察仍旧是一项有效的工具。

在一个强调运用观察以获得形成性和总结性评价的课程框架下工作，幼儿园教师应该投入时间创建高效记录儿童学习和发展的方法，以证明儿童进步的连续性。在这一框架下，教师应该能够掌握观察技能并进行有效实践，同时支持他人的观察技能的发展。

扩展阅读

更多关于儿童发展的资料：

Dowling，M（2010）*Young Children's Personal and Social Development*（3rd edition）. London：Paul Chapman.

Mercer，J（2010）*Child Development：Myths and Misunderstandings.* London：SAGE.

Nutbrown，G（2007）*Threads of Thinking*（2nd edition）. London：Paul Chapman.

Penn，H（2005）*Understanding Early Childhood：Issues and Controversies.* Maidenhead：Open University Press.

Robinson，M（2008）*Child Development from Birth to Eight：A Journey Through the Early Years.* Maidenhead：Open University Press.

更多关于儿童发展观察的资料：

Beaty，J（2006）*Observing for Development in Young Children*（6th edition）. New Jersey：Pearson Merrill Prentice Hall.

更多关于观察计划的资料：

Bradford，H（2012）*Planning and Observation of Children Under Three.* London：David Futon Book.

Hobart，C and Frankel，J（2004）*A Practical Guide to Child Observations and Assessments*（3rd edition）. Cheltenham：Stanley Thornes.

更多关于学前教育中的游戏理论的资料：

Brooker，L，Blaise，M and Edwards，S（eds）（2014）*The SAGE Handbook of Play and Learning in Early Childhood*. London：SAGE.

第七章

以教育研究为目的的观察

本章目标

通过阅读本章内容，你将：

· 学习将观察视为一项研究工具；

· 思考观察作为一项研究工具与作为实践的一部分之间的差别；

· 意识到观察是一种收集量化和质性数据的工具；

· 理解如何以研究为目的进行观察记录和分析。

教育实践中的观察和教育研究中的观察存在差别。以研究为目的进行的观察能够提供有效和严格的数据。

引言：观察的起源

贯穿本书，我们探讨了观察在学前教育和实践中的作用。正如在第三章中所讨论的，心理学影响着学前教育，因此，观察也成为学前教育的一部分。

教育领域的观察，作为一种获得对儿童发展和学习的深度理解以反思课堂教育活动的方式，正被广泛应用并成为课堂常规的一部分。然而，作为对个人、小组、事件或团体进行深度调查的方式，观察被运用于许多领域的研究中。在学前教育研究领域中，诸如蒙台梭利和艾萨克等先驱从他们自己的领域引入观察。例如，正如第三章所提及的，蒙台梭利从事医学，最初作为一名残疾儿童医生进入学前教育领域，也就在那时，她发展出对学前教育的兴趣。她的系统观察方法很大程度上受到她在医学领域的严格训练的影响。另一个例子是苏珊·艾萨克，她将心理分析概念引入学前教育中。受到安娜·弗洛伊德和梅兰妮·克莱茵心理分析工作的影响，她首先将这些概念引入学前教育并根据教育背景的需要进行修改。在梅兰妮·克莱茵的影响下，艾萨克通过系统化观察证实了游戏不仅影响着儿童对世界的探索和学习，对情绪表达和情绪纾解也同样重要。

在社会科学领域，观察作为一项收集数据的研究工具被广泛使用。正如在第二章中所讨论的，学前教育领域的观察是一种在自然状态(诸如风俗信仰和生活方式)下对他人进行系统化监控的相关活动。

在介绍了不同的心理学理论的第一章中，埃里克·比克（Erick Bick，1964）在婴儿观察的心理分析领域的工作被作为一项理解母亲和婴儿之间的互动的有效研究工具而被引用。鲍尔比进一步拓展了这一工作成果。认知心理学领域将对年幼儿童观察、皮亚杰测验以及该测验进行时发生的特定行为的系统化测量推到一个新的高度。当然，观察不仅应用于社会科学领域，同样也应用于诸如医药学、天文学、物理科学和生物学等其他学科中。

各种关于研究方法的著作都会对学前教育领域中以研究为目的的观察进行讨论（见本章末尾）。本章的目的是解释我们如何以研究为目的进行观察，并指出研究取向的观察和实践取向的观察之间的区别和共同点。表7.1总结了作为研究工具使用的主要观察手段。

观察和研究

设计一项研究项目是一个冒险的过程。有时候它是吸引人的，其他的时候就需要我们克服困难。梅库特和摩尔豪斯（Maykut & Morehouse，1994，p.26）指出，计划在一个研究项目中起重要作用。

> 我们所问的问题在某种程度上会决定我们找到的答案。这一点在设计一个量化研究中很重要。引导量化研究的研究问题反映了令人感兴趣的、值得发现的研究目标。量化研究有一个焦点，但是最初的时候这个焦点是宽广且开放的，这允许研究者进一步挖掘其中的重要意义。

有经验的研究者都认为，承担一个研究项目可能会面临未知的因素。即使已经有许多论文和书籍来帮助研究者,这一领域仍旧是"混乱的、令人失望的和不可预测的"（Wellington，1996，p.7）。即便如此,

观察用作研究工具

理论聚焦

表 7.1 作为一项研究工具的观察

方法	描述	性质	工具	优点	不足	示例
自然观察	在自然状态下观察行为。研究者作为被观察对象的一部分。	自然的 无结构化的 参与式的	书面的观察（叙述式）。利用数码的记录主要的事实要点（叙述式，质性数据）追寻文本中的意义。	观察反映了参与者的日常生活、习惯、习俗和价值观。	观察者对观察的情境是不可控制的。	婴幼儿观察的心理分析。鲍尔比对依恋的观察。
结构化观察	在实验室或控制化情境下观察某一行为。观察者与被观察者没有任何交流。	受控制的 结构化的 非参与式的	简要的书面观察。等级评分表。检核表。图表的（主要是量化数据，通过量化的手段追寻意义）。	对所有被观察者来说，观察情境都是一致的，所以能够测量/记录某一特定行为。	观察到的可能不是被观察者日常生活中的典型行为。	班杜拉对观察学习的观察：波波玩偶。行为主义学家对条件作用的观察。皮亚杰对儿童认知发展的测验。
自我观察	在多种情境中观察自己的行为来探究这些行为。	目标具体	数码设备，日记，日志（主要是叙述式，质性数据，通过文本追寻意义）。	自我观察提供了一个对导致某种特定行为/反应的内部或外部行为的深度理解。	观察是主观的，并且可能被研究者的个人信念和价值观影响。	自我观察被广泛应用于康复治疗中（酒精、药物滥用）。作为一名学生，你在填写反省档案时就是在使用自我观察。教师使用自我观察来反思。

对现有文献的综述会有助于你对自己所承担的任何研究进行理论背景构建和研究方法设计。

为了确定解决研究问题的适当观察方法，我们有必要明确需要哪种数据并探究研究目标。当我们将观察方法用在儿童身上时，以下两个问题必须考虑在内。第一，测量方法的选择对观察儿童所取得的进步非常重要。第二，需要选择有利于收集加深对研究内容理解深度的数据的观察方法。基于研究项目的特点，观察既可用来收集量化数据，也可用来收集质性数据。在讨论观察在这两种方法中的运用之前，有必要澄清研究中的一些关键术语（见下面的理论聚焦）。

理论聚焦   **研究**

研究是：

·在一个自然或控制的环境中，关于行为、现象、关系以及他们之间的相互作用的系统的、受控制的、实证的和批判的调查（Kerlinger，1970）。

·"通过方法论的过程探究、发现重大事实和观点，以增加自我和他人的知识量"（Howard & Sharp，1983，p.6）。

·通过对某一主题的清晰思考或研究来发现一些事实的探究或调查；一个批判或科学的探究过程（OED，2011）。

·一个公开化的系统询问（Stenhouse，1975）。

·"一个有助于知识增长的系统的、批判的和自我批判的探究"（Bassey，1990，p.35）。

研究需要：

·收集大量数据；

·可以被推广的结果；

·一个需要验证的假设或研究问题；

·进行实验或使用数据；

·客观性而非主观性；

·被证实的一些内容；

·专业知识。

研究中的关键术语：

·价值论：研究者的价值基础；

·本体论：现实的本质；

·认识论：研究者和知识世界之间的关系；

·修辞学：研究的语言；

·方法论：研究的过程；

·范式：理解世界以及其中的人类行为的方式。

研究中的关键行为：

·建立研究问题；

·探索研究选择和设计研究项目；

·识别你的研究的局限；

·适当地划定界限；

·识别偏差的可能性；

·确定数据收集、分析、报告、解释和汇报的现实的时间线。

第三章所介绍的观察技术同样可以用于研究数据的收集。然而，重要的区别在于，研究中的观察方法的选择取决于研究者的价值取向。当我们在实践中进行观察时，主要应该考虑的是如何获得儿童的深层次信息来评价教育实践以及儿童的发展和学习情况，同时我们的个人信仰和价值观不应该干涉观察资料的分析过程。例如，如果我们认为一个儿童的艺术成就的重要性不如数学成就，那么这种价值取向可能会影响我们对儿童的评价，这个儿童在艺术领域的成就可能因此被忽略。在教育情境中，儿童所有成就都应该被记录和重视，上述情况不应该发生。

在研究中，研究者会戴着自身意识形态见解、价值观和信仰（价值论）的眼镜开展研究，他们通过对正在研究的现象／问题的本质和基本原理（本体论）进行提问，尽力回答调查研究的问题。

例如，在下面的图片中（图 7.1），我们看到一道彩虹，但我们对这一现象的解释方式却取决于不同个体对彩虹出现的不同想法和观点（我们的价值观）；它是否符合自然规律、我们是否会基于自己对这一现象的感觉和看法（本体论）做出不同的解释由我们理解这一现象的方式（范式）决定。研究的终极目的是"承认对世界的多样化理解方式的基础上对知识进行构建"（Ma，2016，p.22）。

为了弄清楚这些哲学概念，我们可以观察图片，然后问一问为什么会存在这一现象。你会得到不同的答案。例如，如果某人认为造物主是存在的（这个人的价值论），他的答案可能是这是当光和水滴在空中相遇时造成的一种气象学现象，如果进一步问他这种相遇发生的原因（本体论），他的答案可能是这是上帝的创造物（基于价值论的解释 = 存在一个缔造者）。

图 7.1　港湾彩虹

如果某人并不信仰宗教，而是通过物理的规律（此人的价值论）来解释世界，关于彩虹是什么这一问题的答案可能和前面一样：它是一种气象学现象。但是关于这一现象为什么会发生的问题的（本体论）答案可能就会变成光的反射、折射和散射（基于价值论的解释 = 物理规律）。

正如上面论述的那样，我们的价值观和信仰（价值论）决定了我们会如何看待和解释存在的现象和行为——现实（本体论）——因为我们并不共享同一个价值观和信仰（价值论），它们对每个人来说都是不同的，所以存在着多种理解世界和人类行为的方式（范式）。研究的终极目的是知识的创造／建构／发展，而研究者就是基于他们自身的见解、价值观和信仰（价值论）、他们理解现实的方式（本体论）以及他们尝试解释现象和人类行为的方式（范式），不断地质问所获得的知识（认识论）。因而，认识论与质疑从研究项目中获得的信息相关。

正如上面所提到的，作为一种研究工具的观察取决于研究者的价值论。两种主要研究方法（质性研究和量化研究）的使用取决于两种主导的研究范式，如表 7.2 所示。

表 7.2   两种主导的研究范式

质性方法论的解释主义范式	量化方法论的实证主义范式
与个体组织和人相关	结果取向的
并不尝试将结果类推	主张将结果类推
并不主张只有一种事实	寻求唯一真理
主观性	客观性
效度有限，局部的和情境性的	效度取决于他人的研究结果

接下来的内容主要讨论这两种方法论的传统以及它们可以如何结合在一起使用。

运用质性研究工具的观察

有学者指出，质性研究方法为研究者提供了在研究中进行深入探索和发现重要意义的机会（Maykut & Morehouse, 1993）。质性观察帮助研究者理解观察现象的重要意义，并允许研究者深入探索该研究领域。然而，这一方法对于测量儿童发展并不管用，而量化观察可以为这种情况提供测量工具。

已有文献关于这两种研究取向的许多讨论，造就了我们对两者区别的相对夸张的印象。这些讨论试图将质性和量化研究视为本质上相对的两种理想化的研究范式。这一趋势在一些关于质性研究的陈述中可以清楚看到。然而，尽管这两种研究范式之间存在差别，但是在许多点上这两者的区别并不像通常所说的那样明显。因此，在确定量化和质性研究的特征时，一些共同特征也将会被提及。这将有助于我们扩大讨论范围，并探究如何将质性观察和量化观察结合起来，以作为获得所需的完整数据的方法。

为此，首先我们需要弄清楚这两种研究取向的作用，然后弄清楚当两者结合起来可能会导致的问题。更重要的是，我们需要搞清楚如何将通过这两种范式获取的数据联系起来，为研究提供获得信效度有保障的结论的可能性。

如前面所提及的，质性研究往往与话语而非数字相关，以便进行深度探究。布里曼（Bryman, 2012）和西尔弗曼（Silverman, 2013）认为质性研究有三大主要特征。

第一，他们表明理论和研究之间存在关联。主要有两种取向存在。扎根理论的实践者认为，质性研究之所以重要，是因为质性研究使得研究者可以从数据反映的事实中得出理论观点（Strauss, 1967；Charmaz, 2000）。而一些其他的质性研究者认为，质性研究能够在验证理论方面发挥重要作用。西尔弗曼（Silverman, 2013）指出，最近越来越多的质性研究开始对理论的验证感兴趣，也反映了质性研究方法的不断成熟。应该进一步提供相关数据，以作为证据验证并支撑研究理论，进而决定它是否能够改变未来的教育项目和实践。

第二，质性研究从认识论上来说属于解释主义（Bryman, 2012）。质性研究的重点在于通过考察研究对象关于世界的解释来理解社会世界。

最后，有一种本体论观点认为，我们所研究的社会现象与那些参与它建构的其他社会现象并不是割裂的。质性研究的认识论和本体论观点反映了它的本质。质性研究并不是一种直接的策略（Bryman & Burgess，1999），而是复杂的、难以确定本质的。

即便西尔弗曼（Silverman，2014）等研究者认为质性研究的本质很难被定义，还是有其他学者（Gurbrium & Holstein，1997）给出了关于质性研究的四种传统属性的建议（见表7.3）。

理论聚焦   **质性研究的四个关键传统**

表 7.3　质性研究的传统

传统	特征
自然主义传统	试图理解社会现实并提供对自然状态下的个体及其互动的一种完整解释
民族学传统	试图理解社会秩序是如何通过对话和互动建立起来的
感性传统	试图理解人类的内心世界，表现对个体主观的、贴近个体内心体验的关心
后现代传统	寻求方法以强调构建社会现实的多种方式

之所以确认质性研究的本质和存在的传统至关重要，是因为以下两点原因。首先，质性研究包含了几种各不相同的方法，因而，为了选择最佳方法收集所需数据并检验某理论在社会情境中的应用，确认你要在研究中使用的质性研究方法的本质就非常关键。

确认质性研究的本质至关重要的第二个原因在于理论、研究形式、研究数据的收集和分析之间的相关性。你的研究应该旨在探究理论如何转化为促进儿童发展和学习的活动。研究发现将反馈到相关的理论中。

运用量化研究工具的观察

广义上来讲，量化研究通常以量化数据的收集和探究数据和理论之间的关系为特征。量化研究使用特定的术语如变量、控制、测量工具、实验来分析数据，并且有一种明显不同的认识论和本体论。

认识论和本体论的观点表明量化研究超越了数字的简单呈现，而且量化研究的认识论"由许多已经被证明正确的知识所组成"（Bryman，1992，p.12）。

决定研究者的研究问题的理论通常都有其逻辑结构（Bryman，2012），并且常常被用来考察互动模式，例如，师幼互动。调查和实验是量化研究中最为常见的方法，结构性观察和内容分析也比较常见（Beardworth，1980；Keat & Urry，1975）。

这两种研究范式的本质不同反映了质性研究和量化研究主要特征的差异。根据维度划分的不同，布里曼（Bryman，2012）指出了这两种方法的主要差异。这些差异与这两种范式的结构、设计目的和数据性质有关。史密斯（Smith）将这一争论深入化，并且主张这两种研究范式"有着不同的操作过程和不同的认识论含义，因此，研究者不应该认同这两种研究范式是互补的这一没有事实根据的假设"（1983，pp.12-13）。这两种研究范式以两种相隔甚远的认识论和本体论主张为导向（Hughes，1990），因此，质性研究应该与量化研究分隔开来（Smith & Heshusius，1986）。

古帕（Guba，1985）和摩根（Morgan，1998）赞同上述说法，并且为这场辩论增加了范式论据。他们表明，作为范式的质性研究和量化研究在认识论假设、价值观和方法上不同。因此，这些范式是不可共同比较的（Kuhn，1970），并且两者之间不存在重叠和共性的区域（Hughes，1990；Walker，1985；Rist，1977）。然而，在后面的讨论中我们会谈到，由于研究问题的性质的不同，有时候这两种不同的研究范式可以结合起来以收集更为丰富的数据。

活动 1

学习理论聚焦表（表 7.1 和表 7.3）。你能够识别出哪种观察方法是质性的，哪种是量化的吗？为什么？

运用质性和量化研究相结合的观察

在以上内容中，我们已经探讨了质性和量化研究范式的本质，并且指出它们的差异存在于认识论、本体论、范式、组织和数据分析（见第 150 页的理论聚焦框）等几个方面。在有关两种研究范式是否能够结合的讨论被激化的情况下，我们有必要考察与这两种范式相关的认识论和本体论主张以及反映了研究设计和数据分析的组织的范式主张。另外，两类数据的结合方式问题也需要被考虑。因而，下面的篇幅将尝试讨论这些困难以克服任何可能会影响研究信度、效度和结果推论的问题。

虽然许多社会学研究者因为质性研究和量化研究的性质不同而反对他们的结合（Hughes，1990；Smith，1983；Smith & Heshusius，1986；Kuhn，1970），但其他很多研究者似乎支持两者的结合，或主张使用多种策略的研究或是混合方法进行研究（Bryman，2012；Denzin & Lincoln，2000；Cooper et al.，2012；Plowright，2010）。

有观点提出，量化研究和质性研究是不可兼容的。这种理论（Smith，1982；Guba，1987；Lincoln，1990 & 1994）认为，由于两种研究范式之间的内在固有差异，那些尝试将两者结合起来的研究者可能会失败。然而，相反的观点认为，两种范式之间的差异被夸大了，并且这种差异并不如描绘的那么大（Tashakkori & Teddlie，1998）。豪斯（House，1994）尝试解释这一差异，认为这是对科学理解有误而导致的结果。通向应许之地的方法可能有一种或几种，但并没有一个明确的方法或路径（House，1994，pp.20–21）。

史密斯（Smith）对两种方法的不可兼容性有一个坚定的主张：

一种取向对于主题事件的关系采取从主观到客观的态度；另一种则采取从主观到主观的态度。一种将事实和意义分开，另一种则将它们视作不可分解的混合体；一种寻找的是规律，另一种寻找的是理解。这些定位看起来就不是兼容的。

（1983，p.2）

根据上述观点，由于两种范式的不可兼容性，质性研究和量化研究的结合似乎是不可能的。

然而，达塔（Datta，1994）提出了反对史密斯（Smith）的不可兼容性的观点，并且尝试证明两种范式共存的合理性。他认为，所有范式已经被使用了多年，而且很多评价者和研究者都支持两者的共同使用。许多研究者同时支持两种研究范式，并且认为两种范式都会对政策和实践产生影响。最后，两种范式都有助于知识的产生。

豪（Howe，1988）将两种范式的不可兼容性称为假问题，并且表示研究者在他们的研究中可以同时使用两种范式。他主张研究哲学应该远离概念的讨论而变成"解构性的"（p.15）。布鲁尔和亨特（Brewer & Hunter）为了证明两种范式兼容的合理性也提到了这一点，他们宣称"与其将一个特定的理论类型……与它最兼容的方法捆绑起来，个体可能更倾向于将那些鼓励或直接要求综合不同理论观点来解释数据的方法结合起来"（1989，p.74）。

因此，混合观察方法的使用帮助研究者获得了大量仅通过一种或是其他方法不能提供的信息，我们可以认为将两种不同的范式结合起来实际上更有利于研究。而且，通过观察获得的数据可以在许多理论指导下通过分析和解释以提供重要的结果，这种混合的研究范式帮助研究者克服了世界是复杂的、分层的、通常是难以理解的事实（Reichart & Rallis，1994，p. 84）。

然而，虽然将量化和质性研究结合起来可以为研究者提供丰富的数据资源，但收集这些数据的实际方式却受到特定的认识论和本体论的限制。普拉特（Platt，1996）质疑那些声称研究方法能够反映或揭示某种关于知识和社会现实的假设的观点。考察实践中使用的研究方法，发现它们之间的关联并不确定。使用一种研究方法得到的结果应该与使用另一种研究方法得到的结果进行交叉验证（Fielding & Fielding，1986）。用于收集数据的传统量化研究方法包含详细的事先设计好的工具（Tashakkori & Teddlie，1998）。而最为传统的质性研究则是在没有事前准备好数据收集工具下开展的。

麦尔斯和休伯曼（Miles & Huberman，1994，p.35）向我们阐明了这一问题：

> 至少在最初的时候，了解你所期望获得的研究结果无疑会引发你对数据收集方式这一问题的思考……你必须要做出一些技术选择。需要做记录吗？记录的类型是什么？记录需要被录音吗？之后是否需要聆听？转录？记录要如何写？

事实上，质性和量化两种范式相结合也存在着一些问题，即如何在数据分析时将两种类型的数据结合起来进行分析。即便混合数据收集方法为使用两种方法提供了优势，但同时也成为了一种限制。阿姆斯壮等（Armstrong et al.，1997）认同这种限制，认为当质性和量化研究结合起来时，如何保证研究的信度和效度是首要需要考虑的问题。因此，定义这两个术语非常重要。

信度指的是行为测量的一致性和可重复性。对人的行为可信的观察并不独立于某一观察者（Tedlock，2000）。相反，不同观察者必须对他们所看到的保持一致性，在一项研究中，所有直接参与研究的教师和间接参与的家长都应该参与讨论观察结果。

效度是指研究中实施的测量能够反映研究者想要测量内容的精确程度，因此信度对研究的有效性来说至关重要。为解决与研究效度相关的困难，邓津（Denzin，1970）在研究的基础上描述了在观察中效度的两种类型：

1.外部效度考量研究结论是否适用于其他情境因素；

2. 内部效度考量研究结果的真实性因素。

当使用混合方法时，研究者应该对通过混合方法获得的数据进行核对和交叉核对。

推论

伴随量化和质性研究相结合而来的一个问题就是研究结果的推论。质性研究通常依赖以解释性的逸事记录法呈现数据，因而批判性阅读者被迫思考研究者是否仅仅选择了那些支持自己观点的数据部分（Silverman，1985，p.40）。量化研究也不能将研究发现推论到超越研究进行的特定情境的范围（Bryman，2012）。然而，研究的内部效度一直是诸多讨论的中心问题。我们有必要认识到推论存在一定的限制，这也适用于现今的研究。

到目前为止，已经有一些关于量化和质性研究结合起来时出现的相关问题的讨论，也有研究为量化和质性研究涉及的信度、效度、结果推论的不可兼容性问题造成的局限提供了参考。因而，开发一种既允许数据的收集，同时将已知局限最小化的研究设计很有必要。表7.4呈现了这种数据收集的研究设计和研究工具，并讨论了以上所说的局限。

理论总结表	观察技术常常被用于研究中：
表 7.4　观察技术比较	
质性研究	量化研究
叙述（书面记录、逸事记录和连续记录）	抽样 评定量表 检核表 图表

用于研究的观察与用于实践的观察

在学前教育中，将实践取向的观察和研究取向的观察区分开十分重要。贯穿本书，我们讨论的观察基本都与学前教育实践相关。将观察作为一项研究工具与此的主要区别在于对所研究现象或行为的透彻的、详细的考察和推论。作为一项研究工具的观察是对研究问题的回应，旨在为研究者提供全面的数据来回答研究问题。这些研究结果是可以进行推论的。

观察作为一种为教育实践或儿童的发展与学习提供证据的工具，是一种收集大量关于儿童个体、儿童群体或是一段时间内的儿童活动的系统方法。然而，这些根据观察发现的结论是有局限性的，并不一定能够被推论和应用于其他情境。

下面的理论聚焦框（表7.5）呈现了作为研究工具的观察和作为实践工具的观察的主要不同点与共同点：

理论聚焦

表 7.5　用于实践的观察与用于研究的观察的比较

用于实践的观察	用于研究的观察
实践者使用观察系统地收集信息以指导实践	研究者将观察作为一种数据收集工具以回答研究问题
实践者使用观察来收集儿童进步、发展和学习的信息，以为支持儿童发展做进一步准备	研究者使用观察收集数据以帮助他们回答研究问题
实践者可以依靠观察之外的其他信息来获取某一儿童的信息（例如，家长、健康专家、教育心理学家）	研究者依靠研究设计收集数据。研究者使用多种方法收集数据（三角验证）
实践者观察教育机构中发生了什么，并且和家长交谈以了解教育机构之外发生了什么（例如，在家里时）	研究者观察与他们的研究相关的内容（例如，观察一名儿童在教室和家中的表现）
实践者在观察一名儿童的同时能够使用逸事信息（例如，从家长那里得到的信息）	研究者依赖通过观察收集的数据，在必要时也会使用其他研究方法（例如，访谈）来收集补充信息
实践者想要理解儿童的发展和学习	研究者想要理解一种现象或行为
实践者想要解释儿童的行为	研究者想要解释现象或行为
实践者关注发展的领域以测量和评价它们	研究者想考察一种现象或行为的影响
实践者能够获得对儿童发展的理解，并且满足他们的独特兴趣，即便对那些语言还未发展完善的婴儿和学步儿也是如此	当缺乏语言或沟通技能时，研究者也能够获得对人类行为的理解
实践者想要理解儿童的互动和关系，以提供促进他们进一步发展的活动	研究者想要考察人类互动和关系
实践者想要理解儿童在一定情境中为什么会发生特定的行为	研究者想要考察某一现象或某一行为的因果关系
实践者将观察作为收集每一个儿童及其实践的有效工具	研究者将观察作为一种收集数据的工具来使用
观察可以是质性的也可以是量化的，取决于实践者想要探究的目的和目标	观察可以是质性的、量化的或是结合的，取决于研究者的定位（价值观）
谨慎考虑伦理问题，并且获得知情同意	谨慎考虑伦理问题，并且获得知情同意
观察数据依赖于当事件发生时发生了什么，实践者使用多种/多次观察来分析一个儿童的行为	事件发生时被记录下来的内容决定了观察数据，研究者依靠其他研究方法来相互验证他/她的分析
分析数据、获得结论并以此制订后续计划	在数据分析、得出结论后进行推论、提出建议、深化知识
对由观察获得的信息进行分析，且与利益相关者（例如，儿童和家长）分享	观察结果面向更多的人开放

案例研究

作为一种研究工具的观察（一个身体发展的案例）

尽管在儿童身体发展方面已经有了大量文献和研究，但是你还是想要探究婴儿的身体发展。你对探究 6～12 个月大的婴儿有怎样的身体特质感兴趣。

研究设计

作为研究项目的一部分，同时为了收集有深度的证据，你已经做好了一个包含质性和量化观察方法的研究设计。你的观察日程表包含：

1. 使用数码设备对婴儿在家中和托儿所进行自然观察。你将会分析这些录像，对你在婴儿身上观察到那些身体技能进行分类。

2. 结构化观察：使用等级评分表。

你的目标在于使用一些特定的观察方法以识别特定的身体特质。6～7 个月大的婴儿：给婴儿乐高积木块，对他们的行为进行记录和评分。7～9 个月大的婴儿：给婴儿乐高积木块，对他们的行为进行记录和评分。

在每名婴儿身上重复 5～6 次同样的观察。每名婴儿的每一次观察结果将会被记录在一张评分表上。有两张等级评分表，一张适用于 6～7 个月的婴儿组，一张适用于 7～9 个月的婴儿组。这两张等级评定表将使得比较两组儿童的表现成为可能。

正如你所看到的，两种不同研究范式的工具被用于同一项研究。质性观察将会提供关于儿童身体特质的信息，量化观察将会促进对两个年龄组之间的比较。这些结果可能会帮助研究者探索婴幼儿身体发展以及他们的身体互动。

作为实践一部分的观察（一个身体发展的案例）

你进入一所托儿所，与 6～12 个月大的婴儿待在一起。你想要收集证据来评价儿童的身体发展。为了收集证据，你已经做好了以下检核表：

身体发展	尝试成功 / 失败
当被拉着坐起来时有一点延迟或没有延迟	
当正面躺着的时候能够抬头和肩膀	
当有支撑的时候能够直着背坐着	
当直立的时候能够保持头部稳定	
当在帮助下站立时，能够将重心放在脚上并且上下弹跳	
能够从前到后翻滚	
能够从后向前翻滚	
能够不借助支撑坐起来	
当坐着的时候，能向前够到一个玩具并不翻倒	

续表

身体发展	尝试成功/失败
通过爬行或臀部慢慢移动	
能够自己站起来	
能够从躺着变成坐着	
扶着家具在房间里四处走	
独自站立	
在成人的帮助下走路	
能爬楼梯	
能独自走几步	
当有一只手帮忙时能够穿过房间	
推着大大的带轮的玩具走	
能够爬上一个矮的椅子然后坐上去	

活动2

　　根据以上案例，尝试列出研究中的观察与实践中的观察的相同点和不同点。

总结

　　本章旨在讨论将观察作为一种研究工具，强调研究取向的观察和实践取向的观察之间的区别。两种类型之间存在差异。不论是以研究为目的进行观察，还是以实践为目的进行观察，我们都需要系统地收集具有较高信度和效度的数据。研究者需要说明数据收集过程并将其作为研究过程和更深一层的知识的一部分在研究团队中进行分享。而学前教育实践者需要为儿童创建档案，但仅将档案与这一过程的利益相关者（例如，家长和儿童）进行分享。在这一意义上，研究取向的观察与实践取向的观察的不同之处在于数据收集方式以及数据使用目的的不同。

扩展阅读

　　更多关于观察作为一种研究方法的资料：

　　Gillham，B（2008）*Observation Techniques*：*Structured to Unstructured*. London：Continuum.

　　Plowright，D（2011）Chapter：Observation，in　*Using Mixed Methods*：*Frameworks for an Integrated Methodology*. London：SAGE.

更多解释观察数据的内容，请阅读以下著作的第五章：

Silverman, D（2011）*Interpreting Qualitative Data*（4th edition）. London：SAGE.

更多关于研究取向的观察和实践取向的观察的区别，阅读以下著作的第十二章：

Papatheodorou, T, Luff, P and Gill, J（2011）*Child Observation for Learning and Research*. Harlow：Pearson.

如果你正在进行学前教育研究，请参考：

Robert-Holmes, G（2014）*Doing Your Research Project：A Step-By-Step Guide*（3rd edition）. London：SAGE.

第八章

对课程的观察

本章目标

通过阅读本章内容，你将：

· 理解当代教育学研究方法；

· 理解课程研究方法；

· 理解教育学与课程的区别；

· 理解学前教育课程的关键思想；

· 理解观察在学前教育课程中的作用。

设计观察计划是学前教育的一项基本活动，因为它增强了教育实践，并为儿童的学习与发展和课程之间提供了有意义的联系。

引言：对教育学和课程的理解

在第一章中，我们讨论了学前教育学的影响因素，并对儿童的社会建构理论和影响教育学的心理学与哲学思想进行了探讨。为了了解教育学与课程之间的差异，并找出课程观察的关键问题，在这一章我们将对相关内容继续进行讨论。

正如第一章所提到的，教育学是旨在描述一种知识体系的术语，这种知识体系涉及在学习环境中的教学与实践。关于教育学性质的讨论永远不会结束，事实上，我们对"教育学"这一概念研究的越多，我们的理解就越深入。当代教育学理论主要受到布鲁纳的观点的影响，引入了元认知教育学的概念（Bruner，1996）。在他们看来，教育学关注的是儿童以及儿童在学习和思考时对自己思维过程的注意程度。

另一组理论家提出了批判教育学的观点（Giroux，2011；Hall，2007；Mohanty，1989），他们认为应以一种负责任的、批判性的方式运用知识，从而引发对儿童所生活世界的质疑。他们认为，根据所获得的知识，不断的批判性提问是改变和改善世界的有力工具。

> 批判教育学认为，儿童通过文化质疑能够积极地参与到具有主体地位的学习之中，文化质疑在个体和公众之间开辟了一种转换的空间，同时也让儿童进行了自我认同和社会认同。
>
> （Giroux，2011，p.14）

帕帕塞奥估鲁和莫伊蕾斯（Papatheodorou & Moyles，2009，p.5）认为，我们应该在"对彼此无限关注的关系中理解教育学"。他们将教育学描述为教师和学习者在社会和文化环境中进行对话的一种形式。在前期的一项研究中，布朗利（Brownlee，2004）定义了关系教育学的三个关键要素，即学习者、教师和学习环境之间的关系。有人认为，关系教育学关注的是学习者与教师之间互相尊重，知识与学习者自身经验的关系，最后关注的是以知识的建构而非知识的积累作为一种获取意义的方式。莫伊蕾斯等人（Moyles et al.，2002，p.5）认为关系教育学是：

> 将自主教学行为和作为一名学前教育工作者的行为，与个人、文化和社区价值观（包括保育）、课程结构、外部影响联系起来。学前教育学是在幼儿园教师、幼儿和他/她的家庭之间建立一个共享的参考框架（相互学习）。

最后，田口（Taguchi，2010）提出了一种新的教学方法，即积极教育学，它关注学习者的参与、过去经验和活动的价值，还关注将知识的构建作为一种产生意义的工具。积极教育学将注意力从创造学习环境的传统方式，转移到学习者之间的主动关系和日常生活中环境的使用，如人工环境、空间和场所。

关于教育学的讨论大多是抽象和理论性的，并且是一个漫长的过程，因此，巴拉德（Barad，2007，p.54）提醒我们注意以下事实：

> 理论化并非把物质世界抛在脑后，而是进入纯粹思想的领域，在那里，思想的崇高使客观的反思变为可能。和实验一样，理论化是一个物质化的过程……他们是与世界进行物质接触的动态实践。

创造学习环境是为了深入理解教育学的本质，从而制定出一套能够反映我们教育学观点的基础课程。因此，教育学和课程的一个关键区别在于，教育学是通过课程来实现的理论方法。在讨论教育学和课程之间的区别之前，我们必须尝试定义"课程"。

什么是课程？

正如关于教育学的讨论一样，一些理论家对课程提出了不同的观点和模式。斯基罗（Schiro，2008）对此进行研究，提出了四种主要的观点：

· 学术的观点；
· 社会效益的观点；
· 学习者中心的观点；
· 社会重构的观点。

学术的观点是建立在学科是由知识组成的这一观点之上的。因此，课程是围绕着学科组织的，学习者是学习这些学科的直接主体。

社会效益的观点将课程视为训练的一部分，这种训练能够满足社会的需要。社会效益的观点深受行为主义心理学的影响，认为学习就是改变人的行为，因此这种课程模式的重点关注学习的概念、引发学习者出现预期反应的学习环境和经验以及学习者的责任。

学习者中心的观点扩展了这一观点：学习包含了社会和学科的需要，以个体学习者的需要为基础。这种观点把课程看作是学习者的一种可享受的体验，在这种体验中，认知、社交、情感和身体素质都得到了发展。学习者中心的课程强调环境的组织，在这种环境中，学习者是通过与他人和材料的持续互动获得意义的。

最后，社会重构的观点与社会问题有关。在这种观点中，课程是一个社会过程，课程的组织方式应该帮助学习者了解他们的社会并为其改进做出贡献。

在早先的一项研究中，马什（Marsh，2004）研究了教育中的一些课程模式。他根据这些组织的重点以及它们的宗旨和目标，将其分类：

· 课程是语法、阅读、逻辑、修辞学、数学等永恒的学科，也是西方世界最能体现基本知识的最伟大的书籍；
· 课程是那些当代社会中最有用的学科；
· 课程是学校负责的所有有计划的学习；
· 课程是向学生提供学习经验，使他们能够在各种学习场所获得一般的技能和知识；

·课程是学生通过计算机及其各种网络（如互联网）所构建的课程；

·课程是对权威的质疑，也是对复杂的人类情境观的探索。

通过对文献的研究（Kelly, 2009；Schiro, 2008；Ellis, 2004；Kliebard, 2004），似乎所有人都认为，课程是一种在教育中规划和组织教学的方式。与这一目标更为一致的课程是以可用的形式组织文化资源，以促使学生加深和扩大对社会日常生活中的问题和困境的理解，并就如何解决这些问题做出明智的判断。这样的课程将会对学生自己的思考和他们对人类处境的理解做出回应。因此，教师作为教学过程本身的一部分应不断地对课程进行测试、重新设计和开发，而不是在教学之前进行。由此可见，教育学驱动课程改革的理念是一种创新的体验（Elliott, 1998，p.xiii）。

斯科特（Scott, 2008）谈到了可能指向同一系统的不同类型的课程，"如国家课程、机构课程、学校甚至是个别学校的课程……其四个方面是：目的或目标、内容或主题、在科目选择中隐含的知识、技能或倾向，及其安排方式"（p.19）。

正如沃克（Walker, 1990）所指出的，课程包括内容、目的和组织的基本概念，这些概念是由教育学支撑的。教育学是关于如何构建知识的价值观、信仰、原则和伦理，并在这些学习者的团体中共同推动课程内容、组织和目的。

建立教育学与课程的协同作用

从以上讨论可以看出，教育学与课程有明显的区别。可以说，教育学是如何组织教学和学习的理论与实践的思想，而课程则是教育计划的实际组织。从这个意义上讲，教育学是教育背景的哲学思想，这可能包括教师、学习者和社区，而课程则是在教育背景下组织学习的方式。

在第一章中，我们认为社会对儿童的看法（儿童的社会建构）决定了社会为儿童提供教育和其他服务的方式，例如，儿童的健康。同样，这些观点会反映在课程中。下面的例子试图说明教育学和课程之间的协同作用——强调观察的作用——以及不同社会对儿童的看法。

案例 1

瑞典的课程

2010年联合国教科文组织对瑞典学前教育系统的报告简介：

瑞典的学前教育模式一直是基于这样一种理论，即儿童的发展和学习的先决条件在很大程度上受社会环境和儿童在童年时期所受教育刺激的影响。学前教育进入教育系统的重要一步就是引入了学前教育的第一个课程（Lpfö 98, 1998）。课程加强了这样一种观点，即儿童在所有环境中而不仅是在特定的环境中不断发展和学习。课程规定，学前教育的任务是全面和广泛的。学前教育是建立在整体的儿童观上的——儿童的发展和学习的各个方面是紧密结合的。这意味着学前教育应该得以组织，以便将学习、护理和养育结合到日常教学实践中，并形成一个整体。在这个报告中，当我们提到瑞典学前教育传统的整体儿童观时，我们将使用"教育护理"这个概念。

从上面可以看出，支撑瑞典教育的主要思想是儿童是完整的人这一观点。其核心是平等，并将平等作为一项基本权利，为每一个儿童提供高质量的保育和教育。这一观点反映在瑞典的学前儿童保育和教育课程中，于2010年修订的学前教育课程提出："民主和尊重人权是学前教育的基础。每一位学前教育工作者都应该提倡尊重个人的内在价值，并尊重我们共同的环境"（Lpfö 98，2010，p.3）。

这种观念设定了学前教育的使命，即为终身学习奠定基础，并以某些价值观为基础，诸如保育、社会化和学习为儿童的愉悦、保障和安全形成一个连贯的整体。具有适宜刺激的学习环境强调游戏以及与家庭形成伙伴关系：

> 在这里，保育、社会化和学习共同构成一个连贯的整体。为了刺激和促进儿童的学习和发展，这些活动应该得以开展。学习环境应该是开放的、内容丰富且有吸引力。幼儿园应该促进儿童玩耍、创造和享受学习，同时应该注意并加强儿童学习和获取新经验、知识与技能的兴趣。

（p.9）

由于采取了这种做法，瑞典的课程没有规定儿童在某一年龄段需达到的目标。相反，它提出了幼儿园教师团队奋斗和完成任务的目标（教师通常学习3～5年的大学课程，由受过教育的教师担任教师助理）。这些目标围绕着：

· 民主社会的规范和价值观，如尊重、责任和参与；

· 发展和学习；

· 为儿童理解民主是什么、为自己的行为负责、为幼儿园的环境负责等提供基础；

· 家园合作；

· 幼儿班级、学校与休闲中心的合作；

· 定期、系统归档。

在课程中没有提到"儿童评定"这个词。相反，"评估"一词被用来作为学前课程目标的一部分。对儿童的评估不是由政府规定的，而是需要并重视教师、家长和儿童的意见和经验。为了评估每个孩子的进步，观察和数字媒体被大量使用，目标是：

> 了解如何提升幼儿园的质量，即组织、内容和行动，使每个儿童都能获得最佳的学习和发展条件。最终，这涉及发展更好的工作流程，即能够确定工作是否按照目标进行，以及调查需要采取哪些措施，以改善儿童在幼儿园中学习、发展、获得安全感和乐趣的条件。对评估结果的分析表明了对发展至关重要的领域。所有形式的评估都应该以儿童的视角为出发点。儿童和家长应该参与评估，他们的观点应该得到重视。

（p.14）

更多信息请访问：www. skolverket. se/ om-skolverket/ publikationer/ visa-enskild- publikation?_xurl_=http%3A%2F%2Fwww5.skolverket.se%2Fwtpub% 2Fws%2Fskolbok%2Fwpubext%2Ftrycksak%2FRecord%3Fk%3D2704

案例2

英格兰《法定框架》

当我们讨论学前教育学的发展时，首先要追求的是教育质量。《法定框架》试图为实践制定标准，旨在提高质量。学前教育被看作是环境和家长之间的一种合作关系。它的最终目的是在学前教育环境中进行标准化的实践，使家长们确信，《法定框架》设定的标准是所有学前教育提供者必须满足的标准，以确保儿童学习和发展良好，并保持健康和安全。

《法定框架》强调早期儿童教育的四个关键方面：

·在所有环境中，质量和一致性使每个儿童都取得良好的进步，没有一个儿童落后；

·根据每个儿童的需要和兴趣规划学习和发展，并定期评价和审查，从而建立一个稳固的基础；

·幼儿园教师与家长或照顾者之间的合作关系；

·机会平等和反歧视做法，确保每个儿童都得到包容和支持。

（p.2）

为了提供高质量的学前教育，了解儿童的发展非常重要。要做到这一点，《法定框架》提出了四项总体指导原则：

·每个儿童都是独特的，他们不断学习，并且坚韧、有能力、有自信；

·儿童通过积极的人际关系学会坚强和独立；

·儿童在良好的环境中学习和发展，在这种环境中他们的经验会对其个人需要做出反应，并且幼儿园教师和父母或照顾者会建立牢固的合作关系；

·儿童以不同的方式、不同的速度发展和学习。该框架涵盖了对所有儿童的保育和教育，包括有特殊需要的儿童和残疾儿童。

（p.3）

《法定框架》公开讨论了什么是有效的实践、学前教育部门应该做些什么以及应该如何实施最佳方案以实现学习目标等问题。在审查《法定框架》的标准化原则方法时，出现了两个主要问题。

首先，这些标准与儿童典型的发展成果（学习和发展目标）有关，《法定框架》最重要的是，"为儿童在成长过程中充分发挥其能力和天资提供基础"（英国教育部，2014，p.1）。因此，它设定了一些学习和发展的目标，这些目标是在儿童5岁的时候应该达成的。《法定框架》中的发展结果没有留给儿童作为"知情者"的空间。相反，环境为儿童创造了表现的机会，在那里儿童能够表现出可观察和可测量的行为。因此，可依据这些行为结果为质量标准评价幼儿园教师。

其次，《法定框架》促进教学和学习，以确保儿童做好入学准备，并向儿童提供广泛的知识和技能,为其今后在学校和生活中取得进步打下良好的基础(英国教育部,2012a,p.2)。《法定框架》重视使儿童能够达到未来的目标、标准和学习成果。它假定儿童需要进入下一阶段的发展,从"较小的孩子"到"更好的孩子"。"发展""发展目标"或"学习(持续)目标"都是指儿童尚未发展(整体),因此需要发展(改善),或儿童可能到达的预设地点(可能是学校)。

在这些观点中,重要的是学前教育工作者能够实施《法定框架》这一标准,但同时也就他们自己的实践和教学价值形成一种声音和理论论点。学前教育工作者的角色应该是:

· 基于理论背景引领实践;

· 激发团队之间的教学讨论,要求了解当前的教学实践;

· 传播和执行团队内部的现行政策。

案例 3

意大利的瑞吉欧·艾米莉亚

瑞吉欧·艾米莉亚是位于意大利北部的一个小镇,也是一个社区支持的学前教育和保育系统。洛利斯·马拉古齐将一个早期儿童系统介绍给了瑞吉欧·艾米莉亚地区,这是基于他的观点,他认为儿童是积极的、坚强的、有能力的人,也是基于马拉古齐(1995)和他的同事里雷那蒂(Rinaldi,1995)的儿童认知发展教育学的观点。他们特别强调了维果茨基的观点——儿童不是运用知识,知识是通过与更成熟或更有经验的同龄人或成年人的互动来建构的(Miller et al.,2003)。

瑞吉欧·艾米莉亚的独创之处是没有书面课程。相反,它采取本土化的方式来教育儿童。这种方法没有外部和形式化的压力和标准,没有政府的目标需要实现,出发点是儿童,因此,课程从儿童自身的利益和需要中产生(Rinaldi,1995)。瑞吉欧·艾米莉亚通过与团队、儿童和家长的持续对话来发展学前教育学。在这一课程中,儿童被认为"富有潜力,强大、有力、能干,而且最重要的是,与成人和其他儿童有着联系"(Malaguzzi,1993,p.10)。

儿童富有潜力,强大、有力、能干,最重要的是与成人和其他儿童的潜力相联系,这一观点是这一教学模式主要原则的基础。学习被看作是一项涉及所有参与者的社会活动:父母、孩子和当地社区。因此,这些参与者都在不断地讨论课堂上的活动。

瑞吉欧·艾米莉亚关于学前教育学的基本原则是:

· 与父母建立合作关系并与其沟通;

· 倾听孩子们用来交流的上百种语言;

· 将儿童工作的非正式评价和记录作为幼儿园教师、儿童和家长讨论的起点;

· 物质环境,重要的是使瑞吉欧·艾米莉亚的儿童情绪稳定。

在瑞吉欧·艾米莉亚这一模式中，幼儿园教师会收集关于孩子们参与活动的证据。这些证据要么以每个儿童的作品集的形式记录下来，要么由照片记录下来，这些都会成为每周小组会议讨论的起点。从这些讨论中，活动设计得以产生。幼儿园教师、家长、儿童和更广泛的社区之间正在进行的对话形成了教育方案及其活动，这是教育学的一个关键方面。

菲利皮尼（Fillipini）展示了瑞吉欧·艾米莉亚的工作方式："教学顾问"（学前教育工作者）与家长和教师一起致力于达成教育目标，并在许多方面都有协调作用，包括管理和培训（Fillipini, 1995, in Miller et al., 2003）。再次引用维奇（Vecchi）的话："艺术家"（或"驻地艺术家"）总是经常参与项目工作和儿童作品的可视化记录工作（Vecchi, 1995, in Miller et al., 2003）。

案例4

新西兰课程：特法瑞奇

在新西兰的学前教育环境中，有人试图创建一种多元文化课程，这被称为"特法瑞奇"，它试图描述国家课程的性质。它以布朗芬布伦纳关于嵌套环境和人类发展的思想为基础，将每个地方社区的信仰、价值观和文化特征纳入其中，作为一项主要原则（新西兰教育部，1996）。

特法瑞奇课程强调儿童选择材料、活动和自主学习的自由。儿童被视为能够成长为有能力且自信的学习者和交流者，做到心理、身体和精神健康，确保他们的归属感和对社会做出有价值的贡献（新西兰教育部，1996）。

该课程的框架以儿童自身的兴趣和愿望为基础（Tyler, 2002）。与《法定框架》类似，也有一些指导学前教育团队的原则。

· 赋权（Whakamana）：儿童掌握自己的发展和学习是课程的核心。

· 整体发展（Kotahitanga）：儿童被视为一个整体。它强调儿童学习要采用整体方式，不仅考虑他/她的身体、社会、情感和认知发展，还考虑到儿童环境的文化背景和精神方面。

· 家庭和社区（Whanau Tangata）：同样，与早期教育纲要的合作关系相似，更广泛的家庭和社区是儿童早期课程的一个组成部分。

· 关系（Nga Hononga）：儿童与同龄人、成年人和现实生活对象的互动，增强了他们的学习能力。

使用特法瑞奇课程框架的教师重视儿童的幸福感、归属感、他们所做的贡献、他们交流的重要性和发展探索的机会。此外，在这一课程框架内，重视将毛利语渗透在新西兰课程中以加强特雷奥毛利——毛利语的学习。特法瑞奇认识到可识别的毛利课程的独特作用，即通过使用毛利语言保护毛利文化（Carr, 1999）。

这种教学模式的五大主要部分分别为：儿童和家庭认为自己属于早期儿童环境的共同体、确保儿童和家庭的福利保障、环境的探索、强调沟通、确保个人（或团体）贡献是有价值的。在这个框架中，卡尔（Carr，2001）强调了评价的重要性，并认为它是一个基于观察的连续过程。卡尔建议，通过评价儿童的经验，幼儿园教师可以观察儿童是否：

· 感兴趣；

· 能应对变化和差异；

· 将场所与经验联系起来；

· 发现新事物；

· 练习旧事物；

· 解决困难；

· 发展与成人之间的关系；

· 发展与同伴之间的关系；

· 承担责任。

（Carr，1998，p.15）

卡尔（Carr，1998）介绍了学习意向的概念。学习意向是该课程的核心，它能够鼓励儿童积极体验知识、发展儿童积累的技能和策略，这不仅会在儿童时期帮助他们，而且将使他们在余生获得有益的技能。因此，为了使幼儿园教师能够帮助儿童培养这些意向，评价是整个过程的核心。

在特法瑞奇课程准则中，儿童正在产生关于他们自己、他们生活中的人、生活的地方和活动的过程性理论，这些理论"对于理解世界、让儿童控制发生的事情、解决问题和进一步学习越来越有用"（新西兰教育部；1996，p.44）。

在特法瑞奇课程中，有趣和重要的是，在一致的课程准则框架下，学生可以自由创造他们自己的方案。每个小社区都有自己的文化、传统和需要，真实的世界体验可以在课堂上改变。该课程的第二个重要方面是强调儿童的兴趣和需要。这样，隐喻的引用被特法瑞奇将隐喻组织起来，编织成形。儿童的文化背景、语言和兴趣是早期儿童实践的重要组成部分。

活动 1

对这些课程进行比较，你能识别出哪些相似和不同之处？反思你正在学习的课程，有区别和相似之处吗？这对你的实践有什么影响？

请确定每一门课程的儿童观以及哲学和发展理论对它们的支持。

你能找出支撑这些课程模式的主要教学理念吗？

学前教育课程

在学前教育领域，课程的主导思想是将游戏与教育学相联系（Wood，2009，2010a）。研究人员研究了游戏对教育结果以及儿童发展和学习的影响（Youell，2008；Wood，2010b；Sluss & Jarrett，2007；MacNaughton，2009；Cannella，2005；Bergen et al.，2010；Taguchi，2010）。游戏通常与愉快的活动有关，或者是一种行为模式，这种行为模式可以是与材料、同伴、成人或环境有身体上、语言上或心理上的接触。以游戏为基础的教育学中，"游戏包含儿童对机构、权力和自我实现的关注，以及他们的学习动机"（Wood，2014，p.154）。因此，学前教育的课程反映了这些观念，并强调要用以游戏为基础的方法来促进儿童的发展和学习。

学前教育课程应该以一些关键的原则为基础。首先，我们关注儿童的经验。这些经验正在成为他们学习和发展过程的一部分。如上所述，课程的重点应该放在游戏上。大量研究强调，游戏在学前教育中是必不可少的（Moyles，1989，2010b；Nutbrown，2006；Wood & Attfield，2005；Wood，2010 a，2010 b）。他们都得出结论，在早期儿童的环境中，儿童需要有开始自己学习的机会，学习同伴和成人，并追求自己的兴趣。游戏为儿童提供了这样的环境和材料，并帮助他们获得大量经验，以促进他们的发展和学习。在环境中，课程不是在小学或中学课堂上看到的正式的教学和学习的方法；而是通过游戏，锻炼和发展儿童的经验和兴趣。

其次，学前教育课程是关于儿童学习经验的内容和过程的决策。根据对日常活动的观察和反思，幼儿园教师正在对各种各样的将在环境中进行探索的问题和主题做出决定，儿童通过探索能享受到具有创造性和刺激性的环境。任何早期儿童环境都应该有计划，并有提供广泛课程的自由，这将能够满足所有儿童独特的发展和学习需要，并形成良好的学习态度。

最后，学前教育课程的另一个重要因素是，它涉及许多群体。重要的是，在课程中，儿童的学习和发展应视为在合作关系中进行的。幼儿园教师、儿童、家长、社区和环境都应该成为合作伙伴，并对环境和活动的组织方式有发言权。通过观察、规划儿童的发展和学习，重新审视儿童的活动和家长与其他专业人员的合作，课程应该为儿童提供一个具有刺激性的环境。因此，从很多角度来看，课堂上发生的事情是决策过程的一部分。

综上所述，学前教育课程应该基于一种教学理念，即所有参与者都应该被重视（教师团队、儿童、家长、社区），并在决策过程中相互平等。游戏应该被看作儿童与环境和材料互动、发展思维的灵活性、尝试解决问题、以不同的方式将不同的因素组合在一起或者从不同的角度看世界的一种核心方式。

活动 2

为了评估儿童在你设置的环境中自由游戏时间经常玩耍的区域，请你制订了一个观察计划。你可以尝试使用一种跟踪技术以确定儿童白天使用最多的区域。

下图显示了在不同的区域内儿童花费的时间。这些信息是在三周的游戏时间内收集到的。研究这个数字，并思考将它渗透于你的课程。考虑：

- 这如何指导未来的课程计划呢？
- 你会丰富哪些区域？
- 你可能会考虑改变哪些区域？
- 你可能会考虑更换哪些区域？

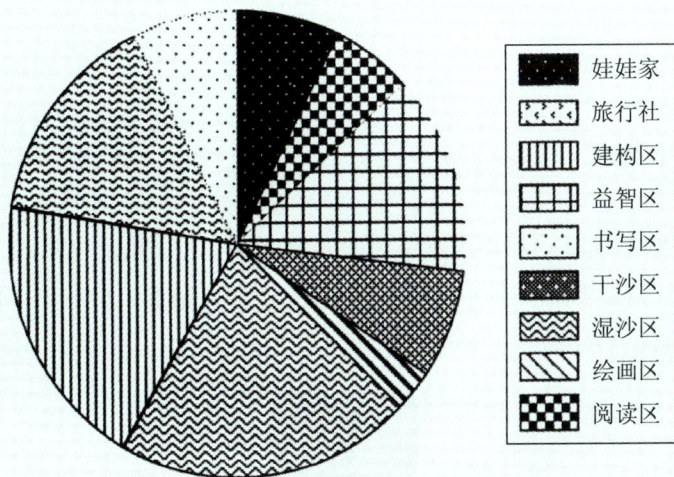

▨	娃娃家
▦	旅行社
▥	建构区
▤	益智区
⋮	书写区
▨	干沙区
∿	湿沙区
▧	绘画区
▦	阅读区

图 8.1　饼图：儿童在不同区域花费的时间记录

课程观察

在本书中，我们探讨了学前教育中观察的重要性。在课程观察中，幼儿园教师试图通过实践支持儿童的学习和发展。因此，严格的观察计划是必不可少的。它应该以一种反映了环境的需要、儿童的需要、父母以及社区的需要和期望的教育学的思想为基础。观察结果对许多层面都有影响。首先，它们影响课程的内容、组织和目的。例如，从书中课程的例子来看，澳大利亚课程、新西兰的特法瑞奇课程或英格兰的早期教育纲要都促进了多元文化主义的积极观点，反映了社会更加多样化的需求。再如，早期教育纲要试图创造一种精神，即所有参与者（员工、儿童和父母）都是平等的，要尊重自己的身份，它还试图促进反歧视政策和法规，旨在积极回应社会和文化多样性。

此外，观察结果通过促进课程的发展，对儿童的学习和发展产生了影响；它们会影响父母的期望，鼓励父母参与。最后，观察结果对社区的影响是教育的根本目的之一，即将儿童培养成为积极公民。例如，在特法瑞奇课程中，观察是与社区联络的工具，也是将社区引入到儿童班级中的方式。

活动 3

检查你的课程设置并考虑：

- 你如何观察并评价儿童；

> ·你如何运用观察结果改进你的课程。
>
> 在此活动中，考虑以下因素的重要性：
>
> ·你的教学理念；
>
> ·你的环境需要；
>
> ·儿童的需求；
>
> ·父母的需求；
>
> ·法定要求；
>
> ·你的团队的专长；
>
> ·你的愿景（在你的环境中你所设定的目标）；
>
> ·你在环境中的结果。

本书一直强调，观察不仅是一种描述观察者与观察到的事件 / 儿童之间所发生事情的活动，而且是一个包含明确的目标、伦理考虑、计划、分析和记录的过程。如图 8.2 所示，将观察与课程联系起来，是为了理解作为课程基础的教学实践，制订一项让所有参与者了解、分享并能够实施观察的观察计划。

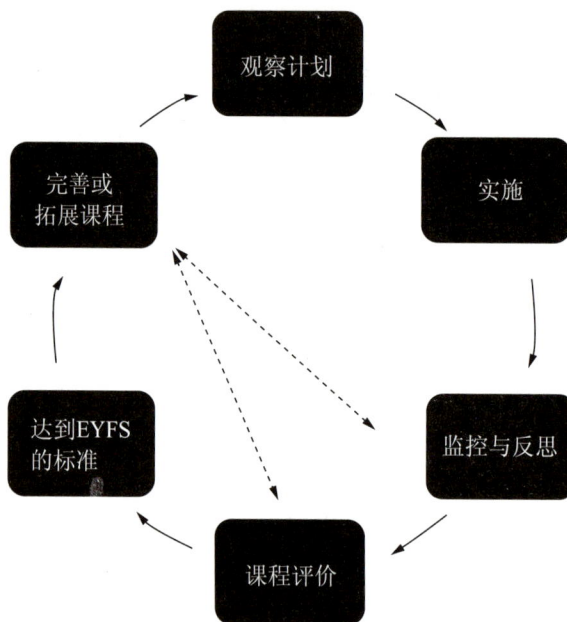

图 8.2　将观察与课程联系起来

观察分析有助于监控和评价课程设置的过程，是评价和拓展课程的一种方法。当你在英格兰的《法定框架》或威尔士《儿童基础阶段学习框架（3 ～ 7 岁）》下工作时，它也有助于你达到法定的要求。

> **活动 4**
>
> 在阅读下面的案例研究后，反思你所工作的课程，并考虑如何在你的课程中使用观察以满足课程要求。

案例研究：将观察与课程相联系

如第二章所述，澳大利亚的课程要求教育者通过实践、讨论和记录展示计划循环的证据。计划循环（见第二章）为实践者创建自己的课程提供了一个有用的结构。

澳大利亚儿童教育和保育质量管理局（ACECQA，2012a，p.18）向幼儿园教师提出建议：

在计划你的课程时，要对儿童的想法做出反应，并认识到需要灵活应变，以及相应地调整计划。虽然自发的时刻是不能计划的，但是你的反应能力对于支持儿童的游戏和学习是至关重要的。在儿童的带领下，你需要考虑如何拓展他们的想法。这可能发生在"当下"，也可能成为你正在进行的计划循环的一部分。

计划循环如下图所示：

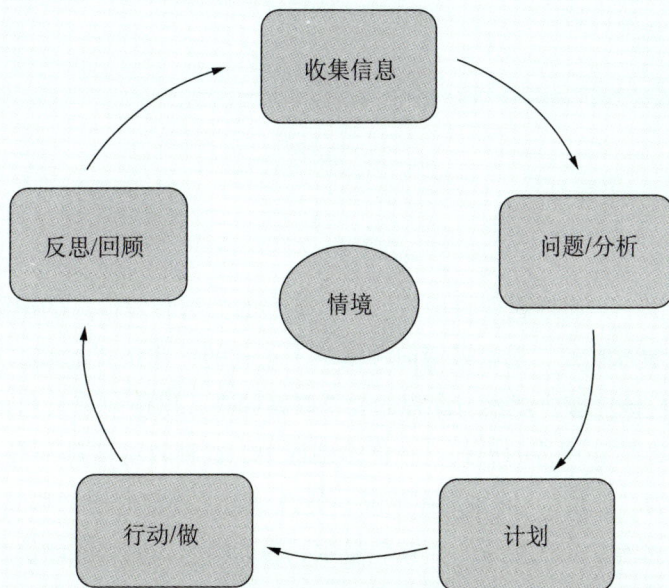

图 8.3 一个计划循环的例子——行动（改编自 ACECQA，2012b）

表 8.1 对杰克的观察

步骤	实践示例
1. 收集信息	在过去的两周内，来自幼儿园教师的观察结果显示，杰克正以一种更有礼貌的方式和他的同龄人交往。与杰克父母的讨论也更加证实了这种行为，他们还提供了更多杰克与他的兄弟姐妹以及其他同伴积极互动的例子。
2. 问题 / 分析	教师们讨论他们收集到的信息，并认识到这表明杰克正朝着学习成果 1 的方向发展——儿童在关心、同情和尊重的关系中与他人互动。他们对杰克的兴趣和优势进行了反思，并注意到他目前拥有一系列的建构体验，特别是乐高玩具和积木。教师们进一步思考，哪种有目的的教学策略可以被用来进一步支持杰克。同时教师们也表示，将创造更多的机会来树立有礼貌的行为作为榜样。

续表

步骤	实践示例
3. 计划	根据他们对《早期学习框架》的认识和对杰克的了解，教师们能够考虑如何为杰克的学习做计划。他们计划继续进行杰克喜欢的建构游戏，并将其他的建构体验引入课程之中。他们会在一天中利用这些游戏体验、日常活动和其他机会来促进有礼貌的群体游戏和行为。
4. 行动/做	教师们也讨论了自己在杰克的游戏和学习中的角色，并提出在有计划的和偶然的经历中更有意地加强杰克有礼貌的行为。他们将树立礼貌行为的榜样，并鼓励所有儿童的礼貌行为。
5. 反思/回顾	教师们将分享他们对杰克持续观察的结果和分析，并将继续寻求他的家人的意见。他们将反思他们的教学和学习策略的有效性，以支持和扩展杰克与他人的积极互动。他们的反思将帮助他们做出持续的课程决策，以继续提高他新出现的技能和行为水平。

从这个来自澳大利亚的课程案例可以看出，观察与课程的创建直接相关，并对活动计划和教学实践有启示作用。

观察与评价

在许多学前教育课程中，通过观察收集信息、对观察的分析和对信息的记录都有一个最终的目的：为儿童的进步、发展和学习服务。无论采用何种策略（正式的、非正式的或法定的）来记录、组织和解释观察，幼儿园教师应该能够将观察与课程的要求联系起来，以便向家长和儿童正式报告这些信息。这种正式的报告可以是评估和评价的形式。在许多课程中，这种收集信息并将其作为儿童能力的证据再进行分析的过程被称为"评价"。例如，在英国，英格兰的《法定框架》和威尔士的《儿童基础阶段学习框架（3～7岁）》都有法定的要求，而在北爱尔兰和苏格兰，虽然有评价要求，但并不是法定的。从国际角度来看，澳大利亚将计划循环作为一种评价方式，而在瑞典，这一过程称为评估。

评价包括两种类型：

第一种形成性评价是以日常观察和使用技术为基础，如照片、录像、儿童绘画和从父母那里得到的信息。观察记录形成了一幅儿童日常生活场景的画面。它们为形成性证据提供了丰富的信息，这是未来计划的基础。观察记录还扩展了你对儿童发展和学习的知识和理解，并提供儿童发展能力、持续兴趣、倾向和模式的证据（Athey，1990）。因此，观察是学前教育实践的一个重要组成部分。观察不是课程的最终过程，而是幼儿园教师在教学中不断提高质量的部分行动。基于观察记录的形成性评价有助于幼儿园教师：

·为儿童提供灵活的服务，当儿童对活动缺乏兴趣时，会改变活动计划以符合儿童的兴趣和需要，并在新活动发生时再次激发儿童的兴趣；

·提供开始进行亲师沟通的话题，并鼓励父母参与；

· 提供与其他服务机构和地方当局沟通的证据。

为了进行有效的形成性评价，在以下情况下需要进行观察：

· 教育中的一日常规；

· 发生在计划活动之外的偶然事件；

· 在儿童活动期间。

第二种评价是总结性评价。在许多课程中，如威尔士的《儿童基础阶段学习框架（3～7岁）》或英格兰的《法定框架》，法定要求每个孩子在年底有一个总结性评价。这是一个最终的评价，它包含了对长期所有形成性评价的总结，并提供一个更全面的儿童发展和学习的总结。它通常以文件夹的形式（简介）呈现，包括关于孩子的进步／成绩的信息，以及课程所描述的学习成果和目标。

总结性评价与形成性评价同样重要。它不仅用于与权威人士进行交流以检查课程目标，也是一个非常有用的工具，它可以帮助：

· 儿童从一个环境过渡到另一个环境，以及入学适应；

· 幼儿园教师评估活动和实施课程；

· 如果需要的话，可以向其他机构提供可靠的证据。

在这两种类型的评价中都可以看到，观察对所有学前教育领域的从业者而言都是至关重要的。观察技巧需要从幼儿园教师的早期训练中不断发展和提高。

活动 5

爱丽丝 3 岁 11 个月了。她的记录显示，需要关注她从游戏小组过渡到托儿所的过程中社会性方面的问题。在实施了观察计划后，你发现她很难应对这一改变。爱丽丝没有和其他孩子们融合在一起。当母亲把她带进托儿所时，她显得很焦虑。她表现出一些内向的行为，虽然她与成年人接触，但她不喜欢与其他儿童接触或交谈，也不喜欢和他们玩。

· 为了帮助爱丽丝与其他孩子互动，你如何计划你的课程？

· 你会使用什么观察技术？

· 你打算如何分析你的发现？你打算如何记录它们？

· 你打算如何与她的父母分享你的发现？

· 你学到的知识将如何影响你的课程实践？

在你的计划中，考虑你将观察哪些行为、你的目标是什么。根据你的发现，考虑团队会议将如何进行，以及你将如何了解爱丽丝是否有其他额外的需要。

想一想你设计的观察过程将会如何帮助你：

· 就如何帮助爱丽丝与其他儿童互动来评价教育计划；

· 与她的父母分享信息；

· 用适宜的方式与爱丽丝分享信息。

总结

　　本章旨在重温关于教育学的讨论，找出教育学与课程之间的差异。在早期儿童教育环境中，我们需要明确的教育学方法来设计并实施有效的儿童学习和发展课程。学前教育课程应以游戏为动力，并适合儿童的学习与发展阶段，同时提供一个促进儿童进一步学习和发展的环境。

　　随后，通过借鉴国际课程实践的例子，试图对不同的课程进行反思，如瑞典、澳大利亚、意大利的瑞吉欧·艾米莉亚和新西兰的特法瑞奇课程。

　　从这些课程中我们可以看到，无论是书面的正式课程或非书面的非正式课程，观察似乎是幼儿园教师的主要工具。在一些课程中，例如《法定框架》和《儿童基础阶段学习框架（3～7岁）》，就评价而言，儿童的评价过程更加正式化。而在其他课程中（如瑞典的教育护理、意大利的瑞吉欧·艾米莉亚、新西兰的特法瑞奇），评估没有那么正式，也没有那么标准。然而，为了监测／评估／评价儿童的发展，也为了监测／评估／评价教育方案本身，在每一种课程模式中都需要进行严格和系统的观察。

扩展阅读

　　更多关于学前教育课程的资料：

Kelly，AV（2009）*The Curriculum：Theory and Practice*（6th edition）. London：SAGE.

Palaiologou，I（ed.）（2016）*Early Years Foundation Stage：Theory and Practic*（3rd edition）.London：SAGE.

Rodger，R（2012）*Planning an Appropriate Curriculum in the Early Years：A Guide for Early Years Practitioners and Leaders，Students and Parents*. London：Routledge.

　　更多关于游戏的重要性的资料：

Edmiston，B（2008）*Forming Ethical Identities in Early Childhood Play*. London：Routledge.

Moyles，J（ed.）（2010）*Thinking about Play：Developing a Refective Approach*. Maidenhead：Open University Press.

学前教育、学前教育工作者和观察

本章目标

通过阅读本章内容，你将反思自己在以下方面的角色：
· 在早期儿童教育环境中；
· 在现行的政策和法规中；
· 在学前教育和在课程实施过程中；
· 作为学前教育的实践者。

本章总结了观察对学前教育工作者的主要作用，探讨了在政策背景下学前教育工作者的角色以及他们作为儿童教育者的角色。本章强调观察作为执行政策、了解儿童和为儿童创造适宜的学习、游戏和刺激性环境的一种手段的重要性。尽管观察是一种有效的工具，但仍然存在一些限制。

政策背景和学前教育工作者

在序言一章，我们讨论了学前教育在相关政策法规和培训学前教育工作者方面仍然存在一些含混不清的问题。本书中我们研究了大量国内外的课程模式，尽管由于不同的历史和对社会结构、社会文化的了解有限，很难进行比较，然而我们也发现，在课程和评价方面，由于对儿童的规定不同，对儿童成就方面的期望也不同（例如在英格兰和威尔士，对儿童的评价是标准化和法定的，而在北爱尔兰和苏格兰则不是）。同样的，学前教育工作者也有不同的角色和责任。

学前教育在全国以及国际上都以各种途径和资格来发挥学前教育工作者的作用。在英国教育部的一份报告中，巴斯卡（Pascal，2013）对包括英国在内的16个国家进行研究，得出的结论是，大多数国家愿意在学前教育和培训学前教育工作者方面投入更多。然而，正如莫斯（Moss，2004）早些时候告诫我们的那样：

> 围绕"核心"职业调整劳动力将会增加成本，无论是对职工的教育还是对他们的就业都是如此。一旦学前教育工作者与学校教师在同一水平上接受教育，就有令人信服的理由获得可观的薪酬和条件。所有国家面临的共同问题是，谁为合格的职工买单？

当时在欧洲大多数国家，包括英国，正在经历着经济危机，它们减少在教育方面的预算支出，同时，由于敌对、恐怖主义威胁、极端主义、对社会和民族群体的排斥与偏见的原因，出现了一些诸如移民、人口流动的社会问题，教育现在比以往任何时候都更加重要。受过良好教育、训练有素的工作人员应该与即将成为明日公民的儿童一起工作，他们或许可以处理所有这些问题并了解这些现象的复杂性，从而影响决策者和激进的意识形态。

虽然英国及其他许多国家的决策者都认识到学前教育需要高素质的工作人员，就像小学和中学教育那样，但这一点仍未得到落实。

案例研究

儿童工作者与从业资格的国际案例

经济合作与发展组织（OECD）发布了下列内容，表格中描述了该部门中的工作类型：

表 S.1 学前儿童保育和教育（ECEC）工作者的工作类型

儿童保育工作者	儿童保育工作者的从业资格因国家之间、服务之间的不同而存在很大差异。在大多数国家，儿童保育工作者都有职业资格，一般是达到儿童护理水平（高中或职高以上）；还有许多国家同时有专业人员职业资格需要接受培训达到中学毕业水平后外加1～2年的高等职业教育。

续表

学前教育教师和小学教师（或幼儿园／学前班教师）	学前教育教师一般与小学教师处于同一水平并在同一培训机构接受培训，这在澳大利亚、加拿大、法国、爱尔兰、荷兰、英国和美国的资料中都有提到。在这些国家中，例如荷兰，学前教育教师需要接受学前教育和小学教育两项培训。在联邦国家，不同的州或省份之间存在差异，但主要的培训形式是小学导向的教学法（入学准备是学前教育的主要目标）。
家庭保育工作者	家庭保育工作者是在家庭日托服务或家庭护理环境中工作的保育者。传统上，这些保育是在家庭环境中提供的。这可以是在托管人的家中，也可以在儿童自己的家中，由合格或注册过的托管人照看孩子。这类保育最常见于先学前期的儿童，即 3 岁以下的儿童。
教师	在北欧和中欧的国家，许多教师都接受过培训（高中或高等教育），重点关注的是早期儿童服务，而不是小学教学。教师也可能在其他环境中接受过培训，例如青年工作或老年人护理。在一些国家，教师是负责保育和教育儿童的主要工作人员。
辅助人员	有许多类型的辅助人员在各中心工作，他们接受了不同级别的培训。这方面存在两个极端，一个是有的地区不需要正式资格的辅助人员，而另一个是在北欧国家的学前服务部门的辅助人员往往经历了几年的高级中等职业培训。

资料来源: OECD，2010a & 2011a。

经济合作与发展组织指出，在国际上有两项关键的挑战：

学前儿童保育和教育工作者的从业资格往往是重叠的，儿童保育工作者和学前教育教师的工作是不互通的。不同的资格决定不同的岗位，但这些资格人员应具有的不同知识、技能和能力并没有清楚地传达给从业者或家长。

学前儿童保育和教育内部的不同部门对从业者的教育和培训有着不同的目标和愿景。修订或统一学前儿童保育和教育工作者的从业资格是一项挑战，特别是在儿童保育和学前教育属于"不同系统"或将保育服务和教育服务分开的国家。由于地方对教育方案内容的控制，在全国范围内均等地提高资格水平也是一项挑战。

（OECD，2012，p.1）

案例研究

国际上关于从业资格和法规规定的案例：

1. 英属哥伦比亚（加拿大）修订了《儿童保育许可条例》（*Child Licensing Regulation*），要求学前教育工作者助理和在有执照的场合工作的其他成年人必须满足特定的课程要求。在修订之前，学前教育工作者助理只需要完成任何学前教育工作者的培训或其他相关培训即可。但是为了提高培训质量，这些要求变得更加明确。这一改变是根据在修订过程中协商得到的信息而做出的。它对两项工作者流动协议的执行作出回应，这些协议的目的是促进加拿大各省之间劳动力的流动。政府没有为学前教育工作者助理创建一个全新的方案或课程，而是使用了为学前教育工作者已经设计好的现有方案和课程。这些改变并没有影响内容、持续时间、收费或交付方式。

2. 1986年，新西兰的儿童保育服务从社会福利部转到教育部。将儿童保育和教育部门合并一年之后，政府建立了教育文凭（学前教育）作为新中央制度的基准教学资格。1988年，开始分阶段实施第一个为期三年的教师培训方案，这个方案含有文化培训的内容。20世纪90年代初，该部门的重点是质量、培训和资金。

3. 2009年10月，韩国开始提升学前儿童保育和教育工作者的初始教育水平。对于幼儿园教师，政府将学历规定为四年制学士学位，并打算逐步减少师范学院的学生数量，以便更好地平衡幼儿园劳动力的需求和供给。对于儿童保育教师，政府设定了一个更高的水平，将所需学分从35学分增加到51学分（即12～17门课程）。此外，政府还提出了具有三级资格的培训方案（即高中毕业后一年的培训），总共需要1105小时，其中包括四周的实地实习。从2013年3月开始，儿童保育实践仅在至少有15个儿童的认证机构中进行。

4. 在弗兰德斯（比利时），政府机构"儿童和家庭"（Kind en Gezin）与儿童保育部门的主要利益相关者以及专家一起合作，提出了儿童养育和教育学士学位的职业资格定义。它还与儿童保育部门、教育组织和成人教育部门进行协商，以设计儿童保育学院的概念。

5. 在芬兰，对护理人员的教育始于20世纪90年代。当时劳动力市场呼吁，要求行业中可以更灵活地从一项任务转移到另一项任务。以前有过几次不同的考试（例如：保育员、日托护士、康复护士、残障护士），现在已经合并成一个更广泛的考试，有不同的子行业可供选择。

6. 葡萄牙改变了对从业资格的要求，规定学前教育教师必须获得四年制硕士学位，这与中小学教师必须取得的资格相同。到1998年为止，这份工作履历所要求的资格证书是三年的学士学位。教育部、科学与高等教育部与各大学和理工学院合作，制订了学前教育教师学位方案。

7. 在德国，更多的学士学位级的学前儿童保育和教育课程正在大学出现。课程的这一发展始于2004年柏林的柏林应用科学大学（Alice-Salomon Hochschule in Berlin）和费赖堡新教高等学校（Evangelische Hochschule Freiburg）。2011年，来自德国各州的青年部部长商定了一项决议，这项决议涉及这些学位课程的共同名称（被认可的学前教师）和共同内容。为了给所有日托的父母提供至少160小时资格培训，联邦政府开始了家庭日托行动计划（Aktionsprogramm Kindertagespflege）。培训机构必须申请质量认证。此外，政府会给予日托工作者补贴，他们获得成为一名教师或保育员的兼职资格。

8. 在斯洛伐克共和国，学前儿童保育和教育教师目前接受不同程度的培训。虽然国际教育标准分类（ISCED）3B级是可以接受的，但政府正在考虑强制要求教师在国际教育标准分类5A或

5B级接受更高的初级教育。

9. 在捷克共和国，关于教育工作者的教育和资格水平的新规定于2005年生效。除国际教育标准分类3级培训学校外，目前还提供了学前儿童保育和教育的4级和5级的学习方案。教育部、青年部和体育部正在提高高校资格水平，以提升学前儿童保育和教育服务的质量。

10. 斯洛文尼亚对初级教育做了以下修订。在1994年，在学前教育领域设立了一个新的三年高等专业学习课程。在此之前，学前教育学习是由教师培训学院于1987年设立的为期两年的课程。参加新三年课程的学生有可能继续攻读硕士学位。截至1996年，学前教师助理必须持有高中以上技术资格或高中以上学历，并有额外的学前教育资格证明。

11. 2010年，瑞典政府提出，目前的教育学位应由4个新的专业学位所取代：学前教育、小学教育、学科教育和职业教育。新的学位将使教师教育的组成部分更加明确，而学前教育方案将有更具体的方向，以确保培养出受过良好教育的教师。为了增加受过良好教育的学前教师的数量，政府于2011年推出了一项新的培训计划。已做出下列决定：

a）像管理其他教师一样管理学前教师；

b）明确教师资格；

c）创建教师资格认证流程；

d）设计国家授权体系（高级学科教师），以加强对学前教师的激励，提高活动的质量并追求持续的教育。

12. 爱德华王子岛（加拿大）的"学前卓越计划"（2010）要求所有在早教中心工作的工作人员都必须在入门级、项目人员或主管级别获得省级认证。入门级认证要求系统中未经认证的工作人员参加由三个课程组成的培训：成长与发展、发展适宜性实践和发展适宜性指导。教育部和学前教育部门与当地大学的工作人员一起设计了一门合适的入门级课程。项目人员和主管级别的认证要求教育工作者在学前儿童保育和教育专业中获得两年制的教育文凭。

13. 西班牙在初等教育中设立了一个新的学士学位，学制四年，比之前的课程长一年。共240学分，其中50学分专门用于实习；之前的只需要320小时。此外，要求具有一定的外语水平，学生必须在学位课程结束时表现出一定程度的外语能力。学生现在也有机会参加专业课程，以满足学前教育的特殊需要，例如，组织和优化学校图书馆、通过信息和通讯技术进行创新、学校组织和管理，促进学校与环境的联合行动。一般培训课程的教学大纲包括新的课程建议，例如"社会、家庭和学校""童年、健康和营养""系统观察和环境分析"。

（改编自OECD，2012，pp. 1-3）

本报告作为一个说明性的综合案例，目的是说明学前教育的各种从业资格。

在英国，学前教育的从业资格在过去的十年里发生了变化。2006年，共同核心技能与知识中心规定了从事儿童工作的劳动者有效地与儿童和家庭一起工作所需的基本标准（HM Government，2006a）。它的目的是发展一个技能框架，帮助所有工作者实现共同工作的理念。所要求的技能和知识有六个方面：

- 与儿童、青少年和家庭的有效沟通和交流；

- 儿童和青少年的发展；

- 保障和促进儿童福利；

- 支持转变；

- 多机构工作；

- 分享信息。

政府已宣布，他们期望所有在儿童服务和家庭支持领域内工作的人士，在这六个共同核心范畴都具备基本能力。在"儿童和青少年的发展"部分，应该表现出的两项主要技能是良好的观察和判断能力。虽然研究生（第7级）发展质量标准——《儿童综合中心领导力国家专业资格证书》（*The National Professional Qualification for Integrated Children's Centre Leadership*，NPQICL）——这项标准是为能够领导专业儿童中心和国家儿童中心的工作者制定的，且与《早期儿童专业标准》（*The Early Years Professional Status*，EYPS）不同，它是对《早期儿童专业标准》（DfES，2007）的补充，但是也对观察和判断技能提出了相应的要求。

2012年，《Nutbrown Review》杂志建议，学前教育领域应呈现"长远愿景"，并提高门槛。结果虽然没有达到人们的期望，但是至少政府采取了一些积极的措施。《早期儿童专业标准》曾经在英国作为黄金标准（HM Government，2006a）被引进，并被视为提高学前教育部门标准的培训，后来被早期教师地位、早期教育者三级入门资格、早期学徒计划以及早期教育第一领导力发展计划所取代。

同样，在英国境内的其他地区也在考虑制定一种策略性的措施，以提高在该部门工作的人员标准。例如，苏格兰政府委托进行了一次独立审查，该审查正在努力建立一个战略小组，以监测一项为期15年的劳动力改革发展计划。类似地，威尔士政府也宣布了一项为期10年的劳动力计划，该计划旨在解决资格等级水平、毕业生领导力、职业继续教育和职业道路等问题。我们可以预见尽管本书即将出版，但英国各地的标准框架仍在不断发展。

你或许会在资格标准下学习成为一名学前教育工作者，但我们能确定的是在你的工作生涯中，这个标准将会被审查、修改并可能改变。作为一名工作者，你不应该因为这些变化而感到受威胁。从业资格固然重要，但更重要的是获得与儿童打交道的技能，以及通过这些技能，你将能够面对从业资格的不断变化，并保持：

- 在理论层面深入理解儿童的发展，并能在实践中实施；

- 将理论和实践相联系的能力；

- 与敏感、年幼的儿童及其家人沟通、交流的能力；

- 能够反思"在行动中"和"采取行动"；

- 道德高尚；

- 寻求持续发展的手段；

- 制定自我评估的评价标准和程序的能力；

- 在你设置的环境中努力提高质量的能力。

案例研究

瑞典的课程规定（Lpfö98，2010 年修订）：

幼儿园园长的职责

作为幼儿园教师、儿童保育员和其他工作人员的教学领导和负责人，园长有责任确保学前教育按照课程目标和整体任务运行。园长负责学前教育的质量，并在特定的限制条件下，具体负责：

· 系统且连续地计划、跟踪、评价和发展幼儿园；

· 与幼儿园教师、儿童保育员和其他工作人员共同开展系统而有质量的工作，并为儿童监护人提供参与的机会；

· 发展幼儿园提供的学习方式，鼓励儿童的积极参与；

· 构建幼儿园的学习环境，使儿童能够接触到良好的环境和材料，促进其发展和学习；

· 组织与管理幼儿园，以便让儿童接受到他们需要的特殊支持、帮助和挑战；

· 制订、执行、跟踪和评估学前教育行动方案，以预防和抵制一切形式的歧视和有辱人格的情况，例如儿童和雇员中的欺凌和种族主义行为；

· 发展家园合作形式，确保家长获得有关学前教育目标及其工作方法的信息；

· 发展与学前班、小学和休闲中心的合作形式，确保协调开展工作，为达成共同的目标、进行密切和信任的合作创造条件；

· 确保员工获得持续发展的能力，以便能够以专业方式完成任务。

活动 1

在阅读了瑞典关于幼儿园园长的课程要求后，反思你正在研究的资格标准，并讨论：

· 有什么相同点和不同点？

· 上述案例研究和你的标准中的核心重点是否是儿童的幸福？

· 作为一名学生，你在学前教育领域有什么愿望？

将学前教育质量与从业资格相联系

以学前教育实践和教育学为重点的研究（Moyles et al.，2001；Sylva et al.，2001；Siraj-Blatchford & Sylva，2002；Taylor Nelson Sofres with Aubrey，2002；Sylva et al.，2004；OECD，2011b；Owen &Haynes，

2010；Allen，2011）强调，儿童的认知结果和学习成绩与成人计划和发起的活动、成人、儿童和父母的共同观点以及工作者的资格水平呈正相关。亨斯迈（Huntsman，2008）还补充说，工作者所处的环境和条件与儿童的稳定、敏感和刺激性的互动有关。他指出，学前教育工作者的低工资会影响工作者与儿童的互动，并影响其提供服务的质量。

当前，我们已经认识到，高素质的教育工作者必须有丰富的理论背景，能够深入理解儿童的发展和需要，并在学前教育中被公认为专业的从业者。儿童的发展和学习在环境中得到提升，在这种环境中，工作者能够观察儿童的发展情况，并分析观察记录，以此作为评价儿童活动的手段，从而为进一步发展儿童的学习经验创造机会。

课程的目标是提高质量、促进机会均等、鼓励同伴合作、提高安全性并考虑儿童及其环境（如家庭环境），这些都是核心目标。在课程层面上，所有这些目标都应该实现。

这就引发了两个潜在的问题，第一个是不可避免地增加工作量。第二个是实施正式的结构化课程可能会成为工作者的一个陷阱，因为为了符合要求，儿童的发展和学习需求可能会被忽视；根据正式审查标准来实施课程可能成为优先事项，而不是儿童本身。

最后，在多领域和跨领域研究的大量研究结果（Roaf & Lloyd，1995；Watson et al.，2002；Puonti，2004；Warmington et al.，2004）表明，为有效的儿童实践而跨越专业界限进行合作是一个复杂的问题。它需要在教育环境中发生学习过程，需要发展共同的工作文化，还需要承认紧张的关系和矛盾。英格兰共同核心技能和知识（HM Government，2006a）的发展旨在缓解上述紧张。然而，布朗和怀特（Brown & White，2006）发现，在共同为儿童服务的理念中，跨专业合作也存在着一些明确的限制，如财务边界，专业人员之间的文化差异，在角色、责任和领导问题上缺乏清晰性。他们对自己的研究进行总结，质疑共同为儿童服务的理念，并强调，除非保持长期专注于儿童本身，否则由于共同工作的复杂性不太可能产生预期的效益（Brown & White，2006）。

尽管在提高学前教育质量方面有了积极的变化和令人鼓舞的举措，但仍存在着令人怀疑和不确定（以及令人困惑）的情况。为了推广课程的成果，工作者被要求既成为执行立法的专家，又成为专门的教育工作者。他还被要求成为综合服务变革的推动者，并以持续进行的状态与其他儿童工作人员进行沟通。

以下几节将讨论学前教育工作者在政策背景方面以及他们作为教育工作者的角色，以强调观察如何成为有效实践和建立合作关系的工具。

学前教育工作者在政策背景中的角色

如上所述，学前教育工作者的重要角色之一是对政策背景有良好认识和理解，并能够理解政策是如何影响实践的。目前，课程结果是主导你工作的主要目标。但是，当政策发生更改时，你应该能够了解这些更改并更新所有相关信息。定期访问政府网站很重要。你的作用不仅是负责跟上当前的政策和法规，而且要告知团队你们的工作符合政府的要求。

负责任的学前教育工作者应该：

· 实施课程（法定职责和教学）；

· 开发基于游戏的学习；

· 促进儿童的整体发展；

· 确保所有的儿童及其家人得到平等对待，并促进多样性；

· 准备所有用于检查的文件；

· 确保儿童安全；

· 促进儿童的福祉和健康；

· 促进有效的员工互动；

· 有效达成机构内或多机构的工作；

· 与家庭和其他服务中心建立合作关系；

· 符合质量标准。

活动 2

看看上面的清单，你还能补充其他的责任吗？

与儿童一起工作是有益的，但同时也担任着很大的责任。你应该提供一个环境，让儿童有愉快的、有意义的体验来支持他们的发展和学习，但同时也要从室内和室外游戏环境中收集证据。抽出身来，评估你的观察记录和收集的证据是非常有价值的，看看它们是否涵盖以下领域：

· 发展；

· 健康；

· 家庭和社会关系；

· 自理能力、独立性和学习能力；

· 安全与保护；

· 情感温暖和稳定。

所有这些领域都被认为对儿童的幸福同样重要，而学前教育工作者在其中发挥着重要的作用。在日常实践中，学前教育工作者需要确保在他或她的指导下的所有儿童都满足上述领域的要求，并判断是否出现了任何需要解决的额外需求。

随着法规规定采用总结性评价的形式，如《法定框架》和《儿童基础阶段学习框架（3～7岁）》，这一点如今变得越来越重要。持续反思你为每个儿童不断收集的信息是很重要的：

对儿童的评价应被视为一个基于幼儿园教师、其他有关专家、父母和儿童等多方面的监测、评价和合作的持续不断的过程，而不是在其发展中与固定的年龄点有关。

（Nicholson & Palaiologou，2016）

正如第二章所指出的，观察是一种有用的工具，这种工具通过收集儿童进步的相关证据来了解儿童的需求。然而，就像布罗姆利（Bromley，2009，p.2）所提示的那样："如果有一些领域的规定不那么受从业者重视，那么一些儿童的成就可能会被忽视。"

观察是课程有效实施的核心。虽然一些课程有预评价清单以及标准化的表格（见《法定框架》和《儿童基础阶段学习框架（3～7岁）》），但这些并不能成为单独收集证据的工具。正如第三章讨论的，当我们观察儿童时，我们试图收集准确的信息和具体的证据来说明所发生的事情。因此，为了了解每个儿童的发展和学习，并为实践和课程决策提供依据，收集证据需要使用各种观察技术，以便收集并分析信息后思考下一步需要些什么。

系统观察可以为幼儿园教师提供有效的信息，我们可以在学前教育环境中有效地利用这些信息，让家庭参与儿童生活。此外，观察可以作为与其他工作者和机构的有用的沟通工具。收集的大量证据可以用来填写所需的表格，如果需要，也可以提供补充资料。

学前教育工作者应该掌握一定的观察技术以便在不同情况下使用。培养观察技能最初是为了观察儿童、教育方案及其活动，但学前教育工作者也可以将观察技术用在机构中或多机构工作的情况下。观察别人的工作方式，倾听他们使用的语言，有助于反省自己的实践，这可能会使你自己的工作变得更好。等待和收集证据的能力将有助于你更好地沟通、观察和分析他人的工作方式，这可能会成为加深理解的有用工具。在"联合"政策背景下，多部门和部门内工作的意见分歧是你可能不得不面对的主要问题之一。你的观察技术可以成为你的工具，因为你能使用它们来了解其他部门的运作方式。

观察在政策背景下的作用是二元的。一方面，正如前文所述，它可以促进学前教育工作者执行政策。另一方面，系统观察（包括对新发现进行分析以指导自己的实践）有助于制定重要的政策方法，还能够影响实践、政策和立法。

学前教育工作者的主要责任之一是以有效的方式提供课程。例如，在英格兰和威尔士，为了完成儿童档案而收集证据是幼儿园教师的法定职责。这些将用于评价儿童的进步、分享信息、促进合作关系和检查。这一法定程序的核心是将观察作为有效的工具，以便收集所有有效证据完成这些评价。通过观察，你可以开发出一种重要的方法，并可以发表你的意见，以便与其他工作者或服务人员进行交流。

> 当幼儿园教师忙于"日常工作"，且当变化尚未对他们产生影响时，与他们明确、积极地进行沟通尤为重要。正如常规学习实验室的例子，双向交流对于获得他们的信任、保持创造性和动力至关重要。
>
> （Bachmann et al., 2006, p.9）

观察结果也可以在自己的机构中用于非正式的培训和促进员工发展。它们可以加强团队内部的联系（团队建设），也能成为讨论和反思你的活动和实践的起点。当你根据收集到的证据进行讨论时，团队会议可以变得更有效。

案例研究

学习走访

观察在学前教育实践中起着双重作用：我们观察儿童是出于上述所有原因，同时我们也观察自己的实践，以便反思和改进。这是一个持续的过程，为我们的课程计划和日常实践提供信息。虽然每个人都试图改善自己的行为，但这并不是孤立发生的，这需要团队合作。纵观所有文献，人们讨论了同伴观察或协作观察、联合观察和对等反思，以此作为有效的工具来分享关于什么是有效的、我们在实践中做得好的地方以及我们如何加强实践的想法。

在学习走访中，发现了一种非常有趣的同伴协作观察的方法（DCSF，2007）。学习走访是一种预先安排的、有组织的参观人员之间的互访，使用预先商定的具体标准，将重点放在那里的教学和学习上。尽管不是用来评价员工的表现，但它在学校被广泛用作同伴观察的一种技术。相反，这是一种在学前教育工作者之间关于课堂教学和学习的对话的一种方式。因为在学习走访之后，对所有工作人员来说刺激性的讨论都很有趣、可评估且有帮助，此时交互学习便发生了。然而，想要学习走访成功实施，我们需要一个协作、相互尊重、信任、合作和安全的环境。学习走访的目的不是要成为评估个人表现的工具，相反，它是反思我们自身实践的一种宝贵方式。

在早期教育环境中学习走访的例子：

准备

在学习走访之前，团队会讨论谁将参与，哪些房间将被观察，谁将观察哪个房间。环境的管理者和学步儿活动室中的"关键人物"将在两天内参观所有房间 10 分钟。大家一致认为，这项工作将在儿童入园时进行，因为这次学习走访活动的重点是当前幼儿园教师与父母和儿童的互动。该环境希望改善与父母的沟通，并希望调查在儿童入园过程中进行互动的程度。团队讨论并商定：

· 观察通常会报告给工作人员（并匿名）所注意到的各种活动。

· 所有工作人员都将有机会讨论这些活动，以便在环境中保持实践的一致性。由于这些观察仅仅是每个教室实践的"快照"，所有工作人员将随后进行进一步的讨论和评论，以激发自我评价。

· 有人强调，学习走访的目的不是引起对个人的专业评判，而是在敏感和开放的气氛中对实践进行自我评价、分享良好做法和丰富学习文化的一种手段。

早期教育环境中学习走访的情境观察摘录

观察总结 1

房间一（3 岁）

在儿童到达之前，幼儿园教师把灯打开，展现出一个非常整洁明亮的房间。展品很吸引人：有儿童在课堂上开展活动的照片，每一项活动都有一些简短的评论。幼儿园教师在桌子上放了木制玩具，并鼓励儿童在入园时一起玩。然而，这些展品看上去"太整洁了"——就好像不允许许孩子碰它们一样。照片太多以至于任何人都无法在两三分钟内（家长通常在离开房间之间所停留的时间长度）看完。儿童异常安静。两个孩子排队等候在幼儿园教师的桌子旁，她正在写孩子们的名字。幼儿园教师似乎与儿童和家长保持着良好、平和的关系。

观察总结2

房间二（3岁）

当家长走进来时，第二个房间激起了他们的兴趣：在房间的中央有一只非常大的狮子，这是孩子们前一天做的。孩子们拖着父母去看那只大狮子。幼儿园教师正在向家长解释孩子们是如何做到的，以及当天他们打算做什么与狮子有关的活动。当教师与父母交谈时，孩子们忙着独立地从事小组工作。墙上有各种各样的展示材料，包括3D作品，还有一对父母正在看。

观察总结3

房间三（婴儿房）

房间里似乎是"空的"，因为墙壁上没有太多的材料（除了成人的气球和维尼熊的一些图案）。虽然有些孩子的照片被钉在布告板上，但没有展品。然而，这些照片没有贴上标签，也没有对照片中发生的事件做出解释。在孩子们到达的时候，幼儿园教师正在安慰那些哭泣或感到不安的幼儿。房间里有一种温暖的气氛，但对父母来说却缺乏强烈的视觉刺激。

学习走访后的讨论

讨论的重点是以快照的形式将展品用作与父母分享日常生活的一种方式。结果发现，在陈列整齐、整洁、信息不过分拥挤的房间里，家长们花了几分钟的时间观看。此外还发现，在儿童到达时，他们自己创造的作品是教室的焦点，这增加了家长带孩子进屋时的参与度（狮子观察）。总的来说，大家一致认为，尽管有证据表明对布展的关注已经萌发，但至少在墙壁展览方面，对布展的重视还有待提高。团队决定用一个月时间重新布置展览，并设计新的学习走访，以监测展览的变化以及孩子们分享自己的学习的参与度。

（Palaiologou, 2012c, pp.216-218）

活动3

在阅读案例研究后，讨论你还可以将哪些方法用于同伴观察。在你的工作环境中同伴观察的重要程度如何？

作为教育者和观察者的幼儿园教师

学前教育应为儿童提供一种愉快的环境，开展能够给予适当刺激并帮助他们发展技能的活动。在这种环境中，幼儿园教师发挥着儿童学习和发展的促进者的作用。幼儿园教师应提供一个儿童进步的环境，同时考虑到儿童的平等性、多样性和包容性，使来自不同文化背景的儿童能够相互交流，分享不同的经验。

在这样的环境中，幼儿园教师应该表现出作为教育者不同方面的角色，使用适当的语言，尊重不同的价值观和做法，表扬和鼓励所有的孩子。作为促进者，幼儿园教师应对儿童的发展、教育学以及二者如何与孩子的日常生活联系在一起有着很好的理解。如第一章所述，与儿童一起工作需要了解形成和支持实践的不同的儿童观，了解儿童是如何发展的，以及儿童发展的不同理论方法。通过对当前理论的反思和评价，使得这种专业知识与教育学的发展相联系。

关于学前教育的不同研究项目中有一个常见的发现：在一个较为关注儿童学习的环境中，幼儿园教师常把重点放在儿童发起的活动，并将计划、资源和评价纳入日常实践中（Moyles et al., 2001；Sylva et al., 2001；Siraj-Blatchford & Sylva, 2002；Taylor Nelson Sofres with Aubrey, 2002；Pugh, 2010；Brooker et al., 2010）。计划和评价的重要工具是观察。如第二章所述，观察应该是环境中一日常规的一部分。每天观察儿童的互动、他们在活动中的进步以及对观察记录的分析，都有助于幼儿园教师在理论和实践之间建立联系，并促进其修改教学原则。例如，在第一章中，讨论了皮亚杰和维果茨基的观点，并提出了对儿童活动的观察，以说明理论是如何应用于实践的。

此外，本书讨论的几乎所有例子都强调了儿童发展的整体观。在第六章中，这一观点被扩展到观察和儿童评价。为了发展一种符合儿童整体观要求的教学方法，观察成了能够了解儿童和家长的多样性、价值观和信仰，以及儿童和家长生活在其中并且受其影响的更广泛的文化背景的一种手段。在儿童早期，这种更广泛的背景并不孤立于生活。儿童在家庭中的经验与他们在环境中的经验是相互联系的。在这方面，幼儿园教师作为教育者的角色具有重要价值。幼儿园教师需要发展一套技能和态度，以便能够利用这些技能发展实践，并能够了解儿童成长的更广泛背景。幼儿园教师需要认真倾听儿童的意见。这方面的有力工具是观察，因为它促进了我们对儿童的理解，拓宽了我们关于儿童的知识。

第一章讨论了学习的条件，强调儿童的发展、游戏、需要、选择材料和活动的自由以及学习的自主权。如第二章所述，观察提供了关于儿童学习的丰富信息，并指导幼儿园教师未来的计划和教学。观察是团队之间分享信息的起点，但作为教育工作者，我们可以利用观察作为证据，为教育学、教育方案及其活动提供指导。

第二章表明了观察可以：

· 了解儿童的个人情况；

· 监测他们的进步；

· 指导课程计划；

· 使幼儿园教师能够评价他们制定的规则；

· 提供讨论和改进的重点；

· 更好地理解实践；

· 确保他们的结论被"编织"到日常实践中。

所有这些都是幼儿园教师日常实践的重要方面，因为它们有助于：

· 评价儿童的发展和学习（在某些课程中是法定的）；

· 评估和评价项目和活动，以便指导实践；

· 以适合儿童年龄的方式与他们分享这一信息；

- 与父母分享这些信息；
- 与当地政府分享这些信息；
- 保留这些信息以供检查之用；
- 与其他工作者分享这些信息，交流想法，互相学习。

观察过程作为一种工具，能够帮助幼儿园教师发展专业知识，加深对教育学的理解，并拓展教学实践。幼儿园教师作为教育者或不是教育者的角色在政策中并不是孤立的或独特的。这些相互关联的角色和观察技能可以成为一种包含教学政策的方法，更有效地为儿童提供服务。

总结

本章讨论了学前教育工作者在与观察有关的两种主要背景（政策背景和教育背景）中的角色，并概述贯穿本书的几个关键主题：

学前教育工作者的从业资格和政策不是一成不变的，它的变化总是取决于各政府的意识形态、社会经济因素和社会的需要。在英国各地，对学前教育资格证书的重新审视将始终着眼于如何改变资格标准：加强资格标准，与欧洲资格标准保持一致；或者在所有四个地区中寻求共同的资格标准。以改进资格标准，造福于儿童、家庭和教育工作者。

目前，一些学前教育工作代表组织，如早期儿童专业学位网络、BECERA、TACTYC 和 PACEY 等，要求制定一项战略或框架，目的是使在教育领域工作的所有人员具有共同的标准，并需要建立具有明确角色和职责的职业认定。现有的政策文件有助于幼儿园教师了解这方面的法律背景。英国的《法定框架》《儿童基础阶段学习框架（3～7岁）》《卓越课程》和《学会学习框架》为幼儿园教师提供了一个框架，用于提供与发展性学习目标有关的教育方案。

虽然学前教育工作者仍有混乱、焦虑和不确定性感，但观察技术仍被认为是建立职业身份的必要技能，因为这是发展共享实践的基本组成部分，而无论今后是否会改变培训或资格认定，共享实践都是专业精神的关键要素。

在积极为儿童创造劳动力的发展过程中，这一点同样重要并具有挑战性。培训目的是为了让学前教育工作者在面对儿童工作时展现积极的态度和技能。不同政府所提出的标准表明了各个地区的期望。然而，学前教育工作者希望在教师培训和资格证书上能够有协调一致的要求。因此，制定共同核心技能是必不可少的，而观察技能正是这些技能中的首要技能。

由此可见，观察有两个主要作用：一是帮助你在教育环境下开展实践，二是提供克服多机构工作障碍和问题的技能。观察是发展思维的一种工具，通过系统地收集证据并对其进行分析，有助于你在教学层面与其他团队成员交流想法。为了达到课程目标以及与你需要合作的人交流想法以达到政策要求的成果，这些都是非常有必要的。

扩展阅读

更多关于促进对政策和实践的理解的资料：

Miller，L and Cable，C（2010）*Professionalisation，Leadership and Management in the Early Years.* London：SAGE.

Nutbrown，C（2006）*Key Concepts in Early Childhood Education and Care.* London：SAGE.

关于专业化问题的讨论：

Nicholson，N（2016）The Issue of Professionalism, in Palaiologou, I（ed.）*Early Years Foundation Stage*（3rd edition）. London：SAGE.

网址

了解政府政策的最新进展、幼儿园教师的从业资格及《法定框架》的任何变化，请访问：

英国教育部：www.education.gov.uk

更多关于国际上资格证和课程发展的例子，请访问：

www.oecd.org/edu/school/startingstrongiiiaqualitytoolboxforececimprovingqualificationstrainingandworkforce conditions.htm

参考文献

[1] **Abbot, L and Nutbrown, C** (2001) *Experiencing Reggio Emilia: Implications for Pre-school Provision.* Maidenhead: Open University Press.

[2] **ACECQA (Australian Children's Education and Care Quality Authority)** (2011) *Guide to the National Quality Standard.* Sydney: ACECQA.

[3] **ACECQA (Australian Children's Education and Care Quality Authority)** (2012a) *Guide to the National Quality Standard.* Sydney: ACECQA.

[4] **ACECQA (Australian Children's Education and Care Quality Authority)** (2012b) *Effective Curriculum Planning and Documentation Methods in Education and Care Services.* Sydney: ACECQA. Available at http://acecqa.gov.au/National-Education-Leader-Resources_1 (accessed 15 October 2015).

[5] **Ainsworth, MDS** (1969) Object relations, dependency, and attachment: a theoretical review of the infant-mother relationship. *Child Development*, 40: 969-1025.

[6] **Ainsworth, MDS** (1973) The development of infant-mother attachment, in Cardwell, B and Ricciuti H (eds) *Review of Child Development Research*, vol.3. Chicago, IL: University of Chicago Press.

[7] **Ainsworth, MDS** (1979) Attachment as related to mother-infant interaction. *Advances in the Study of Behaviour*, 9: 2-52.

[8] **Ainsworth, MDS** (1985) Attachments across the life span. *Bulletin of the New York Academy of Medicine*, 61: 792-812.

[9] **Ainsworth, MDS** (1989) Attachment beyond infancy. *American Psychologist*, 44: 709-716.

[10] **Ainsworth, MDS and Bell, SM** (1970) Attachment, exploration and separation: illustrated by the behaviour of one-year-olds in a strange situation. *Child Development*, 41: 49-67.

[11] **Ainsworth, MDS and Bowlby, J** (1991) An ethological approach to personality development. *American Psychologist*, 46: 333-341.

[12] **Ainsworth, MDS, Bell, SM and Stayton, DJ** (1971) Individual Differences in the Strange Situation Behaviour of One-Year-Olds, in Schaffer, HR (ed.) *The Origins of Human Social Relations*. New York: Academic Press.

[13] **Ainsworth, MDS, Bell, SM, Blehar, MC and Main, M** (1971) Physical Contact: A Study of Infant Responsiveness and its Relation to Maternal Handling. Paper presented at the biennial meeting of the Society for Research in Child Development, Minneapolis, MN.

[14] **Ainsworth, MDS, Blehar, MC, Waters, E and Wall, S** (1978) *Patterns of Attachment: A Study of the Strange Situation*. Hillsdale, NJ: Erlbaum.

[15] **Alderson, P** (2000) Children as Researchers. The Effect of Participation Rights on Research

Methodology, in Christensen, P and James, A (eds) *Research with Children*. New York: Falmer Press.

[16] **Alderson, P** (2004) Ethics, in Fraser, S, Lewis, V, Ding, S, Kellet, M and Robinson, C (eds) (2004) *Doing Research with Children and Young People*. London: SAGE.

[17] **Alexander, R** (2008) Dialogic teaching: discussing theoretical contexts and reviewing evidence from classroom practice. *Language and Education*, 22(3): 222-240.

[18] **Alexander, RJ** (2004a) Still no pedagogy? Principle, pragmatism and compliance in primary education. *Cambridge Journal of Education*, 34(1): 7-34.

[19] **Alexander, RJ** (2004b) *Towards Dialogic Teaching: Rethinking Classroom Talk*. York: Dialogos.

[20] **Alexander, RJ** (2006) Dichotomous Pedagogies and the Promise of Crosscultural Comparison, in Halsey, AH, Brown, P, Lauder, H and Dilabough, J (eds) *Education: Globalisation and Social Change*. Oxford: Oxford University Press.

[21] **Alexander, RJ, Rose, AJ and Woodhead, C** (1992) *Curriculum Organisation and Classroom Practice in Primary Schools: A Discussion Paper*. London: DES.

[22] **Allen, G** (2011) *Early Intervention: The Next Steps*. London: Department for Work and Pensions. Available at www.dwp.gov.uk/docs/early-interventionnext-steps.pdf (accessed 18 January 2012).

[23] **Alliance for Childhood** (2004) *Tech Tonic: Towards Literacy of Technology*. College Park, MD: Alliance for Childhood.

[24] **Armstrong, D, Gosling, JW and Marteau, T** (1997) The place of inter-rater reliability in qualitative research: an empirical study. *Sociology*, 31(3): 597-606.

[25] **Anagnostopoulou, E** (1995) *The History of Day Care in Europe*. Athens: University Press.

[26] **Anagnostopoulou, E** (1997) *Early Childhood Education in Greece*. Athens: University Press.

[27] **Anderson, J** (1983) *The Architecture of Cognition. Cambridge*, MA: Harvard University.

[28] **Aries, P** (1962) *Centuries of Childhood. A Social History of Family Life*. London: Random House.

[29] **Athey, C** (1990) *Extending Thought in Young Children*. London: Paul Chapman.

[30] **Bachmann, M, Husbands, C and O'Brian, M** (2006) *National Evaluation of Children's Trust: Managing Change for Children through Children's Trust*. Norwich: University of East Anglia/National Children's Bureau.

[31] **Bandura, A** (1971) *Psychological Modelling*. New York: Lieber-Atherton.

[32] **Bandura, A** (1977) *Social Learning Theory*. Englewood Cliffs, NJ: Prentice Hill.

[33] **Bandura, A** (1986) *Social Foundations of Thought and Action: A Social Cognitive Theory*. Englewood Cliffs, NJ: Prentice Hall.

[34] **Bandura, A** (1989) Social Cognitive Theory, in Vasta, R (ed.) *Annals of Child Development: Theories of Child Development: Revised Foundations and Current Issues*, vol. 6. Greenwich, CT: JAI Press.

[35] **Bandura, A** (2001) Social cognitive theory: an agentic perspective. *Annual Review of Psychology*, 52: 1-26.

[36] **Barad, KK** (2007) *Meeting the Universe Halfway: Quantum Physics and the Entanglement of Matter and*

Meaning. Durham, NG: Duke University Press.

[37]　**Bassey, A** (1990) On the nature of research in education (part 1). *Research Intelligence*, BERA newsletter, 36: 35-38.

[38]　**Bassey, M** (1999) *Case Study Research in Educational Settings*. Buckingham: Open University.

[39]　**Beardsworth, A** (1980) Analysing press content: some technical and methodological issues. *Sociology Review Monograph*, 29: 371-395.

[40]　**Beaty, J** (2006) *Observing for Development in Young Children* (6th edition). New Jersey: Pearson Merrill Prentice Hall.

[41]　**Benjamin, AC** (1994) Observations in early childhood classrooms: advice from the field. *Young Children*, 49(6): 14-20.

[42]　**Benton, M** (1996) The image of childhood: representations of the child in painting and literature, 1700-1900. *Children's Literature in Education*, 27(1): 35-61.

[43]　**Bentzen, WR** (2009) *Seeing Young Children: A Guide to Observing and Recording Behaviour* (6th edition). Clifton Park, NY: Thomson Delmar Learning.

[44]　**BERA Early Childhood Education Special Interest Group** (2003) Early years research: pedagogy, curriculum and adult roles, training and professionalism. file:///C:/Users/Ioanna/AppData/Local/Microsoft/Windows/INetCache/IE/6GETA52E/beraearlyyearsreview31may03.pdf (accessed 11 November 2015).

[45]　**Bergen, D, Hutchinson, K, Nolan, JT and Webber, D** (2010) Effects of infant-parent play with a technology enhanced toy: affordance-related actions and communicative interactions. *Journal of Research in Childhood Education*, 24(1): 1-17.

[46]　**Berk, LE** (1997) *Child Development* (4th edition). London: Allyn and Bacon.

[47]　**Bernstein, B** (1971) *Class, Codes and Control: Volume 1*. Theoretical Studies. London: Routledge & Kegan Paul.

[48]　**Bernstein, B** (1975) *Class, Codes and Control. Volume 3*: Towards a Theory of Class, Codes and Control. London: Routledge.

[49]　**Bernstein, B** (1990) *The Structuring of Pedagogic Discourse. Volume IV*. London: Taylor and Francis.

[50]　**Bernstein, B** (1996) *Pedagogy, Symbolic Control and Identity. Theory, Research, Critique*. London: Taylor & Francis.

[51]　**Bernstein, B** (2003) *Towards a Theory of Class, Codes and Control. Educational Transmission*. London: Routledge and Kegan Paul.

[52]　**Bernstein, R** (1985) *Habermas and Modernity*. Oxford: Policy Press.

[53]　**Bertram, T and Pascal, C** (2002) *Early Years Education: An International Perspective*. London: Qualifications and Curriculum Authority.

[54]　**Bick, E** (1964) Notes on infant observation in psycho-analytical training. *Psychoanalytical Study of Child*, 45: 558-566.

[55]　**Billington, T** (2006) *Working with Children*. London: SAGE.

[56]　**Bloch, M** (1992) Critical Perspectives on the Historical Relationship Between Child Development and Early Childhood Research, in Kessler, S and Swadener, B (eds) *Reconceptualising the Early Childhood Curriculum*. New York: Teachers College Press.

[57]　**Bourdieu, P** (1977) *Outline of a Theory of Practice*. Cambridge: Cambridge University Press.

[58]　**Bouzaki, A** (1986) *The Education System from 19th Century to 20th Century: What Can We Expect?* Athens: Lixnari.

[59]　**Bowlby, J** (1958) The nature of the child's tie to his mother. *International Journal of Psychoanalysis*, 39: 350-371.

[60]　**Bowlby, J** (1969a) *Attachment. Attachment and Loss*, vol. I. London: Hogarth.

[61]　**Bowlby, J** (1969b) *Attachment and Loss: Vol II, Separation, Anxiety, Anger*. New York: Basic Books.

[62]　**Bowlby, J** (1973) *Separation: Anxiety and Anger. Attachment and Loss*, vol. 2 (International Psycho-analytical Library no. 95). London: Hogarth Press.

[63]　**Bowlby, J** (1980a) *Attachment and Loss: Vol III, Loss, Sadness, and Depression*. New York: John Wiley.

[64]　**Bowlby, J** (1980b) *Loss: Sadness and Depression. Attachment and Loss*, vol. 3 (International Psycho-analytical Library no. 109). London: Hogarth Press.

[65]　**Bowlby, J** (December 1986) Citation Classic, Maternal Care and Mental Health. Available at www.garfield.library.upenn.edu/classics1986/A1986F063100001. pdf (accessed November 2008).

[66]　**Bowlby, J** (1999) *Attachment. Attachment and Loss*, vol. I (2nd edition). New York: Basic Books.

[67]　**Bowlby, J** (2005) T*he Making and Breaking of Affectional Bonds*. London: Routledge Classics.

[68]　**Bradford, M** (2012) *Planning and Observation of Children Under Three*. London: David Fulton.

[69]　**Brandon, M, Salter, C, Warren, C, Dagely, V, Howe, A and Black, J** (2006) *Evaluating the Common Assessment Framework and the Lead Professional Guidance and Implementation in 2005–6*, Research Brief RB740. Annesley, Notts: DfES Publications.

[70]　**Brembeck, H, Johansson, B and Kampmann, J** (2004) *Beyond the Competent Child*. Roskilde: University Press.

[71]　**Brewer, J and Hunter, A** (1989) *Multimethod Research: A Synthesis of Styles*. Newbury Park, CA: Sage.

[72]　**Brewer, J and Hunter, A** (2006) *Foundations of Multimethod Research: Synthesizing Styles* (2nd edition). London: Sage.

[73]　**Brock, A** (2012) Building a model of early years professionalism from practitioners' perspectives. *Journal of Early Childhood Research*, 11(1): 27-44. Available at http://ecr.sagepub. com/content/11/1/27. short (accessed 13 February 2015).

[74]　**Bromley, H** (2009) Observation, Assessment and planning in the EYFS. Part 8: Reporting and describing progress. *Nursery World*, August.

[75]　**Bronfenbrenner, U** (1977) Towards experimental ecology of human development. *American Psychologist*, 32: 513-531.

[76]   **Bronfenbrenner, U** (1979) *The Ecology of Human Development*. Cambridge, MA: Harvard University Press.

[77]   **Bronfenbrenner, U** (1989) Ecological Systems Theory, in Vasta, R (ed.) *Annals of Child Development: Theories of Child Development: Revised Foundations and Current Issues*, vol. 6. Greenwich, CT: JAI Press.

[78]   **Bronfenbrenner, U** (1995) The Bioecological Model from Life Course Perspective: Reflections of a Participant Observer, in Moen, P, Elder, GH and Jr and Luscher, K (eds) *Examining Lives in Context*. Washington, DC: American Psychological Association.

[79]   **Bronfenbrenner, U** (2005) *Making Human Beings Human*. Thousand Oaks, CA: SAGE.

[80]   **Brooker, L, Blaise, M and Edwards, S** (2014) *The SAGE Handbook of Play in Early Childhood*. London: SAGE.

[81]   **Brooker, L, Rogers, S, Ellis, D, Hallett, E and Roberts-Holmes, G** (2010) *Practitioner's Experiences of the Early Years Foundation Stage* (DfE Research Report 029). London: DfE. Available at www.gov.uk/government/uploads/system/uploads/attachment_data/file/181479/DFERR029.pdf (accessed 9 October 2013).

[82]   **Broström, S** (2006) Curriculum in preschool. *International Journal of Early Childhood*, 38(1): 38-65.

[83]   **Brown, K and White, K** (2006) *Exploring the Evidence Base for Integrated Children's Services*. Edinburgh: Scottish Government. Available at www.scotland. gov.uk/Publications/2006/01/24120649/1 (accessed 25 November 2007).

[84]   **Brownlee, J** (2004) Teacher's education students?epistemological beliefs: developing a relational model of teaching. *Research in Education*, 72(1): 1-7.

[85]   **Bruce, T** (1997) *Early Childhood Education* (2nd edition). London: Hodder and Stoughton.

[86]   **Bruce, T** (2006) *Early Childhood: A Guide for Students*. London: SAGE.

[87]   **Bruner, JS** (1972) *Early Childhood Education*. London: Hodder and Stoughton.

[88]   **Bruner, JS** (1977) Introduction, in Tizard, B and Harvey, D (eds) *The Biology of Play*. London: Spastics International Medical Publications.

[89]   **Bruner, JS** (1996) *The Culture of Education*. Cambridge, MA: Harvard University Press.

[90]   **Bryman, A** (1992) *Quantity and Quality in Social Research*. London: Routledge.

[91]   **Bryman, A** (2001) *Social Research Methods*. Oxford: Oxford University Press.

[92]   **Bryman, A** (2004) *Social Research Methods* (2nd edition). Oxford: Oxford University Press.

[93]   **Bryman, A** (2012) *Social Research Methods* (4th edition). Oxford: Oxford University Press.

[94]   **Bryman, A and Burgess, RG** (1999) Introduction: Qualitative Research Methodology: A Review, in Bryman, A and Burgess, RG (eds) *Qualitative Research*. London: SAGE.

[95]   **Cameron, C and Moss, P** (2007) *Care Work in Europe. Current Understandings and Future Directions*. London: Routledge.

[96]   **Cannella, GS** (2005) Reconceptualizing the field (of early care and education): if 'estern' child development is a problem, then what do we do?, in Yelland, N (ed.) *Critical Issues in Early Childhood*.

Maidenhead: Open University Press.

[97] **Carr, M** (1998) *Assessing Children's Learning in Early Childhood Settings*: A Development Programme for Discussion and Reflection. Wellington: New Zealand Council for Educational Research.

[98] **Carr, M** (1999) *Learning and Teaching Stories: New Approaches to Assessment and Evaluation*. Retrieved from www.aare.edu.au/99pap/pod99298.htm (December 2007).

[99] **Carr, M** (2001) *Assessment in Early Childhood Settings*. London: Paul Chapman Publishing.

[100] **Carr, M** (2005) Learning Dispositions in Early Childhood and Key Competences in School: A New Continuity? Paper given at New Zealand Early Years Conference, Hamilton, New Zealand.

[101] **Caruso, DA** (1989) Quality of day care and home infant readers: interactions patterns with mothers and day care providers. *Child and Youth Care Quarterly*, 18: 177-191.

[102] **Caruso, J** (2013) *Supervision in Early Childhood Education: A Developmental Perspective* (3rd edition). London: Teacher College Press.

[103] **CASE** (Center for Social and Economic Research) (2009) *Key Competences in Europe: Opening Doors for Lifelong Learners across the School Curriculum and Teacher Education*. CASE Network Report. Warsaw: CASE.

[104] **Chalke, J** (2013) Will the early years professional please stand up? Professionalism in the early childhood workforce in England. *Contemporary Issues in Early Childhood*, 14(3): 212-222.

[105] **Charmaz, K** (2000) Grounded Theory: Objectivist and Constructivist Methods, in Denzin, NK and Lincoln, YS (eds) *Handbook of Qualitative Research* (2nd edition). Thousand Oaks, CA: SAGE.

[106] **Christensen, P and James, A** (2008) *Research with Children: Perspectives and Practices* (2nd edition). London: Routledge.

[107] **Clark, A** (2004) *Listening as a Way of Life*. London: National Children's Bureau.

[108] **Clark, A** (2005a) Listening to and involving young children: a review of research in practice, in Clark, A, Kjorholt, AT and Moss, P (eds) *Beyond Listening to Children on Early Childhood Services*. Bristol: Policy Press.

[109] **Clark, A** (2005b) Listening to and involving young children: a review of research and practice. *Early Child Development and Care*, 175(6): 489-505.

[110] **Clark, A and Moss, P** (2001) *Listening to Young Children: The Mosaic Approach*. London: National Children's Bureau.

[111] **Clark, A and Moss, P** (2005) *Spaces to Play: More Listening to Young Children using the Mosaic Approach*. London: National Children's Bureau.

[112] **Clark, A and Moss, P** (2006) *Listening to Children: The Mosaic Approach*. London: National Children's Bureau and Joseph Rountree Foundation.

[113] **Clark, A, Kjorholt, AT and Moss, P** (2005) *Beyond Listening: Children's Perspectives on Early Childhood Services*. Bristol: The Policy Press.

[114] **Cohen, L, Manian, L and Morrison, K** (2004) *Research Methods in Education* (5th edition). London:

RoutledgeFalmer.

[115] **Cole, DR** (2011) *Educational Life-forms: Deleuzian Teaching and Practice.* The Netherlands: Sense Publishers.

[116] **Cooper, B, Glasser, J, Gomm, R and Hammersley, M** (2012) *Challenging the Quantitative-Qualitative Device.* London: Continuum.

[117] **CWDC (Children's Workforce Development Council)** (2006) *Early Years Professional National Standards.* Leeds: CWDC.

[118] **CWDC (Children's Workforce Development Council)** (2007) *Guidance to the Standards for the Award of Early Professional Status.* Leeds: CWDC.

[119] **CWDC (Children's Workforce Development Council)** (2011) Early Years Workforce — The Way Forward. Leeds: CWDC. Retrieved from http://dera.ioe.ac.uk/14028/1/Early-Years-Workforce—A-Way-Forward—CWDC.pdf (17 April 2012).

[120] **Dahlberg, G** (1991) Empathy and Social Control. On Parent-Child Relations in the Context of Modern Childhood. Paper presented at the ISSBD Conference.

[121] **Dahlberg, G and Moss, P** (2010) Introduction, in Taguchi, HL (ed.) *Going Beyond the Theory/Practice Divide in Early Childlhood Education: Introducing Intra-active Pedagogy.* London: Routledge.

[122] **Dahlberg, G, Moss, P and Pence, A** (1999) *Beyond Quality in Early Childhood Education and Care: Postmodern Perspectives.* London: Falmer Press.

[123] **Datta, L** (1994) Paradigm Wars: A Basis for Peaceful Coexistence and Beyond, in Reichart, CS and Rallis, SF (eds) *The Qualitative-Quantitative Debate: New Perspectives.* San Francisco: Jossey-Bass.

[124] **David, T** (1993) Educating Children under 5 in the UK, in David, T (ed.) *Educational Provision for our Youngest Children, European Perspectives.* London: Paul Chapman.

[125] **Davies, B** (1994) On the neglect of pedagogy in education studies and its consequences. *British Journal of In-Service*, 20(1): 17-34.

[126] **DCSF** (Department for Children, Schools and Families) (2007) *Primary National Strategy: Learning Walks: Tools and Templates for Getting Started.* Nottingham: DCSF. Available at http://webarchive. nationalarchives.gov.uk/20110202093118/ http://nationalstrategies.standards.dcsf.gov.uk/node/88674 (accessed 15 October 2015).

[127] **DCSF** (Department for Children, Schools and Families) (2008a) *Statutory Framework for the Early Years Foundation Stage.* Nottingham: DCSF.

[128] **DCSF** (Department for Children, Schools and Families) (2008b) *Practice Guidance for the Early Years Foundation Stage: Setting the Standards for Learning, Development and Care for Children from Birth to Five.* Nottingham: DCSF.

[129] **Deacon, D, Bryman, A and Fenton, N** (1998) Collision or collusion? A discussion of the unplanned triangulation of qualitative and quantitative research methods. *International Journal of Social Research Methodology*, 21: 5-31.

[130]　**Dedicott, W** (1988) The educational value of written and oral storying. *Reading*, 22(2): 89-95.

[131]　**DEEWR (Department of Education, Employment and Workplace Relations)** (2009) *Belonging, Being and Becoming: The Early Years Learning Framework for Australia.* Canberra: Australian Government. Available at www.deewr.gov. au/EarlyChildhood/Policy_Agenda/Quality/Documents/ A09-057%20EYLF%20Framework%20Report%20WEB.pdf (accessed 15 June 2012).

[132]　**DEEWR (Department for Education, Employment and Workforce Relations)** (2012) Annual Report. Canberra: Australian Government. Available at https://docs.education.gov.au/documents/ deewr-annualreport-2012-13 (accessed 17 May 2015).

[133]　**Deleuze, G** (1990) *The Logic of Sense.* New York: Columbia University Press.

[134]　**Deleuze, G** (1994) *Difference and Repetition.* New York: Columbia University Press.

[135]　**Deleuze, G** (2001) *Pure Immanence: Essays on a Life* (trans. Anne Boyman). New York: Zone Books.

[136]　**DENI (Department for Education in Northern Ireland)** (2013) *Learning to Learn: A Framework for Early Years Education in Northern Ireland.* Bangor: DENI.

[137]　**DENI (Department for Education in Northern Ireland)** (2014) Draft Budget for 2015-2016. Bangor: DENI.

[138]　**DENI (Department for Education in Northern Ireland)** (2015) Enrolments at school and in funded pre-school education in Northern Ireland: Statistical Bulletin 3/2015. Bangor: DENI.

[139]　**DENI (Department for Education in Northern Ireland) and DHSSPS (Department of Health, Social Services and Public Safety)** (1998) *Investing in Early Learning: Pre−School Education in Northern Ireland.* Belfast: DENI.

[140]　**Denzin, NK** (1970) *The Research Act in Sociology: A Theoretical Introduction to Sociological Methods.* London: The Butterworth Group.

[141]　**Denzin, NK and Lincoln, YS** (eds) (2000) *Handbook of Qualitative Research* (2nd edition). Thousand Oaks, CA: SAGE.

[142]　**Derrida, J** (1992) *The Other Heading: Reflections on Today's Europe.* Bloomington, IN: Indiana University Press.

[143]　**Devereux, J** (2003) *Observing Children*, in Devereux, J and Miller, L (eds) Working with Children in the Early Years. London: David Fulton.

[144]　**Dewey, J** (1897/1974) My Pedagogic Creed, in Archambault, RD (ed.) *John Dewey on Education: Selected Writings.* Chicago, IL and London: University of Chicago Press.

[145]　**Dewey, J** (1933/1998) *How We Think.* Boston, MA: Houghton Mifflin.

[146]　**Dewey, J** (1938) *Experience and Education.* New York: Macmillan Publishing Company.

[147]　**Dewey, J** (1995) *Experience and Nature.* Mineola, NY: Dover Publications.

[148]　**Dewey, J** (1997a) *Democracy and Education: An Introduction to the Philosophy of Education.* New York: Free Press.

[149]　**Dewey, J** (1997b) *Experience and Education.* New York: Touchstone. Dewsberry, DA (1992)

Comparative psychology and ethology: A reassessment. American Psychologist, 47: 208-215.

[150] **DfE (Department for Education)** (2012a) *Statutory Framework of the Early Years Foundation Stage: Setting the Standards for Learning, Development and Care for Children from Birth to Five*. London: DfE.

[151] **DfE (Department for Education)** (2012b) *Development Matters in the Early Years Foundation Stage (EYFS)*. London: DfE.

[152] **DfE (Department for Education)** (2014) *Statutory Framework for the Early Years Foundation Stage: Setting the Standards for Learning, Development and Care for Children Birth to Five*. Available at www.gov.uk/government/publications/early-years-foundation-stage-profile-handbook (accessed 21 September 2015).

[153] **DfES (Department for Education and Skills)** (1990) *The Rumbold Report*. Nottingham: DfES Publications.

[154] **DfES (Department for Education and Skills)** (2003) *Every Child Matters*. London: HMSO.

[155] **DfES (Department for Education and Skills)** (2004) *Every Child Matters: Change for Children*. Nottingham: DfES Publications.

[156] **DfES (Department for Education and Skills)** (2006) *Common Assessment Framework*. Nottingham: DfES Publications.

[157] **Dixon, RA and Learner, RM** (1992) A History of Systems in Developmental Psychology, in Bornstein, MH and Lamb, ME (eds) *Developmental Psychology: An Advanced Textbook* (3rd edition). New York: Psychology Press.

[158] **Dockett, S and Perry, B** (2003) Children's Voices in Research on Starting School. Paper presented at the Annual Conference of the European Early Childhood Education Research Association, Glasgow, September.

[159] **Dockett, S and Perry, B** (2005) Researching with children: insight from the starting school research project. *Early Child Development and Care*, 175(6): 507-522.

[160] **Dockett, S, Einarsdottir, J and Perry, B** (2011) Balancing Methodologies and Methods in Researching with Young Children, in Harcourt, D, Perry, B and Waller, T (eds) *Researching Young Children's Perspectives: Debating the Ethics and Dilemmas of Education Research with Children*. London: Routledge.

[161] **Dollard, J and Miller, NE** (1950) *Personality and Psychotherapy*. New York: McGraw-Hill.

[162] **Dowling, M** (2005) *Young Children's Personal, Social and Emotional Development* (2nd edition). London: Paul Chapman.

[163] **Driscoll, V and Rudge, C** (2005) Channels for Listening to Young Children, in Clark, A, Kjorhourt, AT and Moss, P (eds) *Beyond Listening*. Bristol: The Policy Press.

[164] **Drummond, MJ** (1993) *Assessing Children's Learning* (1st edition). London: David Fulton.

[165] **Drummond, MJ** (1998) Observing Children, in Smidt, S (ed.) *The Early Years: A Reader*. London: Routledge.

[166]　**Drummond, MJ** (2003) *Assessing Children's Learning* (2nd edition). London: David Fulton.

[167]　**Edmiston, B** (2008) *Forming Ethical Identities in Early Childhood Play*. London: Routledge.

[168]　**Education Scotland** (n.d.) W*hat is the Curriculum for Excellence? Process of Change*. Edinburgh: Scottish Government. Available at www.educationscotland. gov.uk/learningandteaching/thecurriculum/whatiscurriculumforexcellence/(accessed 15 April 2015).

[169]　**Elfer, P** (2005) Observation Matters, in Abbott, L and Langston, A (eds) *Birthto–Three Matters*. Maidenhead: Open University Press.

[170]　**Elliott, J** (1998) *The Curriculum Experiment: Meeting the Challenge of Social Change*. Buckingham: Open University Press.

[171]　**Ellis, E** (2004) *Exemplars of Curriculum Theory*. New York: Eye on Education.

[172]　**Erikson, EH** (1963) Childhood and Society (2nd edition). New York: Norton.

[173]　**Erikson, EH** (1982) *The Life Cycle Completed: A Review*. New York: Norton.

[174]　**Eysenck, MW** (1995) *Principles of Cognitive Psychology*. London: Royal Holloway University of London.

[175]　**Faragher, J and MacNaughton, G** (1998) *Working with Young Children* (2nd edition). Melbourne: RMIT Publications.

[176]　**Farrell, A** (ed.) (2005) *Ethical Research with Children*. Maidenhead: Open University Press.

[177]　**Feldman, A** (1997) Varieties of wisdom in practice of teachers. *Teaching and Teacher Education*, 13(7): 757-773.

[178]　**Field, F** (2010) *The Foundation Years: Preventing Poor Children Becoming Poor Adults*. London: HM Government. Available at www.bristol.ac.uk/ifssoca/outputs/ffreport.pdf (accessed 25 October 2011).

[179]　**Fielding, NG and Fielding, JL** (1986) *Linking Data: Qualitative Research Methods Series*, vol. 4. London: SAGE.

[180]　**Fitzgerald, D and Kay, J** (2008) *Working Together in Children's Services*. London: Routledge.

[181]　**Formoshino, J and Formoshino, J** (2016) The Search for a Holistic Approach to Evaluation, in Formosinho, J and Pascal, C (eds) *Assessment and Evaluation for Transformation in Early Childhood*. London: Routledge.

[182]　**Formoshino, J and Pascal, C** (eds) (2015) *Assessment and Evaluation for Transformation in Early Childhood*. London: Routledge.

[183]　**Foucault, M** (1961) *Madness and Civilisation: A History of Insanity in the Age of Reason* (trans. R Howard). London: Routledge.

[184]　**Foucault, M** (1977) *The Archaeology of Knowledge* (trans. AM Sheridan). London: Tavistock.

[185]　**Freire, P** (1970a) *Cultural Actions for Freedom*. Cambridge, MA: The Harvard Educational Review.

[186]　**Freire, P** (1970b) *Pedagogy of the Oppressed*. New York: Seabury Press.

[187]　**Freire, P** (1973) *Education for Critical Consciousness*. New York: Seabury Press.

[188]　**Freire, P** (1978) *Pedagogy in Process: The Letters to Guinea–Bissau* (trans. C St John Hunter). New

York: Seabury Press.

[189] **Freire, P** (1982) *Pedagogy of the Oppressed* (trans. MB Ramos). Harmondsworth: Penguin.

[190] **Freire, P** (1994) *Pedagogy of Hope: Reliving Pedagogy of the Oppressed* (trans. RP Barr). New York: Continuum.

[191] **Freire, P** (1998) Teachers as Cultural Workers: *Letters to Those Who Dare to Teach*. Boulder, CO: Westview Press.

[192] **Freire, P** (2001) *The Pedagogy of the Oppressed* (30th anniversary edition). London and New York: Continuum.

[193] **Freud, S** (1923) *An Outline of Psychoanalysis*. London: Hogarth.

[194] **Freud, S** (1933) *New Introductory Lectures in Psychoanalysis*. New York: Norton.

[195] **Freud, S** (1964) An Outline of Psychoanalysis, in Stracehy, J (ed. and trans.) *The Standard Edition of the Complete Psychological Works of Sigmund Freud*, vol. 23. London: Hogarth Press (original work published 1940).

[196] **Froebel, F** (1826/1902) *Education of Man* (trans. WN Hailmann). New York: Appleton.

[197] **Froebel, F** (1887) *The Education of Man*. New York: Appleton-Century.

[198] **Gillham, B** (2008) *Observation Techniques: Structured to Unstructured*. London: Continuum.

[199] **Giroux, HA** (2011) *On Critical Pedagogy*. London: Continuum.

[200] **Glassman, WE** (2000) *Approaches to Psychology* (3rd edition). Buckingham: Open University Press.

[201] **GPEN (Global Privacy Enforcement Network)** (2015) Big year for Global Privacy Enforcement Network: GPEN releases 2014 annual report. Press release. Available at www.privacyenforcement.net/ node/513 (accessed 11 October 2015).

[202] **Guba, EG** (1985) The Context of Emergent Paradigm Research, in Lincoln, YS (ed.) *Organisational Theory and Inquiry: The Paradigm Revolution*. Beverly Hills, CA: SAGE.

[203] **Guba, EG** (1987) What have we learned about naturalistic evaluation? *Evaluation Practice*, 8: 23-43.

[204] **Gubrium, JF and Holstein, JA** (1997) *The New Language of Qualitative Method*. New York: Oxford University Press.

[205] **Hall, S** (1997) Subjects in History: Making Diasporic Identities, in Wahneema, L (ed.) *The House that Race Built*. New York: Pantheon.

[206] **Hamilton, C, Haywood, S, Gibbins, S, McInnes, K and Williams, J** (2003) *Principles and Practice in the Foundation Stage*. Exeter: Learning Matters.

[207] **Hammersley, B** (1996) The Relationship between Qualitative and Quantitative Research: Paradigm Loyalty versus Methodological Eclecticism, in Richardson, JTE (ed.) *Handbook of Research Methods for Psychology and the Social Sciences*. Leicester: Routledge.

[208] **Harcourt, D, Perry, B and Waller, T** (2011) *Researching Young Children's Perspectives: Debating the Ethics and Dilemmas of Education Research with Children*. London: Routledge.

[209] **Harlow, HF and Zimmermann, RR** (1958) The development of affective responsiveness in infant

monkeys. *Proceedings of the American Philosophical Society*, 102: 501-509.

[210] **Harter, S** (1996) The Development of Self-representation, in Damon, W and Eisenberg, N (eds) *Handbook of Child Psychology: Social, Emotional and Personality Development* (5th edition). New York: Wiley.

[211] **Hartley, D** (1993) *Understanding the Nursery School: A Sociological Analysis*. London: Cassell.

[212] **Hendrick, H** (1997) Construction and Reconstruction of British Childhood: An Interpretive Survey, 1800 to Present, in James, A and Prout, A (2nd edition) *Constructing and Reconstructing Childhood: Contemporary Issues in the Sociological Study of Childhood*. London: Falmer Press.

[213] **HM Government** (2004) The Children Act 2004. London: HMSO.

[214] **HM Government** (2006a) *Children's Workforce Strategy: Building a World Class Workforce for Children, Young People and Families. The Government Response to the Consultation*. London: DfES.

[215] **HM Government** (2006b) *The Common Assessment Framework for Children and Young People: Practitioner's Guide*. London: The Stationery Office.

[216] **Hobart, C and Frankel, J** (2004) *A Practical Guide to Child Observations and Assessments* (3rd edition). Cheltenham: Stanley Thornes.

[217] **House, ER** (1994) Integrating the Quantitative and Qualitative, in Reichardt, CS and Rallis, SF (eds) *The Qualitative–Quantitative Debate: New Perspectives*. San Francisco: Jossey-Bass.

[218] **Howard, K and Sharp, JA** (1983) *The Management of a Student Research Project*. Aldershot: Gower.

[219] **Howe, KR** (1988) Against the quantitative-qualitative incompatibility thesis or dogmas die hard. *Educational Researcher*, 17: 10-16.

[220] **Hughes, JA** (1990) *The Philosophy of Social Research* (2nd edition). Harlow: Longman.

[221] **Huntsman, L** (2008) *Determinants of Quality in Child Care: A Review of the Research Evidence*. Sydney: NSW Department of Community Services, Centre for Parenting and Research.

[222] **Hurst, V** (1991) *Planning for Early Learning*. London: Paul Chapman Publishing.

[223] **ICO (Information Commissioner's Office)** (2015) Questions raised over children's websites and apps. Cheshire: ICO. Available at https://ico.org.uk/about-the-ico/news-and-events/news-and-blogs/2015/09/questions-raisedover-children-s-websites-and-apps (accessed 11 October 2015).

[224] **Illich, I** (1970) *Deschooling Society*. New York: Harper and Row.

[225] **Isaacs, S** (1930) *The Intellectual Growth of Young Children*. London: Routledge.

[226] **Isaacs, S** (1933) *Social Development in Young Children*. London: Routledge.

[227] **Isaacs, S** (1935) *Psychological Aspects of Child Development*. London: Evans.

[228] **Isaacs, S** (1948) *Childhood and After*. London: Routledge and Kegan Paul.

[229] **James, A and James, A** (2008) *Key Concepts of Childhood*. London: SAGE.

[230] **James, A and Prout, A** (1997) *Constructing and Reconstructing Childhood* (2nd edition). London: Falmer.

[231] **Keat, R and Urry, J** (1975) *Social Theory as Science*. London: Routledge and Kegan Paul.

[232] **Kelly, AV** (2009) *The Curriculum: Theory and Practice* (6th edition). London: SAGE.

[233] **Kerlinger, FN** (1970) *Foundations of Behavioural Research*. New York: Holt, Rinehart & Winston.

[234] **Kjorholt, AT** (2001) 'The participating child': a vital pillar in this century? *Nordissk Pedagogic*, 21: 65-81.

[235] **Kjorholt, AT** (2002) Small is powerful: discourses on 'children and participation' in Norway. *Childhood*, 9(1): 63-82.

[236] **Klahr, D** (1992) Information Processing Approaches to Cognitive Development, in Bornstein, MH and Lamb, ME (eds) *Developmental Psychology: An Advanced Textbook* (3rd edition). New York: Psychology Press.

[237] **Kliebard, H** (2004) *The Struggle for the American Curriculum: 1958–1983*. New York: Taylor and Francis.

[238] **Kuhn, TS** (1970) *The Structure of Scientific Revolutions* (2nd edition). Chicago, IL: University Press of Chicago.

[239] **Laevers, F** (1994) *The Leuven Involvement Scale for Young Children* [manual and video]. Experiential Education Series, No. 1. Leuven: Centre for Experiential Education.

[240] **Laevers, F** (1997) Assessing quality of childcare provision: 'involvement' as criterion. *Settings in interaction, Researching Early Childhood*, 3: 151-165.

[241] **Laevers, F** (1998) Understanding the world of objects and of people: intuition as the core element of deep level learning. *International Journal of Educational Research*, 29(1): 69-85.

[242] **Laevers, F** (1999) The project Experiential Education: Well-Being and Involvement - name the difference. *Early Education*, no. 27. Discussion paper.

[243] **Laevers, F** (2000) Forward to basics! Deep-level learning and the experimental approach. *Early Years*, 20(2): 20-29.

[244] **Laevers, F** (ed.) (2005a) *Well–Being and Involvement in Care Settings*. A Process-oriented Self-evaluation Instrument Research Centre for Experiential Education. Leuven: Leuven University.

[245] **Laevers, F** (2005b) The curriculum as means to raise the quality of ECE. Implications for policy. *European Early Childhood Education Research Journal*, 13(1): 17-30.

[246] **Laevers, F** (2009) *Improving quality of care with well–being and involvement as the guide. A large scale study in a Flemish setting. Final report*. Leuven: Kind & Gezin, CEGO Leuven University.

[247] **Laevers, F and Moons, J** (1997) *Enhancing Well–being and Involvement in Children. An Introduction in the Ten Action Points* [video]. Leuven: Centre for Experiential Education.

[248] **Laevers, F, Bogaerts, M and Moons, J** (1997) *Experiential Education at work. A setting with 5–year-olds* [manual and video]. Leuven: Centre for Experiential Education.

[249] **Lally, M and Hurst, V** (1992) Assessment in Nursery Education: A Preview of Approaches, in Blenkin, GM and Kelly, AV (eds) *Assessment in Early Childhood Education*. London: Paul Chapman.

[250] **Landers, C** (1998) *Listen to Me: Protecting the Development of Young Children in Armed Conflict*. Office

of Emergency Programs, Working Paper Series, New York: UNICEF.

[251]　**Layder, D** (1993) *New Strategies in Social Research*. Cambridge: Polity.

[252]　**Learning and Teaching Scotland** (2010) *Pre−Birth to Three: Positive Outcomes for Scotland's Children and Families*. Edinburgh: Scottish Government.

[253]　**Lincoln, YS** (1990) The Making of a Constructivist, in Cuba, E (ed.) *The Paradigm Dialog*. Newbury Park, CA: SAGE.

[254]　**Lincoln, YS** (1994) The Fifth Moment, in Denzin, NK and Lincoln, YS (eds) *Handbook of Qualitative Research*. Thousand Oaks, CA: SAGE.

[255]　**Local Safeguarding Children Board Regulations** (2006) Available at www. legislation.gov.uk/ uksi/2006/90/contents/made (accessed 17 April 2012).

[256]　**Locke, J** (1892/1996) *An Essay Concerning Human Understanding* (ed. Winkler, KP), p.xix (Editor's Introduction) and pp.33-6 (Book II, Chap. I, 1-9). Indianapolis, IN: Hackett Publishing Company.

[257]　**Lorenz, K** (1935) Der Kumpan in der Umwelt des Vogels. Der Artgenosse als auslösendes Moment sozialer Verhaltensweisen. *Journal für Ornithologie*, 83: 137-215, 289-413.

[258]　**Lpfö 98** (1998) *Läroplan för förskolan. Curriculum for Pre−school*. Stockholm: Fritzes förlag.

[259]　**Lpfö 98** (2010 revised) *Läroplan för förskolan*. Curriculum for Pre-school. Stockholm: Fritzes förlag.

[260]　**Lpfö 94** (1998) *Läroplan för det obligatoriska skolväsendet, förskoleklassen och fritidshemmet. Curriculum for the Compulsory School System, the Preschool Class and the Leisure−time Centre*. Stockholm: Fritzes förlag.

[261]　**Luff, P** (2007) Written Observations or Walks in the Park: Documenting Children's Experiences, in Moyles, J (ed.) *Early Years Foundations: Meeting the Challenge*. Maidenhead: Open University Press.

[262]　**Lyotard, JF** (1979) *The Postmodern Condition*. Minneapolis, MN: University of Minnesota Press.

[263]　**Ma, J** (2016) Making Sense of Research Methodology, in Palaiologou, I, Needham, D and Male, T (eds) *Doing Research in Education: Theory and Practice*. London: SAGE.

[264]　**McMillan, M** (1921) *The Nursery School*. London: J.M. Dent & Sons.

[265]　**MacNaughton, G** (ed.) (2003) *Shaping Early Childhood, Learners, Curriculum and Contexts*. Maidenhead: Open University Press.

[266]　**MacNaughton, G** (2009) Exploring Critical Constructivist Perspectives on Children's Learning, in Anning, A, Cullen, J and Fleer, M (eds) *Early Childhood Education, Society and Culture*. London: SAGE.

[267]　**Malaguzzi, L** (1993) For an Education Based on Relationships. *Young Children*, November: 9-13.

[268]　**Malaguzzi, L** (1995) History, Ideas, and Basic Philosophy: An Interview with Lella Gandini, in Edwards, C, Gandini, L and Froman, G (eds) *The Hundred Languages of Children: The Reggio Emilia Approach to Early Childhood Education*. New York: Ablex Publishing Corporation.

[269]　**Malaguzzi, L** (1996) *The Hundred Languages of Children: A Narrative of the Possible* (catalogue of the exhibit). Reggio Emilia: Reggio Children.

[270]　**Malaguzzi, L** (1998) History, Ideas, and Basic Philosophy: An Interview with Lella Gandini, in

Edwards, C, Gandini, L and Forman, G (eds) *The Hundred Languages of Children: The Reggio Emilia Approach – Advanced Reflections* (2nd edition). Norwood, NJ: Ablex.

[271]   **Male, T and Palaiologou, I** (2012) Learning-centred leadership or pedagogical leadership? An alternative approach to leadership in education contexts. *International Journal of Leadership in Education*, 15(1): 107-118.

[272]   **Marsh, CJ** (2004) *Key Concepts for Understanding Curriculum.* London: Routledge.

[273]   **Marton, F and Booth, S** (1997) *Learning and Awareness.* Mahwah, NJ: Lawrence Erlbaum.

[274]   **Maykut, P and Morehouse, R** (1994) *Beginning Qualitative Research: A Philosophic and Practical Guide.* London: The Falmer Press.

[275]   **Mead, M** (1955) Theoretical Setting - 1954, in Mead, M and Wolfenstein, M (eds) *Childhood in Contemporary Cultures.* Chicago, IL: University of Chicago Press.

[276]   **Miles, M and Huberman, M** (1994) *Qualitative Data Analysis: An Expanded Sourcebook* (2nd edition). Thousand Oaks, CA: SAGE.

[277]   **Miller, L and Cable, C** (2010) *Professionalisation, Leadership and Management in the Early Years.* London: SAGE.

[278]   **Miller, L and Hevey, D** (2012) *Policy Issues in the Early Years.* London: SAGE.

[279]   **Miller, L, Hughes, J, Roberts, A, Paterson, L and Staggs, L** (2003) Curricular Guidance and Frameworks for the Early Years: UK Perspectives, in Devereux, J and Miller, L (eds) *Working with Children in the Early Years.* London: David Fulton.

[280]   **Miller, SM, Dalli, C and Urban, M** (eds) (2012) *Early Childhood Grows Up: Towards a Critical Ecology of the Profession.* Dordrecht and London: Springer.

[281]   **Mills, J and Mills, R** (2000) *Childhood Studies: A Reader in Perspectives of Childhood.* London: Routledge Falmer.

[282]   **Ministry of Education** (1996) *Te Whāriki. He Whāriki Matauranga mo nga Mokopuna o Aotearoa: Early Childhood Curriculum.* Wellington: Learning Media.

[283]   **Ministry of Education** (1998) *Quality in Action. Implementing the Revised Statement of Desirable Objectives and Practices in New Zealand Early Childhood Services.* Wellington: Learning Media.

[284]   **Mohanty, C** (1989) On race and voice: challenges for liberal education in the 1990s. *Culture Critique*, 14(192): 179-208.

[285]   **Montessori, M** (1912) *The Montessori Method* (trans. AE George). New York: Frederick A. Stokes Company.

[286]   **Montessori, M** (1912) *The Montessori Method* (trans. AE George). New York: Frederick A. Stokes Company. Available at http://web.archive.org/web/20050207205651/www.moteaco.com/method/method.html (accessed 4 April 2012).

[287]   **Montessori, M** (1967) *The Absorbent Mind.* New York: Delta.

[288]   **Montessori, M** (1969) The four planes of development. *AMI Communications*, 2/3: 4-10.

[289] **Moore, K** (2001) *Classroom Teaching Skills* (5th edition). Oxford: Heinemann.

[290] **Morgan, A** (2010) Interactive whiteboards, interactivity and play in the classroom with children aged three to seven years. *European Early Childhood Education Research Journal*, 18: 93-104.

[291] **Morgan, DL** (1998) Practical strategies for combining qualitative and quantitative methods: applications for health research. *Qualitative Health Research*, 8: 362-376.

[292] **Moss, P** (2004) *The Early Childhood Workforce in Developed Countries Basic Structures and Education.* UNESCO Policy Brief on Early Childhood Education, no. 27, October. Paris: UNESCO.

[293] **Moss, P** (2006) Structures, understandings and discourses: possibilities for re-envisioning the early years childhood worker. *Contemporary Issues in Early Childhood*, 7(1): 30-41.

[294] **Moss, P** (2008) The Democratic and Reflective Professional: Rethinking and Reforming the Early Years Workforce, in Miller, L and Cable, C (eds) *Professionalism in the Early Years*. London: Hodder Arnold.

[295] **Moyles, J** (1989) *Just Playing? The Role and Status of Play in Early Childhood Education.* Milton Keynes: Open University.

[296] **Moyles, J** (2001) Passion, paradox and professionalism in early years education. *Early Years: Journal of International Research and Development*, 21(2): 81-95.

[297] **Moyles, J** (2005) *The Excellence of Play* (2nd edition). Maidenhead: Open University Press.

[298] **Moyles, J** (ed.) (2007) *Early Years Foundations: Meeting the Challenge.* Maidenhead: Open University Press.

[299] **Moyles, J** (2010a) *The Excellence of Play* (3rd edition). Maidenhead: Open University Press.

[300] **Moyles, J** (ed.) (2010b) *Thinking About Play: Developing a Reflective Approach.* Maidenhead: Open University Press.

[301] **Moyles, J, Adams, S and Musgrove, A** (2001) *The Study of Pedagogical Effectiveness: A Confidential Report to the DfES.* Chelmsford: Anglia Polytechnic University.

[302] **Moyles, J, Adams, S and Musgrove, A** (2002) *The Study of Pedagogical Effectiveness: A Confidential Report to the DfES.* Chelmsford: Anglia Polytechnic University.

[303] **Moyles, J, Hargreaves, L, Merry, R, Paterson, F and Esartes-Sarries, V** (2003) *Interactive Teaching in the Primary School: Digging Deeper into Meaning.* Maidenhead: Open University Press.

[304] **Munro, E** (2011) *The Munro Review of Child Protection Report: A Child–centered System.* London: DfE. Available at www.gov.uk/government/publications/munrow-review-of-child-protection-final-report-a-child-centred-system (accessed 18 January 2012).

[305] **Nicholson, N and Palaiologou, I** (2016) Early Years Foundation Stage Progress Check at the Age of Two in relation to speech and language difficulties in England: the voices of the team around the child. *Early Child Development and Care* (DOI 10.1080/03004430.2016.1146716).

[306] **Nurse, A** (2007) *The New Early Years Professional.* London: Routledge.

[307] **Nutbrown, C** (1999) *Threads of Thinking: Young Children Learning and the Role of Early Education.*

London: SAGE.

[308] **Nutbrown, C** (2006) *Key Concepts in Early Childhood Education and Care.* London: SAGE.

[309] **Nutbrown, C** (2007) *Threads of Thinking* (2nd edition). London: Paul Chapman.

[310] **Nutbrown, C** (2012) *Early Years Qualification Review Interim Report.* London: DfE. Available at www.education.gov.uk/nutbrownreview (accessed 17 March 2012)

[311] **Nutbrown, C and Carter, C** (2010) The Tools of Assessment: Watching and Learning, in Pugh, G and Duffy, D (eds) *Contemporary Issues in the Early Years* (5th edition). London: SAGE.

[312] **OECD (Organisation for Economic Co-operation and Development)** (2001) *Starting Strong, Early Childhood Education and Care.* Paris: OECD.

[313] **OECD (Organisation for Economic Co-operation and Development)** (2005) *The Definition and Selection of Key Competencies. Executive Summary.* Paris: OECD. Available at www.oecd.org/dataoecd/47/61/35070367.pdf (28 January 2011).

[314] **OECD (Organisation for Economic Co-operation and Development)** (2006) *Starting Strong II, Early Childhood Education and Care.* Paris: OECD.

[315] **OECD (Organisation for Economic Co-operation and Development)** (2010a) *Family Database.* Paris: OECD.

[316] **OECD (Organisation for Economic Co-operation and Development)** (2010b) *Education at a Glance*, OECD indicators. Paris: OECD. Available at www.oecd.org/publishing/corrigenda (accessed 5 October 2015).

[317] **OECD (Organisation for Economic Co-operation and Development)** (2011a) *Network on Early Childhood Education and Care's 'Survey for the Quality Toolbox and ECEC Portal'.* Paris: OECD. Available at www.oecd.org/edu/school/startingstrongiiipolicytoolboxtoencouragequalityinececcountrymaterials.htm (accessed 17 April 2012).

[318] **OECD (Organisation for Economic Co-operation and Development)** (2011b) *Early Childhood Education and Care.* Paris: OECD. Available at www.oecd.org/edu/earlychildhood (accessed 17 April 2012).

[319] **OECD (Organisation for Economic Co-operation and Development)** (2012) *Starting Strong III – A Quality Toolbox for Early Childhood Education and Care.* Paris: OECD.

[320] **OED (Oxford English Dictionary)** (2011) Oxford: Oxford University Press.

[321] **Owen, S and Haynes, G** (2010) Training and Workforce Issues in the Early Years, in *Contemporary Issues in the Early Years* (5th edition). London: SAGE.

[322] **Palaiologou, I** (2010) Personal Social and Emotional Development, in Palaiologou, I (ed.) *Early Years Foundation Stage: Theory and Practice.* London: SAGE.

[323] **Palaiologou, I** (2011) Transdisciplinarity in Early Years: A Case for Doxastic Pedagogy? Paper presented at British Early Childhood Education and Care Conference, Birmingham, February.

[324] **Palaiologou, I** (2012a) Introduction: Towards an Understanding of Ethical Practice in Early Childhood,

in Palaiologou, I (ed.) *Ethical Practice in Early Childhood*. London: SAGE.

[325] **Palaiologou, I** (2012b) Ethical Praxis When Choosing Research Tools for Use with Children Under Five, in Palaiologou, I (ed.) *Ethical Practice in Early Childhood*. London: SAGE.

[326] **Palaiologou, I** (2012c) Observation and Record Keeping, in Veale, F (ed.) *Early Years for Levels 4 & 5 and the Foundation Stage*. London: Hodder Education.

[327] **Palaiologou, I** (ed.) (2012d) *Early Years Foundation Stage: Theory and Practice* (2nd edition). London: SAGE.

[328] **Palaiologou, I, Walsh, G, Dunphy, E, Waters, J and MacQuirre, S** (2016) The National Picture, in Palaiologou, I (ed.) *Early Years Foundation Stage: Theory and Practice* (3rd edition). London: SAGE.

[329] **Palmer, S** (2006) *Toxic Childhood: How the Modern World Is Damaging Our Children and What We Can Do About It*. London: Orion Books Ltd.

[330] **Palmer, S** (2008) *Detoxing Childhood: What Parents Need to Know to Raise Happy, Successful Children*. London: Orion Books Ltd.

[331] **Papatheodorou, T and Moyles, J** (2009) *Learning Together in the Early Years: Exploring Relational Pedagogy*. London: Routledge.

[332] **Papatheodorou, T, Luff, P and Gill, J** (2011) *Child Observation for Learning and Research*. Essex: Pearson Education.

[333] **Pascal, C and Bertram, T** (1995) 'Involvement' and the Effective Early Learning Project: A Collaborative Venture, in Laevers, F (ed.) *An Exploration of the Concept of 'Involvement' as an Indicator of the Quality of Early Childhood Care and Education*. Dundee: CIDREE Report, vol. 10.

[334] **Pascal, C and Bertram, T** (2013) Small Voices. Powerful Messages: Capturing Young Children's Perspectives in Practice-led Research, in Hammersley, M, Flewett, R, Robb, M and Clark, A (eds) *Issues in Research with Children and Young People*, London: SAGE.

[335] **Pascal, C, Bertram, T, Delaney, S and Nelson, C** (2013) *A Comparison of International Childcare Systems*. Centre for Research in Early Childhood (CREC), Research Report. London: DfE. Available at www.crec.co.uk/DFE-RR269.pdf (accessed 15 October 2015).

[336] **Peeters, J** (2008a) *The Construction of a New Profession. A European Perspective on Professionalism in ECEC*. Amsterdam: SWP.

[337] **Peeters, J** (2008b) *De Warme Professional, begeleid(st)ers kinderopvang construeren professionaliteit*. Gent: Academia Press.

[338] **Pellegrini, AD** (2011) Play, in Zelazo, P (ed.) *Oxford Handbook of Developmental Psychology*. New York: Oxford University Press.

[339] **Penn, H** (2005) *Understanding Early Childhood: Issues and Controversies*. Maidenhead: Open University Press.

[340] **Pestalozzi, JH** (1894) *How Gertrude Teaches Her Children* (trans. LE Holland and FC Turner). Edited with an introduction by Ebenezer Cooke. London: Swan Sonnenschein.

[341]　**Piaget, JJ** (1929) *The Child's Conception of the World*. New York: Harcourt Brace.

[342]　**Piaget, JJ** (1952) *The Origins of Intelligence in Children*. New York: International Universities.

[343]　**Piaget, JJ** (1954) *The Construction of Reality in the Child*. New York: Basic Books.

[344]　**Piaget, JJ** (1962) *Play, Dreams, and Imitation in Childhood*. New York: WW Norton.

[345]　**Piaget, JJ** (1965) *Child's Conception of Language*. London: Routledge and Kegan Paul.

[346]　**Piaget, JJ** (1968) *On the Development of Memory and Identity*. Barre: Clark University Press.

[347]　**Piaget, JJ** (1969) *The Child's Conception of Time*. London: Kegan and Paul.

[348]　**Pink, S** (2007) *Doing Visual Ethnography* (2nd edition). London: SAGE.

[349]　**Platt, J** (1996) *A History of Sociological Research Methods in America 1920–1960*. Cambridge: Cambridge University Press.

[350]　**Plowright, D** (2010) *Mixed Methods*. London SAGE.

[351]　**Podmore, VN and Luff, P** (2011) Observation. Maidenhead: Open University Press.

[352]　**Pratt, D** (1994) *Curriculum Planning: A Handbook for Professionals* (2nd edition). Fort Worth, TX: Harcourt Brace.

[353]　**Prior, V and Glaser, D** (2006) *Understanding Attachment and Attachment Disorders: Theory, Evidence and Practice*. Child and Adolescent Mental Health, RCPRTU. London and Philadelphia: Jessica Kinglsey Publishers.

[354]　**Prout, A** (2000) Children's participation: control and self-realisation in British late modernity. *Children and Society*, 14: 304-331.

[355]　**Prout, A** (2003) Participation, Policy and the Changing Conditions of Childhood, in Hallet, C and Prout, A (eds) *Hearing the Voices of Children: Social Policy for a New Century*. London: Routledge Falmer.

[356]　**Prout, A and James, A** (1990) A New Paradigm for the Sociology of Childhood? Provenance, Promise and Problems, in James, A and Prout, A (eds) *Constructing and Reconstructing Childhood: Contemporary Issues in the Sociological Study of Childhood*, London, New York, Philadelphia, PA: Falmer Press.

[357]　**Pugh, G** (2010) The Policy Agenda for Early Childhood Series, in Pugh, G and Duffy, B (eds) *Contemporary Issues in the Early Years: Working Collaboratively for Children* (4th edition). London: SAGE.

[358]　**Puonti, A** (2004) Learning to work together: collaboration between authorities in economic-crime investigation. PhD Thesis, University of Helsinki, Department of Education, Centre for Activity Theory and Developmental Work Research.

[359]　**QCA/DfEE (Qualifications and Curriculum Authority/Department for Education and Employment)** (2000) *Curriculum Guidance for the Foundation Stage*. London: QCA.

[360]　**Queensland Department of Education, Training and the Arts** (2008) *Foundations for Success– Guidelines for Learning Program in Aboriginal and Torres Strait Communities*. Brisbane: Queensland Government.

[361] **Reichart, CS and Rallis, SF** (eds) (1994) *The Qualitative–Quantitative Debate: New Perspectives.* San Francisco: Jossey-Bass.

[362] **Riddall-Leech, S** (2008) *How to Observe Children* (2nd edition). Oxford: Heinemann Educational Publishers.

[363] **Rinaldi, C** (1995) The Emergent Curriculum and Social Constructivism: An Interview with Lella Gandini, in Edwards, C, Gandini, L and Froman, G (eds) *The Hundred Languages of Children: The Reggio Emilia Approach to Early Childhood Education.* New York: Ablex Publishing Corporation.

[364] **Rinaldi, C** (2005) Documentation and Assessment: What is the Relationship?, in Clark, A, Kjøholt, A and Moss, P (eds) *Beyond Listening: Children's Perspectives on Early Childhood Services.* Bristol: Policy Press.

[365] **Rinaldi, C** (2006) *In Dialogue with Reggio Emilia.* London: Routledge.

[366] **Rist, RC** (1977) On the relations among educational research paradigms: from disdain to dé ente. *Anthropology and Education Quarterly*, 8(2): 42-49.

[367] **Roaf, C and Lloyd, C** (1995) *Multi–Agency Work with Young People in Difficulty.* Oxford: Oxford Brookes University.

[368] **Robinson, M** (2008) *Child Development from Birth to Eight: A Journey Through the Early Years.* Maidenhead: Open University Press.

[369] **Rodger, R** (2003) *Planning an Appropriate Curriculum for the Under Fives* (2nd edition). London: David Fulton Publishers.

[370] **Rodger, R** (2012) *Planning an Appropriate Curriculum in the Early Years: A Guide for Early Years Practitioners and Leaders, Students and Parents.* London: Routledge.

[371] **Rogoff, B** (1998) *Apprenticeship in Thinking: Cognitive Development in Social Context* (2nd edition). New York: Oxford University Press.

[372] **Rousseau, JJ** (1911) *Emile* (trans. B Foxley). London: Dent.

[373] **Salaman, A and Tutchell, S** (2005) *Planning Educational Visits for the Early Years.* London: SAGE.

[374] Sandra, S (2005) *Observing, Assessing and Planning for Children in the Early Years.* London: Routledge.

[375] **SCAA (School Curriculum Assessment Authority)** (1996) *Nursery Education: Desirable Outcomes for Children's Learning on Entering Compulsory Education* (ED 433 091). London: SCAA and Department for Education and Employment.

[376] **Schaffer, HR and Emerson, PE** (1964) The Development of Social Attachments in Infancy. *Monographs of the Society for Research in Child Development*, 29(3), serial no. 94.

[377] **Schiro, MS** (2008) *Curriculum Theory: Conflicting Visions and Enduring Concerns*: London: SAGE.

[378] **Schön, DA** (1983) *The Reflective Practitioner: How Professionals Think in Action.* New York: Basic Books.

[379] **Scott, D** (2008) *Critical Essays on Major Curriculum Theorists.* London: Routledge.

[380] **Scottish Executive** (2000) *Standards in Scotland's Schools Act.* Edinburgh: HMSO.

[381] **Scottish Executive** (2007) *Building the Curriculum 2: Active Learning in the Early Years*. Edinburgh: Scottish Executive.

[382] **Scottish Government** (2008a) *Building the Curriculum 3: A Framework for Learning and Teaching*. Edinburgh: Scottish Government.

[383] **Scottish Government** (2008b) *Early Years Framework*. Edinburgh: Scottish Government.

[384] **Scottish Government** (2015) *Early Years Collaborative*. Edinburgh: Scottish Government. Available at www.gov.scot/Topics/People/Young-People/earlyyears/early-years-collaborative (accessed 5 October 2015).

[385] **Seefeldt, C** (1990) Assessing Young Children, in Seefeldt, C (ed.) *Continuing Issues in Early Childhood Education*. Upper Saddle River, NJ: Merrill/Prentice Hall.

[386] **Selwyn, N** (2011) *Schools and Schooling in the Digital Age*. Abingdon: Routledge.

[387] **Shaffer, D and Kipp, K** (2007) *Developmental Psychology: Childhood and Adolescence* (7th edition). Belmont: Thomson and Wadsworth.

[388] **Silber, K** (1960) *Pestalozzi: The Man and his Work*. London: Routledge and Kegan.

[389] **Silverman, D** (1985) *Qualitative Methodology and Sociology: Describing the Social World*. Aldershot: Gower.

[390] **Silverman, D** (1993) *Interpreting Qualitative Data: Methods for Analysing Qualitative Data*. London: SAGE.

[391] **Silverman, D** (2011) *Interpreting Qualitative Data: Methods for Analysing Qualitative Data* (4th edition). London: SAGE.

[392] **Silverman, D** (2013) *Doing Qualitative Research*. London: SAGE.

[393] **Silverman, D** (2014) *Interpreting Qualitative Data*. London: SAGE.

[394] **Simpson, M and Tunson, J** (1995) *Using Observations in Small−scale Research*. Glasgow: GNP Booth.

[395] **Siraj-Blatchford, I and Sylva, K** (2002) *The Effective Pedagogy in the Early Years Project: A Confidential Report to the DfES*. London: London University Institute of Education.

[396] **Sluss, DJ and Jarrett, OS** (2007) *Investigating Play in the 21st Century. Play and Culture Studies*, vol. 7. Lanham, MD: University Press of America.

[397] **Smidt, S** (2005) *Observing, Assessing and Planning for Children in the Early Years*. London: Routledge.

[398] **Smidt, S** (2007) *A Guide to Early Years Practice* (3rd edition). London: Routledge.

[399] **Smith, AB** (1998) *Understanding Children's Development* (4th edition). Wellington: Bridget Williams Books.

[400] **Smith, JK** (1983) Quantitative versus qualitative research: an attempt to clarify the issue. *Educational Researcher*, 12: 6-13.

[401] **Smith, JK and Heshusius, L** (1986) Closing down the conversation: the end of quantitative-qualitative debate among educational enquires. *Educational Researcher*, 15: 4-12.

[402] **SOED** (The Scottish Office Education Department) (1994) *Education of Children Under Five in*

Scotland, The HMI Report. Edinburgh: SOED.

[403] **Stationery Office and DES (Department of Education and Skills)** (2010) *A Workforce Development Plan for the Early Childhood Care and Education Sector in Ireland*. Dublin: DES. Available at www. education. ie/en/Schools-Colleges/Information/Early-Years/eye_workforce_dev_plan.pdf (accessed September 2015).

[404] **Stenhouse, L** (1975) *An Introduction to Curriculum Research Development*. London: Heinemann Educational.

[405] **Strauss, A** (1967) *Qualitative Analysis for Social Scientists*. New York: Cambridge University Press.

[406] **Swedish Ministry of Education and Science** (1998a) *Curriculum for the Preschool*. Stockholm: Fritzes.

[407] **Swedish Ministry of Education and Science** (1998b) *Curriculum for the Compulsory School System, the Pre-school Class and the Leisure-time Centre* (Lpo 94/98). Stockholm: Fritzes.

[408] **Sylva, K, Melhuish, E, Sammons, P and Siraj-Blatchford, I** (2001) The Effective Provision of Pre-school Education (EPPE) Project. The EPPE Symposium at BERA Annual Conference, University of Leeds, September.

[409] **Sylva, K, Melhuish, EC, Sammons, P, Siraj-Blatchford, I and Taggart, M** (2004) *Effective Provision of Pre-School Education (EPPE) Project: Technical Paper 12 The Final Report: Effective Pre-School Education*. London: DfES/Institute of Education, University of London.

[410] **Taggart, G** (2011) Don't we care? The ethics and emotional labour of early years professionalism. *Early Years*, 31(1): 85-95.

[411] **Taguchi, HL** (2010) *Going Beyond the Theory/Practice Divide in Early Childhood Education: Introducing Intra-active Pedagogy*. London: Routledge.

[412] **Tashakkori, A and Teddlie, C** (1998) *Mixed Methods: Combining Qualitative and Quantitative Approaches*. Applied Social Research Methods series, vol. 46. London: SAGE.

[413] **Taylor Nelson Sofres with Aubrey, C** (2002) *The Implementation of the Foundation Stage in Reception Classes, Confidential Report to the DfES*. Richmond: Taylor Nelson Sofres.

[414] **Tedlock, B** (2000) Ethnography and Ethnographic Representation, in Denzin, NK and Lincoln, Y (eds) *Handbook of Qualitative Research* (2nd edition). London: SAGE.

[415] **Tickell, C** (2011) *The Early Years Foundations for Life, Health and Learning*. Available at: http://media. education.gov.uk/assets/Files/pdf/T/The%20 Tickell%20Review.pdf (accessed 11 December 2011).

[416] **Tyler, J** (2002) Te Whāriki: The New Zealand Curriculum Framework. Paper presented at the World Forum on Early Care and Education, Auckland, New Zealand.

[417] **Tyson, P and Taylor, RL** (1990) *Psychoanalytical Theories of Development: An Integration*. New Haven, CT: Yale University.

[418] **UNESCO** (1960) Second World Conference on Adult Education. Paris: UNESCO.

[419] **UNESCO** (1970) Collective consultation of secretaries of national commissions. UNESCO House,

Paris, 22 June - 3 July. Paris: UNESCO.

[420]　**UNESCO** (1996) *Learning: The Treasure Within*. Paris: UNESCO. Available at http://unesdoc.unesco. org/images/0010/001095/109590eo.pdf (accessed 28 January 2011).

[421]　**UNESCO** (2010) *Caring and Learning Together: A Case Study of Sweden*. UNESCO Early Childhood and Family Policy Series no. 20. Paris: UNESCO.

[422]　**UNICEF Innocenti Research Centre** (2008) *Report Card 8. The Child Care Transition*. Florence: UNICEF.

[423]　**United Nations** (1959) Declaration of the Rights of the Child. Available at www.humanium.org/en/ convention/text/ (accessed 18 September 2007).

[424]　**United Nations** (1989a) Convention on the Rights of the Child. Available at www.unicef.org.uk/ UNICEFs-Work/UN-Convention/ (accessed 18 September 2007).

[425]　**United Nations** (1989b) Convention on the Rights of the Child. Defense International and the United Nations Children's Fund. Geneva: United Nations.

[426]　**Vygotsky, L** (1962) *Thought and Language*. Cambridge, MA: MIT Press.

[427]　**Vygotsky, L** (1986) *Thought and Language* (2nd edition). Cambridge, MA: MIT Press.

[428]　**Waksler, FC** (1991) *Studying the Social Worlds of Children: Sociological Readings*. London: Falmer Press.

[429]　**Walker, J** (1990) *Fundamentals of Curriculum*. New York: Harcourt Brace Jovanovich.

[430]　**Walker, R** (1985) *Applied Qualitative Research*. Aldershot: Gower.

[431]　**Walsh, G** (2016) The National Picture: Early Years in Northern Ireland, in Palaiologou, I (ed.) *Early Years Foundation Stage: Theory and Practice*. London: SAGE.

[432]　**Warmington, P, Daniels, H, Edwards, A, Leadbetter, J, Martin, D, Brown, S and Middleton, D** (2004) Conceptualizing Professional Learning for Multiagency Working and User Engagements. Paper presented at British Educational Research Association Annual Conference, University of Manchester, 16-18 September.

[433]　**Watkins, C and Mortimore, P** (1999) Pedagogy: What Do We Know?, in Mortimore, P (ed.) *Understanding Pedagogy and its Impact on Learning*. London: Paul Chapman.

[434]　**Watson, D, Townsley, R and Abbott D** (2002) Exploring multi-agency working in services to disabled children with complex healthcare needs and their families. *Journal of Clinical Nursing*, 11: 367-375.

[435]　**Webb, EJ, Cambell, DT, Schwartz, RD and Sechrest, L** (1996) *Unobtrusive Measures: Nonreactive Measures in the Social Sciences*. Chicago: Rand McNally.

[436]　**Wellington, JJ** (1996) *Methods and Issues in Educational Research*. Sheffield: University of Sheffield.

[437]　**Welsh Assembly Government** (2008a) *Foundation Phase Framework for Children's Learning for 3–7 Year Olds in Wales*. Cardiff: Welsh Assembly Government.

[438]　**Welsh Assembly Government** (2008b) *Learning and Teaching Pedagogy: Foundation Phase Guidance Material*. Cardiff: Welsh Assembly Government.

[439]　**Welsh Government** (2010) Minister responds to PISA results. Available at www.assembly. wales/13-039.pdf (accessed 15 March 2012).

[440]　**Welsh Government** (2011) Our Welsh language scheme. Available at http:// gov.wales/topics/ welshlanguage/policy/wls/?lang=en (accessed 11 May 2015).

[441]　**Welsh Government** (2012a) Census 2011: Number of Welsh speakers falling. Available at www.bbc. com/news/uk-wales-20677528 (accessed 11 May 2015).

[442]　**Welsh Government** (2012b) *Improving Schools*. Cardiff: Welsh Government.

[443]　**Welsh Government** (2013) *Building a Brighter Future: Early Years and Childcare Plan*. Cardiff: Welsh Government.

[444]　**Welsh Government** (2014a) Mid-year population estimates June 2013. Available at http://gov.wales/ statistics-and-research/mid-year-estimatespopulation/? lang=en (accessed 11 May 2015).

[445]　**Welsh Government** (2014b) *Evaluating the Foundation Phase: Key Findings on the Environment (Indoor/ Outdoor)*. Research Summary Number: 53/2014. Cardiff: Welsh Government. Available at http://gov. wales/statistics-and-research/evaluation-foundation-phase/?lang=en (accessed 11 May 2015).

[446]　**Welsh Government** (2015a) *Evaluating the Foundation Phase: Final Report*. Cardiff: Welsh Government.

[447]　**Welsh Government** (2015b) *Early Years Development and Assessment Framework*. Cardiff: Welsh Government. Available at http://gov.wales/about/cabinet/cabinetstatements/2014/earlyyears/?lang=en (accessed 15 October 2015).

[448]　**Welsh Government** (2015c) *Foundation Phase Profile Handbook*. Cardiff: Welsh Government. Available at http://gov.wales/topics/educationandskills/earlyyearshome/foundation-phase/foundation-phase-profile/?lang=en(accessed 15 October 2015).

[449]　**White, J** (1973) *Towards a Compulsory Curriculum*. London: Routledge and Kegan Paul.

[450]　**White, J** (1982) *The Aims of Education Restated*. London: Routledge and Kegan Paul.

[451]　**White, J** (1990a) *Education and Personal Well Being in a Secular Universe*. London: Kegan Page.

[452]　**White, J** (1990b) *Education and the Good Life: Beyond the National Curriculum*. London: Routledge and Kegan Paul.

[453]　**White, J** (1994) *Education and Personal Well–Being in a Secular Universe*. London: University of London.

[454]　**Willan, J** (2007) Observing Children: Looking into Children's Lives, in Willan, J, Parker-Rees, R and Savage, J (eds) *Early Childhood Studies* (2nd edition). Exeter: Learning Matters.

[455]　**Winnicot, DW** (1986) *Holding and Interpretation: Fragment of an Analysis*. New York: Hogarth Press.

[456]　**Winnicot, DW** (1987) *The Child, the Family, and the Outside World*. New York: Addison-Wesley.

[457]　**Winnicot, DW** (1995) *Maturational Processes and the Facilitating Environment: Studies in the Theory of Emotional Development*. New York: Stylus.

[458]　**Winnicot, DW** (2005) *Playing and Reality*. London: Routledge.

[459]   **Wittgenstein, L** (1969) *The Blue and Brown Book*. Oxford: Blackwell.

[460]   **Wood, E (ed.)** (2008) *The Routledge Reader in Early Childhood Education*. London: Routledge.

[461]   **Wood, E** (2009) Developing a Pedagogy of Play for the 21st Century, in Anning, A, Cullen, J and Fleer, M (eds) *Early Childhood Education: Society and Culture*. London: SAGE.

[462]   **Wood, E** (2010a) Developing Integrated Pedagogical Approaches to Play and Learning, in Broadhead, B, Howard, J and Wood, E (eds) *Play and Learning in the Early Years: From Research to Practice*. London: SAGE.

[463]   **Wood, E** (2010b) Reconceptualising the Play-Pedagogy Relationship: From Control to Complexity, in Edwards, S and Brooker, E (eds) *Rethinking Play*. Maidenhead: Open University Press.

[464]   **Wood, E** (2013a) The play-pedagogy interface in contemporary debates, in Brooker, E, Edwards, S and Blaise, M (eds) *The Sage Handbook on Play and Learning*. London: Sage.

[465]   **Wood, E** (2013b) Contested Concepts in Educational Play: A Comparative Analysis of Early Childhood Policy Frameworks in New Zealand and England, in Nuttall, J (ed.) *Weaving Te Whāriki: Ten Years On*. Rotterdam: Sense Publishers.

[466]   **Wood, E** (2014) Free play and free choice in early childhood education-troubling the discourse. *International Journal of Early Years Education*, 22(1): 4-18.

[467]   **Wood, E and Attfield, J** (2005) *Play, Learning and the Early Childhood Curriculum* (2nd edition). London: SAGE.

[468]   **Woods, M and Taylor, J** (1998) *Early Childhood Studies: An Holistic Introduction*. London: Arnold.

[469]   **Wright, T** (1990) *The Photography Handbook*. London: Routledge.

[470]   **Youell, B** (2008) The importance of play and playfulness. *European Journal of Psychotherapy and Counselling*, 10(2): 121-129.